应用型经管类主干课程系列规划教材

商务统计学

第二版

Business Statistics

● 主编 方娜 ● 副主编 王其和 朱文杰

WUHAN UNIVERSITY PRESS
武汉大学出版社

图书在版编目(CIP)数据

商务统计学/方娜主编 . —2 版.—武汉:武汉大学出版社,2015.2
(2018.7 重印)
应用型经管类主干课程系列规划教材
ISBN 978-7-307-15198-7

Ⅰ.商…　Ⅱ.方…　Ⅲ.商业统计学—高等学校—教材　Ⅳ.F712.3

中国版本图书馆 CIP 数据核字(2015)第 028751 号

责任编辑:柴　艺　　　责任校对:汪欣怡　　　版式设计:马　佳

出版发行:**武汉大学出版社**　(430072　武昌　珞珈山)
(电子邮件:cbs22@whu.edu.cn 网址:www.wdp.com.cn)
印刷:湖北民政印刷厂
开本:787×1092　1/16　印张:12.25　　字数:286 千字　　插页:1
版次:2013 年 8 月第 1 版　　2015 年 2 月第 2 版
　　2018 年 7 月第 2 版第 3 次印刷
ISBN 978-7-307-15198-7　　　定价:26.00 元

前　言

　　本书是面向高等院校经济管理类专业学生的应用型统计学教材。商务统计学是一门应用性很强的方法论科学。本书的编写积极贯彻行为指导型的教学理念，理论与实践并重，实践紧密配合理论教学，强调学生主动学习和动手操作，在相关章节后的附录部分介绍 SPSS 软件的有关功能，并在最后介绍了上机实验。

　　本书分理论教学和上机实验两个部分，理论教学部分共八章，上机实验部分共四章。本书由方娜担任主编，负责全书的组织设计、统编定稿，王其和、朱文杰任副主编。具体分工如下：方娜负责第三、四、八、九、十、十一、十二章的编写；王其和负责第一、二章的编写；朱文杰负责第五、六章的编写；胡凌云负责第七章的编写。本书的出版得到了湖北工程学院、湖北工业大学工程技术学院、武汉大学出版社的大力支持，在此表示感谢。

　　在本书的编写过程中，编者借鉴了部分国内外最新的出版物和网上资料，因为篇幅所限未能在文中一一注明，仅在最后的参考文献中列出，在此向各位专家学者表示由衷的感谢。限于编者的经验和水平，本书不妥之处在所难免，恳请有关专家与广大读者批评指正，以期改进。

编　者

2015 年 1 月

目　录

第二部分　上机实验

第一部分 | **理论教学**

第1章 | 绪 论

☞ **学习目标**

1. 了解统计的产生和发展；

2. 掌握统计学、商务统计学的定义；

3. 掌握统计学的常用基本概念：总体与总体单位、标志、变异和变量、统计指标和统计指标体系；

4. 了解统计的基本过程和基本方法；

5. 理解统计的作用和职能。

1.1 统计学发展简史

统计是随着社会实践的需要而产生和发展起来的，可以说，伴随着人类计数活动的出现，统计便应运而生了。《周易正义》中记载："事大，大结其绳；事小，小结其绳；结之多少，随物众寡。"这被认为是统计的萌芽，是一种总量的计算。从字面上理解，统计就是统而计之。因此，统计最基本的意思就是计算某类事物总的数量。在奴隶社会，国家为了赋税、兵役、徭役的需要，进行了人口、土地和粮食等方面的统计。据《帝王世纪》记载，夏禹时代，中国分为九州，人口达 1355 万；秦始皇统一中国后，中国分为 36 郡，人口达 2000 万之多；到了西汉末年，人口已有 5900 多万。① 这些事例都是统计的初步应用。随着统计影响的扩大，统计活动开始由经济领域向军事、政治等领域拓展。例如，春秋战国时期，人们通常以兵车乘数来衡量一个诸侯的实力。可见，当时已注意到军力的调查与研究。以后，唐朝有"计口授田"的统计计算，明初又有了黄册和鱼鳞籍的调查制度，等等。

在国外，公元前 3050 年，古埃及建造金字塔，为了征集人力、物力、财力曾进行过人口、土地、财产等方面的调查；公元前 600 年，古希腊开展过人口普查；公元前 400 年，古罗马就建立了生死登记制度。过去不同时期的统治者开展统计活动、搜集统计资料的目的，主要是满足奴隶主和封建王朝课税、徭役等统治的需要。进入资本主义社会后，社会生产力有了突飞猛进的发展，社会分工越来越细，生产日益社会化，原有的简单计数

---

① 皇甫谧：《帝王世纪》，商务印书馆 1936 年版。

已无法满足国家管理和社会发展的需要。资本主义经济的发展和国家管理，拓展了统计实践活动的领域，加深了统计认识社会的层次，提出了建立统计学的要求。同时，大量统计数据的积聚和统计实践经验的丰富，也为统计学的建立提供了物质基础。

纵观统计学的发展脉络，真正意义上的统计学理论研究始于古希腊亚里士多德时代，从那时候起，统计学经过了三个不同的发展时期。

1.1.1 古典统计学时期

公元前 3 世纪，出现了具有浓厚哲学色彩的用文字记述政情的统计。古希腊的亚里士多德（Aristotle，公元前384—前322年）曾用文字对希腊城邦政情进行比较叙述，撰写了许多有关城邦政情的论文，被后人称为"城邦纪要形态的统计"。16世纪，欧洲进入工场手工业时代，工业、商业、交通、航海业等得到了空前发展，统计工作开始从国家管理领域扩大到社会经济管理的许多方面。随着统计工作的不断发展和统计实践经验的日益丰富，统计学便应运而生，到17—18世纪形成了不同的统计学派。

（1）记述学派，又称国势学派。所谓国势学派，是对当时欧洲各国的政治、经济、军事等方面的实力进行描述、比较、研究所形成的学派，其代表人物是德国的凯尔曼·康令（Herman Comning，1606—1681年）和高尔弗里德·阿亨瓦尔（Cottfried Achenwall，1719—1772年）。康令曾以"国势学"为题，讲述了政治家应具备的基本知识，记述和比较了国家的土地、人口、财产、军事、政治、法律等方面的内容，从研究目的、研究对象和研究方法上初步形成了统计学的体系。其继承者阿亨瓦尔于1749年出版了《欧洲各国国势学纲要》一书，他在序言中首次使用了"统计学"一词。该书搜集了大量的资料，分门别类地记述了有关国情、国力的系统知识，进一步发展了国势学的知识体系。该学派的特点是"用文字的方法来记述"和"用哲学的观点来论证"社会经济现象的特征。后来，继承记述学派衣钵的人逐渐分化，出现了主张专用文字记述的文字记述学派和主张用统计表、图形记述的图表记述学派。

（2）政治算术学派。要想对各国的实力描述得更具体、深入，就必须对各国的人口、土地、国民财富、经济总量等国情数据进行精细的计算和比较。1690年，英国学者威廉·配第（William Petty，1623—1687年）出版了《政治算术》一书，该书名成为学派的名称。

《政治算术》原本是让英国人了解国情、树立信心而撰写的。在当时英国、法国、荷兰等国家争霸的过程中，面对强大的法国和荷兰，英国人非常悲观。为此，配第在他的《政治算术》和《爱尔兰的政治解剖》中，以数字资料为基础，用计算和对比的方法，分析了英、法、荷三国的政治、经济、军事等方面的实力，得出了英国用不着害怕法国和荷兰，并可以超过它们而称雄世界的乐观结论。配第给政治算术下的定义是"对于人口、土地、资本、产业的真实情况的认识方法"，主张用数字来表达客观事实。他不仅用数字说话，而且还开始利用朴素的图表形式概括和显示数字资料。他所创造的统计方法如分组法、比较法、推算法、图表法等都成为统计学的基础知识，开创了国民经济核算和利用统计数据进行数量对比的先河。配第的研究方法引起人们的兴趣，并很快被纳入了国势学即统计学之中。马克思称赞配第是"政治经济学之父，在某种程度上也可以说是统计学的创始人"。

政治算术学派与记述学派同时并存，相互影响、相互争论了很长时间。在这段时间，统计学这个概念是混乱的，有不同的含义：有的指文字记述，有的专指数量的观察与研究。直至 19 世纪中期，由于欧洲各国的工商业迅速发展，统计工作也得到了迅速发展，许多国家建立了统计机构，成立了统计学会。此时统计的概念总是与数量的观察和研究联系在一起的，因而统计具有数量特征的论点被确立下来。

1.1.2　近代统计学时期

配第的数据分析只能算得上是简单的算术分析，要使数据分析方法得到进一步的发展，应该引入高等数学工具和分析方法。19 世纪下半叶，欧洲的经济得到了迅速的发展，与此同时，赌博在西欧盛行。职业赌徒志在赢钱，为了加大赌胜的机会，他们希望掌握各种赌博工具的奥妙，但他们无法解释赌博过程中的随机戏法，于是，他们不得不求助于一些数学家帮忙解决。从某种程度上讲，概率论就建立在这种充满乌烟瘴气的赌场上。

（1）近代数理统计学派。该学派的代表人物是比利时数学家、统计学家阿道夫·凯特勒（Adolphe Quetelet，1796—1874 年）。他在统计理论上的重要贡献是把古典概率引进统计学，使统计方法发生了飞跃，研究范围大大拓宽，从经济领域向生物、心理、教育、医药、工程等领域拓展。概率论的引进，使统计发生了根本性的变化，即由描述统计跃升到推断统计。凯特勒认为正态分布适用于各类学科，而正态分布规律只有借助概率论才能得到确切的解释。他有关统计学的定义、理论基础、"平均人"的概念及犯罪理论等，为后人留下了宝贵的财富。

（2）近代社会统计学派。该学派的代表人物是德国的恩格尔（Engel，1821—1896年）和梅尔（Mayr，1841—1925 年）。他们认为统计学不是方法论的科学，而是采用大量观察法研究社会集团的实质性的科学，从学术渊源上看，他们实际上融合了记述学派和政治算术学派的观点，又继承和发扬了数理统计学派理论，并把政府统计与社会调查结合起来，进而形成了社会统计学派。

1.1.3　现代统计学时期

数理统计对于统计方法的研究，早期着重于现象总体特征的描述和比较，称为描述统计学；进入 20 世纪 20 年代后，统计方法发展为以随机抽样为基础推论有关总体数量特征的方法，称为推断统计学。可见，数理统计学派对统计学的发展作出了较大的贡献，为统计学作为一门方法论科学奠定了基础。

从目前统计学与其他学科的关系来看，统计学既受信息论、控制论和系统论的影响，使统计方法朝着系统描述、系统推断和系统分析的方向发展；又受经济学等学科的影响，使统计描述和抽象的方面不仅分门别类，而且描述和抽象的层次及数量特征更加细致，搜集的统计资料越来越完善、越来越全面。尤其是计算机技术的快速发展及其在统计中的广泛使用，更进一步加速了统计学发展的进程。

通过分析统计学发展的历史，可以发现，统计学发生了三次根本性的变化。

一是 17 世纪末期，统计由对现象的"记述"发展到对现象的"数量的观察与分析"，从此确立了统计学是分析现象数量特征的科学。

二是 19 世纪下半叶，概率论在统计中的应用，不仅大大拓宽了统计的应用范围，而且引起了统计调查技术的根本性变革，使人们对复杂的、不确定的现象的认识有了突破性的进展。这次变革对统计工作的影响很大。

三是 20 世纪 50 年代以来，计算机技术的发展及其在统计中的应用，引起了统计数据的采集、处理、传输、管理技术根本性的变革，尤其是网络技术的蓬勃发展和快速普及、统计软件的广泛应用，使统计工作更为简明、快捷和高效，使统计真正成为管理和决策的有力工具。

1.2 统计学的性质和作用

1.2.1 统计学及商务统计学

学习商务统计学，首先要理解什么是统计学、什么是统计。人们对于"统计"的理解有很多种，归纳起来，"统计"一词主要包括三个方面的含义，即统计工作、统计资料和统计学。

统计工作一般是指对社会经济现象总体数量方面的调查研究活动，是一种搜集、整理和分析统计资料的工作过程。专门从事这项工作的人员就是统计工作者。国家及地方统计局是管理和领导统计工作的专门机构。一个从事统计工作的人所提到的"统计"一词，一般就是指统计工作。

统计资料是指在统计实践活动过程中产生的各项数字资料，以及与之相关的其他资料的总称。统计资料包括调查、观察的原始资料和经过整理、加工的系统资料。总之，统计资料就是统计工作的成果。例如，《工业企业统计年鉴》是十分重要的统计资料。一般在"据统计……"这样的说法中，"统计"一词就是指统计资料。

统计学是在统计实践活动和认识过程的基础上，对统计工作经验的总结和理论的概括，是指导统计研究活动的科学原理和方法，如商务统计学、社会统计学等。一个从事统计研究或统计教学的人，他心目中的"统计"一词多数是指"统计学"。他们在日常的表达中，习惯将统计学简称为统计。

"统计"一词实际上就是上述三种含义的简称。在不同的场合和语言环境下，它分别表示不同的含义。例如，"据统计，全市搞统计的人中，有 20% 的人没学过统计"，在这句话中就分别使用了统计的三种含义。

统计的三种含义是相互联系的：统计工作与统计资料的关系是统计实践与统计成果的关系，统计工作的好坏直接关系到统计成果的数量和质量。统计工作与统计学的关系是统计实践与统计理论的关系，统计理论是统计工作经验的科学总结，统计工作的发展有赖于统计理论的指导。随着统计工作的进一步发展，统计学也会得到不断的充实、提高和完善。

迄今为止，还没有关于商务统计学完整的定义。本书试图对"商务统计学"下一个定义：商务统计学是统计学在商务领域的具体应用，是在准确调查研究基础上，对可靠数据进行分析与概括，从而整理出一套有助于经营管理者在不确定条件下做出正确决策的原理与方法。

1.2.2 统计的特点

统计学是关于统计数据的采集、整理、分析和推断的科学。统计作为一种对现象的综合数量方面进行核算和分析的活动，作为一种具体的定量认识与研究的技术和方法，有着它自身的特征，也正是这些特征决定了统计学与其他学科的区别。其特征可以概括为：数量性、总体性、差异性、具体性、数据的随机性和范围的广泛性等。

（1）数量性。所谓数量性就是用数据表述客观事实和依据客观事实的逻辑归纳作出定量推断。统计用数据说话，不是无中生有，得出的结论是有方法依据和信息支持的，比起单纯的理论说教，能给人更具体、更实在的感受。对不能量化的现象进行的研究不是统计研究。可见，研究现象的数量关系是统计学研究对象的基本特征。但统计的定量认识是建立在定性认识的基础上的，是在质与量的辩证统一中来研究现象的数量关系，这与用数学研究抽象的数量关系是迥然不同的。

之所以说研究现象的数量关系是统计学研究对象的基本特征，是因为：

第一，研究现象的量能使我们具体认识现象的质。任何现象的质都表现为一定的量，质总是以一定的量而存在的，只有弄清了现象在一定条件下的规模、水平、结构和速度等，才能更准确、更具体地把握现象的发展方向。

第二，研究现象的数量关系能使我们注意决定事物质量的数量界限，随时对社会经济现象的发展过程进行调控，避免工作的失误。

第三，研究现象的数量关系能表现现象在一定历史条件下发展变化的规律性，并可对现象的未来发展情况进行预测。

（2）总体性。统计是从整体上研究现象的数量表现，把握现象的发展规律的。虽然统计调查是从个体单位入手的，但其最终目的是对现象的总体作出评价。因为个体单位的数量表现往往具有特殊性、偶然性，如果只研究其中几个或少数，其结论就不足以说明总体的基本特征。只有对现象足够多的单位进行综合调查与研究，才能消除个体单位的偶然性或特殊性的不正常影响。因而，统计所研究和认识的不是简单的个体，而是现象的整体，其着眼点总是放在宏观大势的把握上。因此，学习统计学有利于培养人们的宏观视野和战略思维。

（3）差异性。统计研究现象总体数量特征的前提是总体各单位间的具体表现存在着差异，而且这种差异是诸多影响因素共同作用的结果。如果总体各单位间不存在这种差异（客观上是不可能的），也就无须进行统计研究了；如果总体各单位之间的差异是按事先已知的条件确定了的，也就用不着研究统计方法了。正因为现象存在着差异性，又具有不确定性，才有必要进行统计研究。虽然现象存在着差异性，但都有回归到该现象平均水平的倾向性，统计使人们在看待和处理问题时更坦然、淡定：当好的极端结果出现时不欣喜若狂、受宠若惊；当差的极端结果出现时不悲观失望，而是泰然处之。因此可以说统计能使人豁达、大度。

（4）具体性。统计所研究的量不是抽象的量，它是现象总体数量特征的客观反映，是现象总体数量特征在一定时间、空间、条件下的具体反映，即其具体的数量表现不是以人们的主观意志为转移的，既不能改变研究对象的客观性，更不能先入为主、随心所欲。实际上，各种统计方法均来源于对客观事物研究的总结，再反过来应用于对客观事物的研究。

（5）数据的随机性。统计学不仅仅是利用一些方法、数字、概念来表现和罗列总体事实，更重要的是从中探索总体事物的内在数量规律性。在实际工作中，数量的随机性通常是无法避免的。它的来源大致有两个方面：一方面是由"偶然性"带来的，往往是研究对象的数量很大，不可能或没有必要对其全部加以考察，只能抽取一部分来加以研究。尽管从抽取方式上应力求较全面反映全部对象的信息，但由于只能抽取其中一部分，就有可能产生偶然性。另一方面则是由"不确定性"带来的。例如，在产品生产中，即使同样的材料、设备、工艺流程，所生产的产品质量仍然有差异，这是因为上述条件只是看起来完全一样，实际上总是有一些因素无法控制或不便控制，使质量指标具有不确定性。

在实际生活中这两类随机性常常交织在一起。例如，假设产品是在同一生产条件下生产出来的，如果出现了废品，这表明不确定性对质量数据的影响，而随机抽取一定产品后，查得的废品件数则与抽取的偶然性有关。

（6）范围的广泛性。随机性的普遍存在，促进了统计学的发展，也为统计学的应用提供了广阔的空间。统计学几乎不同程度地渗透到人类活动的各个领域。统计学研究对象的范围，既包括社会经济现象，也包括自然科学现象；既包括生产力，也包括生产关系；既包括经济基础，也包括上层建筑。此外，还要从社会经济与科学技术、自然环境的联系出发，研究科学技术对社会经济现象总体的影响、社会经济的发展对自然环境的影响等。

1.2.3 统计的作用和职能

1.2.3.1 统计的作用

列宁曾指出，统计是认识社会最有力的武器之一。统计在现代社会经济生活中仍然而且将继续发挥着重要的作用。

（1）统计在社会经济管理工作中的作用。统计是随着国家的产生和社会生产力的发展而产生和发展的。在现代化建设的今天，统计成为管理工作中一种重要的手段和工具。无论是基层单位的管理，还是地方或国家的管理，都必须建立在对客观现象正确认识的基础上，这样才能作出科学的预测和正确的决策。在这一过程中，统计所提供的数据是否真实、及时、全面，将直接影响到预测和决策的结果。统计的这种作用是其他任何手段和方法都无法取代的。

（2）统计在科学研究中的作用。在科学研究中，研究的目的和任务是揭示客观现象发展变化的规律性，研究的方法一般是先提出某种假设或猜想，然后通过观察或实验数据来进行验证。在此，统计理论和方法的运用将起重要的作用。第一，统计是从总体上对现象进行分析研究的，能排除偶然因素或特殊因素的不良影响；第二，在正确的统计理论指导下，通过反复的观察或实验，可以进行进一步的数据比较、分析、研究，以验证假设或猜想的正确性。著名统计学家高尔顿（Francis Galton）曾指出：统计学具有处理复杂问题的非凡能力，在荆棘丛生的探索征途上统计学往往可以帮助科学的探索者打开一条通道。

（3）统计在国际事务中的作用。在全球经济一体化过程中，国际商务活动日益频繁，涉及面也越来越广，其中信息交流的比重越来越大，统计信息是各国经济信息的主要来源，越来越引起人们的关注。经济如此，文化、教育、科技、军事也不例外。

1.2.3.2　统计的职能

（1）信息职能。信息职能是指统计机构根据科学的统计指标体系和统计调查方法，系统地采集、处理、传输、存储和提供大量以数据描述为基本特征的社会经济信息。信息职能是统计最基本的职能，其他职能都是在此职能基础上衍生出来的，并且直接受其质量好坏的影响。现代社会，信息已成为一种重要的战略资源，成为一种生产要素。市场竞争之胜负，很大程度上取决于获取的市场信息的数量和质量。统计信息是市场信息的主体，在市场信息中占有十分重要的地位。随着经济、科技的进一步发展和世界经济一体化步伐的加快，市场主体将全面面向国内和国际市场，统计信息将越来越被重视。在这种情况下，统计部门更要根据科学的统计指标体系和统计调查方法，灵敏、系统地采集、处理、传输、存储和提供大量以数据描述为基础的统计信息，为统计咨询服务。

（2）咨询职能。咨询职能是指利用已掌握的丰富的统计信息资源，运用科学的分析方法和先进的技术手段，深入开展综合分析和专题研究，为科学决策和管理提供各种可供选择的咨询建议与对策方案。咨询职能是信息职能的深化和发展。

（3）监督职能。监督职能是指为了满足统计调查和统计分析的需要，及时、准确地从总体上反映经济、社会和科技的运行状态，并对其实行全面的检查、监督和预警，以促使经济、科技和社会按照客观规律的要求持续、稳定、协调地发展。有些统计数据有点水分，并不是统计自身的问题。假若每个公民多一点统计意识，每个单位能遵纪守法、不弄虚作假，每个党政干部能坚持党性原则、实事求是、不干扰统计，统计工作就会有一个良好的社会环境。

上述三种职能是相互联系、相辅相成的。统计信息职能是保证统计咨询职能和统计监督职能有效发挥的基础；统计咨询职能是统计信息职能的延续和深化；统计监督职能则是信息、咨询职能的进一步拓展，并促进统计信息职能和统计咨询职能的优化。

1.3　统计工作过程和基本研究方法

1.3.1　统计工作的过程

1.3.1.1　统计工作的五个阶段

统计是运用各种统计方法所进行的一种工作过程，一般可分为统计设计、统计调查、统计整理、统计分析、统计资料提供和管理五个阶段。

（1）统计设计。统计设计是统计工作的总体规划和安排阶段，即统计调查、统计整理和统计分析等系统活动的事前准备工作。它是统一、科学、有效地组织统计活动的前提。

（2）统计调查。统计调查是具体搜集统计数据的阶段，即根据统计研究的目的、任务，有计划地组织调查、登记，以取得资料的工作过程。它是整个统计工作的基础。

（3）统计整理。统计整理是对搜集到的原始统计资料进行分组、加工、汇总的统计工作阶段，即把说明个别现象的数字过渡到总体上来，以说明社会经济现象总体的情况和特征的工作过程。它是统计工作初步形成成果的阶段。

（4）统计分析。统计分析是对加工、整理过的统计资料进行系统的、周密的对比研究，从而揭示所研究现象的本质和规律性，并进一步对其未来的发展前景进行预测的工作过程。它是统计工作最终体现成果的阶段。

（5）统计资料提供和管理。统计资料提供和管理是在搜集、整理准确而丰富的统计资料的基础上，建立数据库，通过统计信息网络，以各种各样的灵活方式向领导部门及社会提供资料和咨询的活动。这一阶段是开发利用统计资料、实现统计信息社会化的重要步骤。

1.3.1.2 统计工作五个阶段的关系

以上五个阶段既相互独立，又密切联系。统计工作的整个过程，实际上是我们对客观事物的一种认识过程。统计活动和其他认识活动一样，是一个不断深化的过程。统计工作的五个阶段使统计认识从感性阶段上升到理性阶段。统计工作的全部过程是前后阶段紧密联系的一个整体，同时各个阶段又常常是交叉进行的。统计设计阶段是统计认识从定性到定量的过渡；统计调查和整理阶段是定量认识中从个体到总体的过渡；统计分析与统计资料开发利用阶段是统计认识定性与定量相结合，从而使统计认识不断深化，起到指导社会实践的作用。

1.3.2 基本研究方法

统计工作的各个阶段都采用了一些独特的、专门的研究方法。这些方法主要包括大量观察法、统计分组法、综合指标法、统计模型法和统计推断法等。

（1）大量观察法，是指在统计研究客观现象的过程中，要从总体上加以考察，就总体的全部或足够多的单位进行调查观察，并加以综合研究的方法。统计研究要运用大量观察法是由研究对象的大量性和复杂性决定的。由于个别现象往往受特殊因素或偶然因素的影响，如果任选其中的一个单位或少数单位进行观察，其结果往往不足以代表现象总体的一般特征。只有观察全部或足够多的单位并加以综合分析，才能使影响个别单位的偶然性因素相互抵消，现象的客观规律性才能显示出来。例如，人口资料分析结果发现男女婴儿出生的比率为 105：100，这是运用大量观察法所得出的结果。

值得注意的是，大量观察法并不排斥对个别单位的调查研究。恰恰相反，选择个别单位进行细致的典型调查，可以补充和加强对总体的深刻了解和正确认识。

（2）统计分组法，是一种定性分类的方法。它是指根据事物内在的性质和统计研究任务的要求，将总体各单位按照某种标准划分为若干组成部分的一种研究方法。例如，在对某地企业的统计中，光有对企业总数的认识是远远不够的，还要将企业按规模、性质、行业等属性或数量特征进行分组，以便进一步了解企业的各种属性的构成情况，从而对该地的企业状况有较全面、准确的认识。统计分组法既是统计调查和整理的基本指标，也是统计分析的基本方法。

（3）综合指标法，是指运用各种统计综合指标来反映和研究社会经济现象总体的一般数量特征和数量关系的一种研究方法。在统计研究中，任何统计对象的具体项目都是以统计指标的形式表示的。统计具有数量性、具体性和总体性等特点，因此统计要了解的是具体客观现象综合的数量特征。这就需要对个别事物的数值进行综合汇总，并以综合指标的形式表现出来，才能获得对现象总体的数量方面的认识。常用的综合指标有总量指标、相对指标、平均指标和变异指标。它们是统计分析的基本指标。其他的统计分析方法如动态数列法、指数分析法、相关分析法等，也都离不开综合指标的对比分析。

（4）统计模型法。对客观现象进行模拟或仿真，是在较高层次上认识事物的一种方式。统计模型法就是根据一定的经济理论和假定条件，用数学方程来模拟现实经济现象之间的相互关系的一种研究方法。利用这种方法可以对社会经济现象之间的数量变动关系进行定量研究，以了解某一些现象数量变动与另一些现象数量变动之间的关系及变动的影响程度。统计模型法可以说是大量观察法、统计分组法和统计指标法的进一步综合化、系统化和精确化。它是系统理论和统计工作相结合的产物，能够较为严谨地表现出总体的结构和功能，它把客观存在的总体内部结构、各因素的相互关系，以一定的形式有机地结合起来，大大提高了统计分析的认识能力。

（5）统计推断法，是指以一定的置信度标准，根据样本数据来判断总体数量特征的归纳推理方法。例如，要说明一批手机的平均使用寿命，只能从该批手机中随机抽取一小部分进行检验，以此推断这一批手机的平均使用寿命，并以一定的置信度来推断所做结论的可靠程度。统计推断法可以用于对总体数量特征的估计，也可以用于对总体某些假设的检验。从某种意义上说，统计所获得的资料都是一种样本资料，因而统计推断法是广泛应用于统计研究各领域的基本方法。

1.4　统计学的若干基本概念

任何一门科学都有其特定的研究范畴，这些范畴是从研究对象所具有的特征中概括出来的。统计学在研究现象总体的数量特征时，经常要用到一些基本概念和术语，只有对这些抽象的概念和术语有了正确的理解，才有利于本书各章节内容的学习。现简述几个常用的基本概念。

1.4.1　总体和总体单位

1.4.1.1　总体和总体单位的概念

根据统计任务的要求，由客观存在的、具有某种共同性质的许多个别事物构成的整体，称为统计总体，简称总体。构成总体的每一个个别事物称为总体单位。例如，在研究全国工业企业的生产经营状况时，全国的所有工业企业便构成了研究的总体，每一个工业企业则为一个总体单位。因为每个工业企业的经济职能都是相同的，都是进行工业生产经营活动的基本单位。

1.4.1.2　总体的基本特征

（1）同质性。同质性是指组成总体的所有总体单位至少在某一点或某一方面具有共性，这个共性是我们确定总体范围的标准。例如，全国人口普查的统计总体是全国人口，总体中的每个人都具有中国国籍和居住在中国境内的共性。

（2）大量性。总体一定要由大量个体单位组成。因为统计研究的目的是揭示现象发展变化的趋势和规律，而这种趋势和规律只有在大量事物的普遍联系中才能表现出来，只有通过大量的偶然性才能表现出必然性。例如，我们不能以个别商品价格的涨跌幅度来说明和评估整体物价的变动水平，因为影响个别商品价格涨跌的因素是不一样的，带有一定的特殊性和偶然性。只要组成总体的个体单位足够多，这种特殊性和偶然性因素的影响就趋于相互抵消，才有可能显示出必然性来。总体的大量性和个体的差异性是紧密联系在一起的，个体单位之间的差异性越大，构成总体的单位数就应该越多；调查研究的精确度要求越高，调查或观察的总体单位数就要求越多。

（3）差异性。构成总体的各单位除了具有同质性外，还必须具有差异性。这些差异是统计研究的基础，如果总体各单位之间不存在任何差异，统计研究就会成为多余的东西。例如，在了解我国企业发展情况时，在我国所有企业这个总体中，每一家企业除了具有"配置资源、追逐利润"的共同特征外，其他方面如厂房面积、职工人数、生产设备、生产技术、市场范围等数量表现是不相同的，也是不可能完全相同的。

以上三个基本特征中，同质性是构成统计总体的前提，大量性是构成统计总体的基本条件，差异性是研究总体时的具体内容。三者必须同时具备，才能形成统计总体，才能用各种统计方法来进行一系列的计算和研究。

1.4.1.3　有限总体和无限总体

总体可分为有限总体和无限总体。有限总体是指总体中包含的总体单位数量是有限的，如全国企业数量、某企业职工人数等。对有限总体既可以进行全面调查，也可以进行非全面调查。无限总体是指总体范围不能明确确定，总体单位数目无限，不能计算总体单位总数，如某企业生产流水作业线上的产品、海洋中的鱼等。对无限总体只能进行非全面调查，不能进行全面调查。

总体与总体单位之间随着研究目的的不同，存在着转换关系。统计总体和总体单位的区分是相对的。例如，在研究我国工业企业的生产经营情况时，全国所有的工业企业就构成了一个统计总体，每一个工业企业就是总体单位；当研究全世界工业企业的生产经营情况时，全世界的工业企业就构成了一个统计总体，而每一个国家的工业企业就变成了一个总体单位。

1.4.2　标志、变异和变量

（1）标志。标志是说明总体单位的属性或特征的名称。通常每个总体单位都有许多属性和特征。例如，以工人作为总体单位进行考察时，这个总体单位有性别、民族、年龄、文化程度等属性和特征，这些都是每个工人的标志。

一个完整的标志应该包括标志名称和标志表现两个方面。所谓标志表现就是标志在总体单位上的具体体现，如人口普查中的个体单位"某人"的性别为男、年龄为 28 岁等。这里"性别"、"年龄"等是标志名称，而"男"、"28 岁"等就是标志表现，它分别回答某人的性别是什么、年龄是多少。任何一项统计工作都要掌握总体单位在特定的时间、地点、条件下实际发生的情况，因此标志的具体表现就是统计最关心的问题。

标志可以分为品质标志和数量标志。品质标志是表明总体单位属性的特征，其具体表达是不能用数值表示的，只能用文字来表示，如人的性别、民族、文化程度等。数量标志是表明总体单位数量的特征的标志，其具体表达可用数值表示，如人的身高、体重、年龄等。

标志又可以分为不变标志和可变标志。不变标志是指在各总体单位中的具体表现都相同的标志。任何总体的各个总体单位，至少有一个不变标志，它是构成总体同质性的基础。可变标志是指在各总体单位中的具体表现不完全相同的标志，它构成统计研究的具体内容。例如，要研究某行业职业经理人的工资收入情况，则该行业所有职业经理人便构成了总体，"职业"便是其不变标志，是形成该总体的前提条件，即总体的同质性。在职业经理人的这个总体中，每位经理人的工资收入是不完全相同的，"工资"便是可变标志，它因每位经理人的工龄、学历、职称及工作效率等不同而异。但如果我们研究的不是该行业职业经理人的工资收入情况，而是该行业所有员工的工资收入情况，则总体就应包括经理人、生产人员、服务人员等在内，这时"职业"这个标志在总体各单位上的表现就不尽相同了，它与工资等一样均为可变标志。

（2）变异。在统计中，把可变标志的差异和变化称为变异，可分为属性的变异和数值的变异两种。例如，对于职工人数，有的企业可能只有几人或几十人，而有的企业可能有几千人或几万人；性别可以分别表现为男或女。变异是普遍存在的，它是统计的前提条件。有变异才有统计，如果没有变异，统计也就没有必要了。

（3）变量和变量值。可变的数量标志和所有的统计指标称为变量。数量标志和指标的具体表现称为变量值，或者说变量的具体数值叫做变量值。如某公司的利润为 1000 万元，这里的"利润"就是变量，"1000 万元"就是变量值。

（4）离散变量和连续变量。变量按其数值是否连续可分为连续变量和离散变量。连续变量是指变量的取值是连续不断的，相邻两值之间可做无限分割，即可取许多位小数，如人的身高和体重，企业的产值、耗水量、耗电量等。年龄一般虽按整数计算，但严格按出生时间计算时，也会出现小数位，因此也应作为连续变量。离散变量的取值是不连续的，相邻两值之间是以整数位断开的，不可能有小数，如学生人数、机器设备台数、企业个数等。

1.4.3　统计指标和统计指标体系

1.4.3.1　统计指标

（1）统计指标的概念。统计指标是反映同类社会经济现象某种综合数量特征的范畴，它表明现象总体在具体时间、地点、条件下的综合数量表现。统计指标一般由指标名称和指标数值两个基本部分组成。指标名称反映现象所属的一定范畴，指标数值反映现象在具体环境下所达到的规模、水平及比例关系等。例如，第六次人口普查结果显示，我国人口数为 133972 万人。其中，"人口数"就是指标名称，"133972 万人"就是指标数值。指标数值是通过对总体各单位进行调查，然后进行综合汇总和计算而得到的。

统计指标的基本作用就是用现象的具体数量来反映总体事物存在的客观事实，为我们进行定量分析提供坚实的客观基础。统计指标是统计工作的中心问题之一，被形象地称为

"统计的语言"。

（2）统计指标的特点：

①可量性。统计指标是对现象的某种综合数量特征进行概括而形成的科学范畴。但不是所有作为概括现象的范畴都能形成统计指标，只有那些能用数字加以计量的范畴才有可能被称为统计指标，如国内生产总值、从业人数、税收总额等。对于那些无法用数字加以计量的范畴，就不可能成为统计指标，如股份制企业的组织形式、筹资方式等就不是统计指标。可见，凡是统计指标都能用数字加以计量，所以可量性是统计指标的基本特征，也是社会经济范畴转化为统计指标的前提条件。

②综合性。统计指标是反映总体综合数量特征的，其数值既是同质总体各单位某一数量标志值的总计，又是各单位某一数量标志值的差异综合。所以，凡统计指标都是综合指标，都是说明总体综合数量特征的。

③具体性。统计指标是反映具体现象在具体时间、地点、条件下的具体数量特征，而不是抽象的现象、概念和数字。可见，统计指标是指特定的现象，包含着特定的时间、空间、内容和计量单位，因而不存在脱离具体内容的统计指标。

（3）统计指标的分类：

①按其反映的数量特点不同，可分为数量指标和质量指标。

数量指标是反映现象总体规模大小和数量多少的统计指标，一般用绝对数表示，又称总量指标，如职工人数、国内生产总值、工资总额等。该指标的数值随总体范围的大小变化而增减。

质量指标是反映现象的相对水平或工作质量的统计指标，一般用相对数或平均数表示，如全国城市职工的平均工资、人均国民收入、劳动生产率、人口密度、合格品率、城乡人口的比例等。该指标的数值不随总体范围的大小变化而增减。

②按其表现形式不同，可分为总量指标、相对指标和平均指标。

数量指标从内容上看，主要包括总体单位数目的总量和总体标志的总量，这些总量都以绝对数的形式表示，所以这类指标又称为总量指标。

质量指标的数值表现形式又可分为两种情况：城乡人口的比例、人口密度、计划完成程度等，都是以相对数形式表示的，这类指标就称为相对指标；而人均国民收入、城市职工的平均工资等则是以平均数形式表示的，这类指标就称为平均指标。

③指标按其反映现象的性质不同，可分为实体指标和行为指标。

实体指标所反映的是具有实物形态的、客观存在的总体的数量特征，如粮食产量、从业人数等。

行为指标所反映的是某种行为的数量特征，如工伤事故指标、犯罪行为指标、影视收视率等。

④指标按其数据的依据不同，可分为客观指标和主观指标。

客观指标是指可以通过实际度量或计数来取值的、具有具体性和客观性的指标，如上述粮食产量、从业人数等实体指标。

主观指标是指不可能或难以用直接度量或计数取值而只能凭人们的主观估计、评价取值的指标，如文艺演出、部分体育比赛项目中的评委亮分、民意测验结果等。必须指出的是，主观指标虽然不是实际度量或计数得出来的，带有模糊性，但是该结果的得出仍然有一定的标准、规则，并非完全主观臆造。应该说这类指标仍然具有一定的客观性。

⑤指标按其计量单位的特点不同，可分为实物指标和价值指标。

实物指标是以实物单位加以计量的指标。所谓实物单位，是根据事物的实物形态及性能特点，由国家统一规定计量单位，主要有自然单位、度量衡单位和标准实物单位等，如米、千克、千瓦时等计量的指标。

价值指标是以货币单位计量，反映现象价值量的指标，如国内生产总值、进出口总额等指标。

⑥指标按其功能不同，分为描述指标、评价指标和预警指标。

描述指标是用于反映社会经济现实情况、描述社会生产、生活过程和结果的统计指标，如人口数、财政收入、人均国民收入等。

评价指标是对社会经济活动的结果进行比较、评估、考核，以检查其工作质量和经济效益的统计指标，如资金利税率、国内生产总值增长率、积累率等。

预警指标主要是用于对宏观经济运行的监测，并根据指标数值对可能出现的总量失衡、结构性矛盾、突变情况等进行预报的指标，如物价指数、失业率、通货膨胀率等。

（4）统计指标与标志的区别和联系。

统计指标与标志有明显的区别：

①凡是统计指标，就必须是可量的，而标志未必都是可量的，如品质标志的标志表现就不可量。

②指标是用来说明总体综合数量特征的，而标志是说明总体单位的属性或特征的。

③指标具有综合性，它是同质总体各单位某一数量标志值的差异综合，而标志一般不具有综合性，它是说明总体单位的属性或特征的。

指标与标志的联系有：

①指标数值均由总体单位的相应数量标志值汇总而来，且指标数值的大小受各单位相应标志值大小及其变化的影响。

②指标与相应数量标志之间存在一定的变换关系，随着研究目的的变化，总体与总体单位有可能发生变化，由此，指标和标志也有可能发生相应的变化。

1.4.3.2 统计指标体系

在统计研究中，单个统计指标只能反映总体某一方面的数量特征。如果要全面观察和反映现象总体的各个侧面和特征，就需要一套相互联系的统计指标。这种由若干个相互联系、相互制约的统计指标所组成的整体，叫做统计指标体系。例如，工业企业的生产经营活动，是人、财、物、产、供、销的有机结合，必须用一系列的统计指标才能全面地反映工业企业的生产经营活动情况。

（1）统计指标体系的概念。统计指标的基本作用是反映总体的综合数量特征。对于一个复杂的、多层次的现象总体而言，单个统计指标只能说明总体的某一个特定方面的数量表现，若要系统地、全面地描述总体的数量特征，则需要使用一个或若干个指标体系。

指标体系就是从不同侧面反映总体数量特征的若干个相互联系、相互制约的统计指标所形成的整体。它可以全方位、多侧面地反映现象总体的数量特征。例如，要反映某地区人口变动情况及数量特征，则需要用出生人口数、死亡人口数、迁入人口数、迁出人口数等的指标组成的体系来加以说明。建立一个指标体系必须符合两个方面的要求：一是指标体系中的指标之间必须存在着相互联系和相互制约的关系；二是一个指标体系必须具有一个特定方面的功能。这是构成指标体系的基本要求，缺少其中任何一点，就难以形成统计指标体系。

（2）指标体系的形式。指标体系反映的是所研究现象之间的一种数量依存关系，而所研究现象之间的这种数量依存关系是多种多样的，这说明指标体系的存在形式也是多种多样的，但一般可用加法模式、乘法模式两种数学模式表现出来。

（3）设计指标体系要遵循的原则：

①客观性原则。设计的统计指标体系要符合社会经济现象本身的性质、反映被研究对象本身的特点、反映客观事物内部及其彼此之间的数量关系和发展变化的规律。

②目的要明确，中心要突出。设计统计指标体系要满足统计研究的需要。不同的研究目的决定着不同的研究对象，不同的研究对象应该用不同的指标及指标体系来反映。同时，在指标体系的设计过程式中，要注意所反映问题的角度及它们之间的协调性，使指标体系中所有的指标都围绕一个中心，从各不同角度来反映情况。

③整体功能要突出，结构层次要明晰。指标体系是一系列有相互联系的统计指标结合而成的有机整体。指标体系的整体功能应大于体系内各具体指标功能的简单总和。要实现这一点，前提条件是各具体指标彼此之间要相互联系、相互依存和相互补充，并协调一致。作为系统，统计指标体系都要具有一定的结构形式，而且其结构应该有序而不能杂乱无章。指标体系的有序性，体现在它的层次性上。任何一个指标体系都是由若干个有相互联系的指标构成，而该指标体系本身又可能是另一个更高层次的指标体系的组成部分。只有保持指标体系结构层次上的明晰性，才能发挥其更大的整体功能。

④方法可行，操作简便。设计统计指标体系，应与客观条件相适应，指标体系的具体计算方法要切合实际，符合科学原则，且必须考虑到电算化的要求，可操作性强。

◎ 习题

1. 怎样理解统计的不同含义？它们之间构成了哪些关系？

2. 统计有哪些特点？其最基本的特点是什么？

3. 统计研究的基本方法有哪些？

4. 什么是统计总体和总体单位？总体与总体单位的概念是一成不变的吗？举例说明总体与总体单位的概念的相对性。

5. 什么是有限总体和无限总体？举例说明。

6. 什么是品质标志和数量标志？举例说明。

7. 什么是变异、变量、变量值？举例说明。

8. 什么是连续变量？什么是离散变量？二者有何区别？

9. 什么是统计指标？统计指标和标志有什么联系与区别？

第 2 章 | 统计数据及采集

☞ 学习目标

1. 理解统计数据的计量尺度；
2. 了解统计数据的来源；
3. 理解统计数据的收集方法；
4. 掌握调查问卷的设计方法及注意事项。

2.1 统计数据的计量与类型

2.1.1 统计数据的计量尺度

统计数据是采用某种计量尺度对客观现象进行计量的结果，采用不同的计量尺度会得到不同类型的统计数据，因而人们在搜集统计数据之前要先对客观现象进行计量或测量。按照计量学的一般分类方法以及对事物计量的精确程度，可将计量尺度由低级到高级、由粗略到精确分为四个层次：定类尺度、定序尺度、定距尺度和定比尺度。对客观现象进行计量或测量时，采用不同的计量尺度可以得到不同类型的统计数据，而不同类型的统计数据需要用不同的统计分析方法来进行分析。

2.1.1.1 定类尺度

定类尺度也称类别尺度或列名尺度，是最粗略、最低层次的计量尺度。这种计量尺度只能按照事物的某种属性对其进行平行的分类或分组。例如，企业按组织形式分为独资企业、合伙企业和公司等。这种计量尺度只能反映事物之间的类别差，对事物之间的其他差别不能反映。因而，使用这种尺度对客观现象所作的分类，各类别之间只是并列关系，不能区分彼此的优劣或大小，各类别之间的顺序可以改变。运用定类尺度计量出的统计数据，通常是通过计算出每一类别中各元素或个体出现的频数或频率来进行分析。

需要说明的是，定类尺度只能测定事物的类别差异，不对类别之间的关系作任何假定。其特征可概括如下：

（1）只能区别事物的类别，无法区别事物的大小、优劣。这就是说，类别之间不存在是否相等或不相等的关系，也不存在谁先谁后的关系，它们是平等的并列关系，类别之间的位置或顺序是可以互换的，互换后其性质或数量并不因此而改变。例如，已安装的某种机械设备的编号是从左到右，还是从右到左并不改变设备的价值与性能；又如，学生出操列队时按高矮顺序排队，是从左到右报数，还是从右到左报数，并不改变各该学生的性格、学习成绩和爱好等，它只是排列顺序或编号的不同而已。

（2）对事物的分类必须遵循穷尽原则和互斥原则。穷尽原则是指在对总体进行分类时，必须保证总体中的每个单位归属于其中的某一组或某一类别中，不能游离于所分的组或类别之外，这就是通常所说的分组要遵循"完整性"的原则；互斥原则是指总体中的每个单位在某一分组标志条件下只能归属于其中的某一组或某一类别中，不能在同一分组标志条件下同时出现在其他组，这就是通常所说的归属的"唯一性"。

（3）对定类尺度计量的数据进行分析的统计指标主要是频数或频率。例如，将某地的企业按所有制属性分类后，可分别计算出各所有制性质的企业个数，也可以计算出各所有制企业个数占企业总数的比重。

2.1.1.2 定序尺度

定序尺度又称顺序尺度，是对客观现象之间等级差别或顺序差别的一种测度。这种计量尺度不仅可以将客观现象分成不同的类别，而且还可以确定这些类别的优劣或顺序。定序尺度的计量结果也表现为类别，但与定类尺度测度的类别不一样，这些类别之间可以比较顺序。例如，合格产品可以分为优等品、一等品、二等品、三等品等等。定序尺度对事物的计量要比定类尺度精确一些，但它也只是测度了事物类别之间的顺序，并未测量出类别之间的准确差值。定序尺度可用于分类，也可以用于统计分析中确定中位数、四分位数、众数等指标的位置。

定序尺度的主要特征有：

（1）对个体单位不仅可以区分类别，而且能比较个体单位的优劣或好坏，借以对个体单位进行排序，但不能进行数学运算。这就是说，类别之间不仅存在是否相等或不等的关系，而且存在谁先谁后、谁优谁劣的关系，它们是不平等的关系。在一定条件下，个体单位之间的位置或顺序是不能互换的，互换后其性质或与之相应的数量表现将因此而变化。

（2）对个体单位的区分同样遵循穷尽原则和互斥原则。

（3）对定序尺度计量的数据进行分析的统计指标主要是频数或频率，且能计算累计频数和累计频率。对于定序的测度结果，可以分别用自然数1、2、3、4、5、6、7等依次表示各种顺序等级，从而也将测度结果完全量化。例如，若将上述企业在产值、利润、税收等方面业绩的优、良、及格、不及格等分别用1、2、3、4表示，计算结果不仅可以得到不同业绩的企业个数及其比重（频率），而且还可以计算出某一业绩等级以上或以下的累计企业个数或累计频率。

2.1.1.3 定距尺度

定距尺度也称间隔尺度。这种计量尺度不仅能将事物分为不同类型并加以排序，还可以准确地指出类别之间差距的大小。定距尺度是对事物类别或次序的间距的测量，因而其结果表现为数值。例如，张同学的成绩为90分，李同学的成绩为80分，王同学的成绩为70分，它们之间的间隔是相等的，故可以准确地指出两个计数之间的差值。由于定距尺度的计量结果表现为数值，还可以计算出差值，所以它不仅具有定类尺度和定序尺度的特性，其结果还可以进行加减运算，准确性比定类尺度和定序尺度强。在统计数据中定距尺度居于主要地位，是定比尺度的基础。

定距尺度的主要特征有：

（1）不仅能区分事物的类别，进行排序，比较大小，还可精确地计量出个体间的数量差距。例如，通过测量工具的测量，可以把两栋不同高度的厂房间的高度差距准确地测量出来。

（2）没有绝对零点，"0"不表示没有或不存在。例如，今天的气温为摄氏"0"度，并不表示没有温度，"0"度同样表示相对于另一个温度条件下的一个数值；学生某学科的考试成绩为"0"分，并不能说明该生对该学科的知识一无所知。用定距尺度测量出来的结果虽然为一个确定的数值，但各数值之间并不存在一定的比例关系。例如，气温摄氏8度并不一定比摄氏4度热一倍，气温摄氏30度也不一定比摄氏15度热一倍。又如，甲、乙学生某课程的考试成绩分别为80分和40分，但并不一定能说明甲所掌握的该科知识就比乙高出一倍。

2.1.1.4　定比尺度

定比尺度也称为比率尺度，它是在定距尺度的基础上先确定比较的基数，再将此相关的数字进行对比，形成相对数，用来反映客观现象的构成、密度、比重、速度等数量关系。它除了具有上述三种计量尺度的全部特征外，还可以计算两个测度值之间的比值。定比尺度与定距尺度之间的差别在于：定距尺度中没有绝对零点，而定比尺度中必须有一个绝对固定的零点。

定比尺度的主要特征有：

（1）除对事物分类、排序比较大小求出差异大小外，还可计算出两个数值间的比率。例如，某汽车制造厂上期的汽车产量为10万辆，本期为15万辆，则本期产量是上期产量的1.5倍；甲汽车制造厂某时期生产的某型号的汽车为20万辆，乙汽车制造厂同时期同类型的汽车产量为10万辆，则可以说明甲汽车制造厂该时期该类型的汽车产量是乙汽车制造厂的2倍。

（2）具有绝对零点，"0"表示没有或不存在。例如，某汽车制造厂某时期的汽车产量为0辆，则说明该厂该时期没有生产汽车；汽车的行驶速度为0公里/小时，表示该汽车没有开动；某公司某时期的营业利润为0元，表示该公司该时期既没有盈利，也没有亏损。

上述四种计量尺度对事物的测量层次是由低级到高级、由粗略到精确逐步递进。高层次的计量尺度具有低层次计量尺度的全部特性，人们可以很轻易地将高层次计量尺度的结果转化为低层次计量尺度的结果。在统计分析中，一般要求测量的层次越高越好，其原因在于高层次的计量尺度包含更多的数学特性，所运用的统计分析方法越多，分析时也就越方便，故而应尽量使用高层次的计量尺度。

2.1.2　统计数据的类型

从上述四种计量尺度的结果来看，可以将统计数据分为以下四种类型：

（1）定类数据，也称为分类数据或名义类别数据，说明的是事物的品质特征，不能用数值表示，其结果是由定类尺度计量形成的，故而表现为类别，并且不能区分顺序，没有大小的比较。例如，性别、宗教类型、种族划分、地理区域及出生地等都属于此类数据。

（2）定序数据，也称为顺序数据或序数类别数据，说明的也是事物的品质特征，可为对象排序，同样不能用数值表示。其结果是由定序尺度计量形成的，故而表现为类别，但能区分顺序，可以进行大小比较。例如，在商业分析中使用定序数据在财富杂志中为50位最值得尊敬的公司排序。

（3）定距数据，也称为区间类别数据，说明的是事物的数量特征，能够用数值表示。其结果是由定距尺度计量形成的，表现为数值，可进行加、减运算。

（4）定比数据，也称为比率类别数据，说明的也是事物的数量特征，能够用数值表示。其结果也是由定比尺度计量形成的，表现为数值，可进行加、减、乘、除运算。

前两类数据也称为定性数据或品质数据，后两类数据也称为定量数据或数量数据。

此外，统计数据还可作其他分类。

统计数据可分为观察数据和实验数据。统计数据按收集方法的不同可分为观察数据和实验数据。观察数据是通过调查或者观测而收集到的数据，这类数据是在没有对事物人为控制的条件下所得出的，有关社会经济现象的统计数据几乎都是观察数据。实验数据是指在实验中控制实验对象而收集到的数据，统计学在自然科学领域中应用时所使用的统计数据大多是实验数据。

统计数据还可分为截面数据和时间序列数据。统计数据按被描述对象与时间之间的关系可分截面数据和时间序列数据。截面数据是指在相同或近似相同的时间点上所收集的数据，用来描述现象在某一时刻的变化情况。时间序列数据是指在不同时间上所收集到的数据，用来描述现象随时间而变化的情况。由一系列时间序列数据排列而得出的一组数据我们称为时间序列，又称为动态数列，对于时间序列的研究是统计学中的一个重要的内容。

对数据的分类是十分重要的，因为对于不同类型的数据我们需要采用不同的统计方法来处理和分析。

2.2　统计数据的来源

从使用者的角度看，统计数据主要来源于两种渠道：一是直接的调查和科学实验，这是统计数据的直接来源，也称之为第一手或直接的统计数据；二是别人调查或实验的数据，这是统计数据的间接来源，也称之为第二手或间接的统计数据。

2.2.1　统计数据的直接来源

统计数据的直接来源主要有两个渠道：一是专门组织的调查，二是科学实验。专门调查有统计部门进行的统计调查，也有其他部门或机构为特定目的而进行的调查，如新产品投放市场前所做的市场调查。它是取得社会经济数据的重要手段。而科学实验是取得自然科学数据的主要手段。

统计调查是获取统计数据的主要来源，更是取得直接数据的重要手段。常用的统计调查方式主要有普查、抽样调查、重点调查、典型调查、统计报表等。

2.2.1.1　普查

普查是为某一特定目的而专门组织的一次性全面调查，如人口普查、工业普查、农业普查等。普查是适合于特定目的、特定对象的一种调查方式，主要用于搜集某些不能够或不适宜用全面统计报表搜集的时点现象的统计资料，也可用于搜集的时点现象的统计资料，以掌握调查对象的全貌，为有关政策或措施提供依据。普查主要有以下特点：

（1）普查是非连续性调查。由于普查涉及面广、调查单位多，需要耗费大量的人力、物力和财力，通常需要间隔较长的时间进行一次。如我国每逢尾数字为"0"的年份进行人口普查。

（2）普查规定调查标准时点。为了避免调查数据的重复或遗漏，保证普查结果的准确性，普查通常规定调查资料所属的标准时点。如我国第六次人口普查的标准时间为2010 年 11 月 1 日零时。标准时间一般定为调查对象比较集中、相对变动较小的时间。

（3）普查是全面调查，数据准确，规范化程度高。

（4）普查主要适用于调查国民经济和社会发展的重要资料。

普查有两种组织形式：一种是组织普查机构，配备普查人员，对调查对象进行直接登记，如我国人口普查。另一种是调查机关向被调查单位发放普查报表，由被调查单位利用其活动记录和核算资料，结合清仓盘点，自行填报普查资料的调查方式，如我国库存物资普查。

2.2.1.2　抽样调查

抽样调查是按照随机原则，从总体中抽选一部分单位进行观察，并根据这一部分单位的调查资料，从数量方面推断总体指标的一种非全面调查。抽样调查的主要特点是：

（1）节省人力、物力、财力和时间。由于调查的样本单位通常是总体单位中很小一部分，调查的工作量小，因而可以节省大量的人力、物力、财力和时间。

（2）抽样调查可以迅速、及时地获得所需要的信息。由于抽样调查的工作量小，调查准备、登记资料、数据处理用时较少，因而可以提高数据的时效性。抽样调查可以频繁地进行，随着事物的发生和发展及时取得有关信息，以弥补普查等全面调查的不足。比如，两次人口普查之间各年份的人口数据都是通过抽样调查取得的。

（3）适用范围广。抽样调查适用于对各个领域、各种问题的调查。它既适用于全面调查能够调查的对象，又适用于全面调查所不能调查的对象，特别是适合对一些特殊现象的调查，如产品质量状况调查（破坏性调查如汽车安全性调查、炮弹射程调查等）、客户满意度调查、医药临床试验等。

（4）调查结果准确性高。抽样调查由于工作量小，各环节的工作能做得更细致，误差往往很小，其调查的数据质量往往较高。

（5）可以事先控制误差。抽样调查能够根据调查的目的要求、调查对象的特点及掌握的资料情况，通过选择调查方式和确定样本数目，事先对误差的大小加以控制。

2.2.1.3　重点调查

重点调查是在调查对象中选择一部分重点单位进行的调查。重点单位是指拥有的标志量占调查总体标志总量的绝大比重的少数或个别单位。重点单位虽然少，但在总体中却起着举足轻重的作用。因而，对重点单位进行调查就能从数量上反映总体在该标志总量方面的基本情况。例如，要了解全国铁路运输情况，选择北京、上海、沈阳、郑州、兰州、广州、武汉、成都等枢纽站进行调查，就可以掌握全国铁路运输的基本情况，因为全国铁路客、货运输量大多集中在这些枢纽站。重点单位的选择要着眼于它在所研究对象标志总量中所占的比重大小，并随着情况的变化而随时调整。重点调查的主要特点是：

（1）主要了解调查对象的基本情况；

（2）重点单位的选择着眼于它在所研究对象标志总量中所占的比重；

（3）不宜于推断总体全面数据。虽然重点单位的标志值在总体标志总量中占有绝大比重，了解了其情况，就等于了解了总体的基本特征，但重点单位的这些情况毕竟不能完整地说明总体总量，不具备推断总体总量的条件，因此，重点调查只宜于获取反映总体基本情况的统计资料，不适合推断总体指标。

2.2.1.4 典型调查

典型调查是根据调查的目的和要求，在对被研究对象进行初步分析的基础上，有意识地选取具有代表性的单位进行调查和研究，借以认识事物发展变化的原因和规律。典型调查的目的是通过典型单位来描述或揭示客观现象的本质和规律，因此所选择的典型单位应具有所研究问题的本质属性或特征。例如，要研究工业企业的经济效益问题，可以在同行业中选择一个或几个经济效益有代表性的单位做深入细致的调查，以探寻该企业经济效益形成的过程、原因和特点。典型调查主要有两种形式：一种是对个别典型单位进行研究性调查，即所谓"解剖麻雀"式的调查，主要用于探寻事物发生发展的原因和规律。另一种是先按有关标志将研究对象分类，然后再在各类中选择有代表性的单位进行调查，即所谓划类选典调查。如果典型单位选择适当，不仅能够科学推算总体全面资料，而且能够深入研究事物的发生发展过程。典型调查主要有三个特点：

（1）调查单位是有代表性的单位；

（2）深入细致，既可搜集有关数字资料，又能掌握具体、生动的情况；

（3）机动灵活，省时省力。

2.2.1.5 统计报表

统计报表是指按照国家有关法规，自上而下地统一布置，以企事业单位的原始记录和统计台账为依据，按照统一的表式、指标、时间和程序，自下而上地逐级定期提供统计资料的一种调查方式。统计报表主要有三个特点：

（1）有利于基层单位对生产、经营活动进行监督和管理。其基础是企事业单位的经济活动记录，因此企事业单位必须建立健全原始记录，从而有利于基层单位对其生产、经营活动进行全面监督和管理。

（2）便于领导部门掌握其管辖范围内的基本情况。由于它是逐级汇总上报，各级领导部门能够获得其管辖范围内的报表资料，从而了解本部门、本地区社会经济发展的全面情况和问题。

（3）便于积累历史资料，有利于开展动态分析。统计报表一般是经常性调查，且调查项目比较稳定，因而可根据需要积累研究对象较长时期的发展资料，从而形成时间数列，以分析现象发展变化的速度和规律。

统计报表按照实施范围分为国家报表、部门报表和地方报表，按照报送周期分为日报、月报、季报、年报等，按照报送单位分为基层报表和综合报表。

2.2.2 统计数据的间接来源

在统计数据搜集过程中，有时很难通过直接调查或试验取得所需的第一手数据。此时可以通过一定渠道获取别人调查或科学试验所取得的统计数据，这便是第二手资料或称间接资料。

间接统计数据主要是调查人员通过搜集多种文献资料，摘取现成数据通过整理、融合、调整、归纳形成的。这些文献资料有些是公开出版的，当然也有些尚未公开。在我国，公开出版的社会经济统计数据主要来自国家和地方的统计部门以及各种报刊媒介。例如，《中国统计年鉴》、《中国统计摘要》、《中国社会统计年鉴》、《中国工业经济统计年鉴》、《中国农村统计年鉴》、《中国人口统计年鉴》、《中国市场统计年鉴》，以及各省、市、地区的统计年鉴等。另外还有提供世界其他国家社会和经济数据的出版物，如《世界经济年鉴》、《国外经济统计资料》等。联合国的有关部门及世界各国也定期出版各种提供其社会和经济的统计数据。

除了上述公开出版的统计数据外，还可以通过其他渠道获取一些统计数据，如广泛分布在各种报刊、图书、广播、电视等传媒中的各种数据资料。随着计算机网络技术的发展和普及，通过网络来获取所需的各种数据资料将是获取间接统计数据的一种重要渠道。

使用间接统计数据时，应注意数据的含义、计算口径和计算方法，以免误用或滥用；应注意甄别数据的真伪；应注意数据的时效性；应注明数据的来源，以尊重别人的劳动成果。

2.3 统计数据的搜集方法

2.3.1 询问调查法

询问调查法是指由调研人员事先拟订调查提纲，然后请被调查者回答相关问题，以此来搜集资料和获取信息的调查方法。具体包括访问调查法、邮寄调查法、电话调查法、网络调查法、座谈会法、个别深度访问法等。

2.3.1.1 访问调查法

访问调查法又称派员调查法，是调查者与被调查者通过面对面的交谈得到所需资料的调查方法。访问调查的方式有标准访问和非标准访问两种。

标准访问又称结构访问，是按照调查人员事先设计好的、有固定格式的标准化问卷或表格，有顺序地依次提问，并由受访者作出回答。其优点是能够对调查过程加以控制，从而获得比较可靠的调查结果。

非标准访问又称为非结构访问，它事先不制作统一的问卷或表格，没有统一的提问顺序，调查人员只是给一个题目或提纲，由调查人员和受访者自由交谈，以获取所需的资料。

在市场调查和社会调查中常用访问调查法。

2.3.1.2 邮寄调查法

邮寄调查法是调查者将设计好的调查表或问卷通过邮寄的方式送到被调查者手中，请被调查者按要求和规定的时间填写，然后将调查表或问卷寄回或投放到指定收集地点的一种调查方法。邮寄调查是一种标准化调查，其特点是，调查人员和被调查者没有直接的语言交流，信息的传递完全依赖于调查表或问卷。统计部门制作统计报表及市场调查机构进行问卷调查时经常使用这一方法。

邮寄调查法的优点有：高效、方便、费用低，其调查成本在各种询问调查法中是最低的；被调查者有充分的时间来填写问卷，填写较为灵活、自由，而且不受调查人员的干扰，因而不会产生由此带来的调查误差。

邮寄调查法的缺点有：问卷的有效回收率通常都较低；被调查者的不回应不是一个随机过程，因此调查结果会产生相当大的偏差；问卷的回收时间长，调查结果往往很难控制。

2.3.1.3 电话调查法

电话调查法是调查人员利用电话同受访者进行语言交流，从而获取信息的一种调查方法。电话调查可以按照事先设计好的问卷进行，也可以针对某一专门问题进行电话采访。电话调查法的优点有：访问时间短，费用低，问卷较简单，对被访者的要求较低，由于不与被访者直接接触，可以解除对陌生人的心理压力。其缺点为：无法访问到没有电话的单位或个人，收集到的资料往往较简单，无法了解被访者当时的真实态度，答案的真伪难以分辨，拒绝情况较多。采用电话调查时调查人员所提问题应明确，问题数量不宜过多。

2.3.1.4 网络调查法

网络调查法也叫网上调查法，是指在互联网上针对调查问题进行调查设计，以收集资料的一种调查方法。随着网络技术的发展以及电脑的普及，在统计调查中不仅调查的数据可由电脑来处理完成，整个调查的过程也可以由电脑来控制并完成。

网络调查法的优点有：组织简单、费用低、效率高；被调查者容易打消顾虑，真实地回答问题，调查的可靠性和客观性比较有保障；能迅速通过网络传播调查结果，调查速度较快；能设计出网上问卷，被调查者可以在互联网上用文字、图形和其他表现形式，作出选择回答，有利于增强调查效果；网络调查可以 24 小时进行，没有时空限制。

网络调查法的缺点有：样本缺乏代表性，网络调查的对象仅限于网民，而目前我国的网民主要集中在城市，年轻人居多，并且愿意在网上回答问题的网民往往是比较悠闲的人，造成了样本的极大偏差；网上调查获取的资料需要去伪存真；不适合开放性问题的调查。

2.3.1.5 座谈会法

座谈会法也称为集体访谈法，是将一群被调查者集中在调查现场，让他们对调查的主题发表意见，从而获取调查资料的调查方法。来参加座谈会的被调查者往往与研究主题有某种程度上的关系，而且是由调查人员通过严格的甄别程序选取的，因而通过召开座谈会，调查人员可以从被调查者那里获取所需的定性资料。被调查者可以围绕研究主题通过非正式的、比较自由的方式进行讨论。这种方法适用于搜集与研究课题有密切关系的少数人员的倾向和意见。

参加座谈会的人数以 8~12 人为宜，会议时间一般为 1.5~3 小时。与会者一般应是所调查问题的专家或有经验的人员。讨论方式由主持会议的人来决定。座谈会的优点有：在座谈中，各个与会者之间通过交流能相互影响、相互启发、相互补充，并能不断修正自己的观点，从而有利于取得较为广泛、深入的想法和意见；不会遭到拒访；通过座谈取得的资料较为广泛和深入，资料收集快、效率高，能将调查与讨论相结合，不仅能让与会者回答问题，而且还能探讨问题产生的原因以及解决问题的方法和途径。座谈会的缺点有：会议主持人要有丰富的经验和组织控制能力，而理想的主持人往往比较难挑选。与会人员少，抽样数量小，可能产生较大误差，造成判断错误。座谈会谈话记录往往比较散乱，后期需要对资料进行整理，其结果难以量化。

2.3.1.6 个别深度访问法

个别深度访问法是一种一次只有一名受访者参加的特殊的定性调查方法。个别深度访问要深入受访者的思想，发掘其行为的真实动机。它是一种无结构的个人访问，在访问中调查人员要运用大量的追问技巧，让受访者最大限度地自由发挥，尽可能地表达他的想法和感受。个别深度访问常用于动机研究及较隐秘问题的研究，如消费者购买某种产品的动机、个人隐私问题、较敏感的问题等。个别深度访问法的优点在于：能深入地发掘被调查者的内心动机和态度；弹性较大、灵活自由，访问者与被访者能自由地交谈，常常可能取得一些意外资料；便于对一些保密、敏感的问题进行调查。其缺点有：对访问者的素质、访问技巧要求较高；访谈结果常难以分析和解释；不易得到被访者的配合。

2.3.2 观察法

2.3.2.1 观察法的概念、特点及类型

观察法是指调查者有目的、有计划地凭借自己的感觉器官或运用各种记录工具，深入调查现场，直接观察和记录被调查对象的行为或状态，以收集资料的一种方法。观察法的主要特点有：调查结果真实、自然，直接性强；它是利用一定的设备（照相机、探测器、显微镜、望远镜等）进行的观察活动；它是观察者有目的、有计划的自觉认识活动；观察对象是当前已存在或正在发生的客观现象，其处于一种自然状态，没有人为制造的条件。

观察法的类型主要有：

（1）根据观察者是否使用观察仪器，可分为直接观察和间接观察。直接观察是观察者不借助任何仪器，直接用感觉器官去观察。间接观察是观察者凭借仪器进行观察，间接地获取事物的感性材料。

（2）根据观察对象的性质不同，可分为对客观事物的观察和对人群的观察。对客观事物的观察，如企业为了解产品的质量，对生产现场和使用现场进行观察等；对人群的观察，如观察一个商场的消费者进入商场后的目光、行走、表情以及购买等行为，以了解消费者的消费心理。

（3）根据观察是否参与被观察者的活动，分为参与观察和非参与观察。参与观察是观察者加入观察对象的群体中，通过与观察对象的共同活动从内部观察。非参与观察是指

观察者以局外人角色从外部对所研究的对象进行观察。

2.3.2.2 观察法的优缺点

观察法的优点主要有：

（1）可以实地记录客观现象的发生，能够获取直接、生动的资料，对客观现象的实际过程和当时的环境气氛都可以了解。

（2）收集到的信息在大多数情况下，是完全真实客观的，无需征得被调查者的同意。

（3）对被调查者的配合与否及其能力大小没有要求。

（4）其观察结果真实、客观，有说服力。

观察法的缺点主要有：

（1）调查成本较大，花费的时间较长，观察过程受时间限制。

（2）调查结果往往受观察人员本身素质的影响，而且结果难以进行量化统计分析。

（3）观察法只能观察表面现象，无法了解深层次的情况，因而无法获取观察现象的内在信息。

2.3.3 试验法

2.3.3.1 试验法的概念、类型

试验法是一种特殊的观察调查方法，它是在所设定的特殊试验场所、特殊状态下，对被调查对象进行试验以取得所需资料的一种调查方法。

根据场所的不同，试验法可分为室内试验法和市场试验法。室内试验法可用于广告认知的试验等，比如，在同日的报纸上，版面大小相同，分别刊登 A、B 两种广告，然后将其散发给读者，以测定其反应结果。市场试验法可用于消费者需要调查等，比如，企业让消费者免费使用一种新产品，以得到消费者对新产品看法的资料。

根据调查的目的不同，试验法可分为研究性试验和应用性试验。研究性试验是以揭示试验对象的本质及其发展规律为主要目的的试验，通过多次试验，对某种理论进行证实。应用性试验则是以解决实际问题为目的的试验。例如，某企业为了扩大其产品在市场上的占有率，将产品的包装作了改进，把改进后的样品投放市场，检验其是否能起到促销的作用。

2.3.3.2 试验法的优缺点

试验法的主要优点有：通过试验调查能直接揭示客观现象之间的因果联系；试验调查可重复进行；试验法有利于探索解决问题的具体途径和方法。

试验法的主要缺点有：应用范围有限；无法完全排除非试验因素影响；对试验者要求较高，花费的时间长。

2.4 调查问卷的设计

2.4.1 问卷的意义及内容

2.4.1.1 问卷的意义

问卷又称调查表，是以书面的形式系统地记载调查内容，了解调查对象的反应和看

法，以此获取资料和信息的一种工具。问卷不但有利于调查内容的系统化、标准化，便于对所取得的资料进行统计处理和定量分析，而且还可以节省调查时间和提高工作效率。问卷往往通俗易懂，实施较为方便。由于许多问题都已给出可供选择的被选答案，易于被调查者所接受，因而问卷调查已成为搜集调查资料的重要手段。

2.4.1.2　问卷的内容

一份完整的调查问卷，主要包括以下内容：

（1）问卷的标题。问卷的标题要概括性地说明调查研究的主题，使被调查者对所要回答的问题有一个大致的了解。确定标题应简明、扼要，既要明确调查对象，又要突出研究主题，并易于引起回答者的兴趣。

（2）问卷说明。问卷说明可以是一封告知被调查者的信，也可以是导语，说明调查的目的、意义、填写问卷的要求和注意事项，同时署上调查单位的名称和时间。问卷说明的作用，在于使被调查者了解问卷调查的意图，引起他们的重视和兴趣，争取他们的支持和合作。它是调查者与被调查者沟通的中介。问卷说明的长短是由内容决定的，但应尽可能简明扼要，切忌废话和不实之词。

（3）调查主题。这是调查者所要了解的基本内容，也是调查问卷的核心部分，它由问题和答案两部分组成。

（4）编码。它是将问卷中的调查项目变成数字的工作过程，以便于分类整理，易于进行计算机处理和统计分析。通常是在每一个调查项目的最左边按一定要求顺序编号。它并不是所有问卷都需要的项目。

（5）背景资料。例如在消费者调查中，在问卷的最后附上被调查者的性别、年龄、民族、家庭人数、婚姻状况、文化程度、职业、收入等；在企业调查问卷后附上企业名称、地址、主管部门等。

（6）结束语。结束语主要包括两部分内容：一是向被调查者表示感谢，例如："访问到此结束，谢谢您的合作！祝您身体健康！"二是注明调查人员姓名、调查时间、地点、被调查者的联系方式等。

2.4.2　问卷设计中的询问技术

问题是问卷的核心，设计问卷时，必须仔细研究问题的类别和提问方法。

2.4.2.1　问题的主要类型及询问方式

（1）根据所提问题的性质，可分为直接性问题、间接性问题和假设性问题。

①直接性问题。调查中可以直问直答，对被调查者没有困窘或敏感影响的问题，可采用直接提问方式，如被调查者的性别、职业等个人基本情况或一般性意见。

②间接性问题。对于涉及被调查者的个人秘密或隐私等不愿直接回答的问题，询问时可采用间接提问方式。例如，某些药品的使用情况、经济收入等问题，可采用间接询问形式取得答案。

③假设性问题。对于涉及被调查者对某些问题的看法或未来想法的问题，询问时可采用假设性提问方式。例如："如果您打算在未来一年内购房，您会选择什么地段、什么结构的房子？"

（2）根据对问题的作答方式，可分为开放性问题和封闭性问题。

①开放性问题，是指所提问题不列出备选答案，答题类型也不做任何具体规定，而由被调查者根据自己的想法用文字表达出来。例如："您认为我公司手机的售后服务如何？"

开放性问题的主要优点是可以使被调查者充分自由地按自己的想法与方式回答问题，不受限制，有利于发挥被调查者的主动性和想象力，特别适合于询问那些潜在答案很多或者答案比较复杂或者尚未弄清各种可能答案的问题。开放式问题的主要缺点是被调查者答题的随意性大，调查者难以排除无用信息和不确切信息。由于答案不规范，数据的处理和分析比较困难。

②封闭性问题是指问题和各种可能的答案都事先设计好，让被调查者通过选择答案来回答问题的一种问题形式。例如：

您的职业：（请在下列选项后的括号内打"√"）

工人（　　）　　　教师（　　）　　　军人（　　）　　　干部（　　）
农民（　　）　　　科学工作者（　　）　　　其他（　　）

封闭性问题由于有标准答案，所以回答方便，易于进行各种统一处理和分析，有利于提高问卷的回收率和有效率。其主要缺点是回答者只能在规定的范围内被动回答，无法充分反映应答者的想法。

（3）根据所提问题内容不同，可分为事实性问题、断定性问题和敏感性问题。

①事实性问题。事实性问题要求被调查者回答有关事实情况，其主要目的是获取反映客观实际的资料，如职业、出生年月、经济收入、家庭状况、教育程度、居住条件等。因此，问题的含义必须清楚，使被调查者容易理解并易于回答。

②断定性问题。断定性问题是假定某个被调查者在某个问题上确有其行为或态度，继续进一步了解另外一些行为或态度。这种问题由两个或两个以上的问题相互衔接构成。前面一个问题是后面一个问题的前提。例如，针对问题"您一直购买某品牌的洗发水吗？"，如果回答"是"，就需要回答下一个问题——"您为什么购买某品牌的洗发水？"；如果回答"否"，就不必回答下一个问题。

③敏感性问题。敏感性问题是指涉及个人社会地位、隐私等，不为一般社会道德和法纪所允许的行为以及私生活等方面的问题。对于这类问题大多数被调查者总是企图回避，不愿意合作。因此，要了解这些敏感性问题，必须变换提问方式或采取一些特殊的调查技术。

以上是从不同角度对各种问题所作的分类，在实际调查中，几种类型的问题往往结合使用。

2.4.2.2　设计问句时应注意的问题

为了做到概念的准确，简明、生动，设计问卷应注意以下问题：

（1）避免提笼统、抽象或过于专业化的问题。这样的问题容易造成理解困难，不易回答，并且对实际调查工作无指导意义。例如，"您对本酒店满意吗？"这样的问题过于笼统，很难达到预期效果，可具体提问：您认为本酒店价格合适吗？您认为本酒店服务质量如何？

（2）避免多重性提问，即一个问题只要求应答者说清楚一件事。例如，"您父母购买养老保险了吗？"该提问询问了两个问题，若被调查者的双亲中只有一方购买了养老保险，问题就没办法回答。

（3）避免诱导性和倾向性，即所提问题对被调查者不能有诱导作用或倾向性表达，一定要恪守中立的态度。例如，"您喜欢老师这一受人尊敬的职业吗？"该提问中"受人尊敬"一词就带有倾向性。诱导性提问会导致两种不良后果：一是被调查者不加思考就同意所引导问题中暗示的结论；二是由于诱导性提问大多是引用权威或大多数人的态度，被调查者考虑到这个结论既然已经是普遍的结论，就会产生心理的顺向反应。此外，对于一些敏感性问题，在诱导性提问下，被调查者不敢表达其他想法等，常常会得出和事实相反的结论。因此，这种提问是调查的大忌。

（4）避免使用冗长复杂的语句和不易理解的词语。在语义能表达清楚的前提下，句子要尽量简洁。在大规模调查中，被调查者的文化背景、受教育程度等都会有很大差别。在考虑用词时，要注意被调查者的地区差别、文化差异等因素。

（5）避免提令被调查者难堪、禁忌和敏感的问题。涉及各地风俗和民族习惯中的忌讳、关系个人利害关系和个人隐私等问题都是令被调查者难堪、禁忌、敏感的问题。例如，对于"您是否离过婚？"这类问题，被调查者往往出于本能的自卫心理，容易产生种种顾虑，不愿意回答或不予真实回答，而且还会引起被调查者的反感，因此，问卷中应尽量避免。如果有些问题非问不可，则应考虑回答者的自尊心，尽量注意提问的方式、方法和措词。

（6）注意时间范围的表达。调查题目中常常涉及时间的问题，而问卷设计时如果忽略了时间范围的准确表达，会造成调查结果不可靠。例如，"您过去的花销有多大？"这一问题，"过去"一词表述的时间范围不明确，被调查者遇到这种问题往往会因时间范围不明确而无从回答。

2.4.3 问卷中的答案设计

由于问卷中的问题有不同的类型，所以所设计的答案类型和对被调查者的回答要求也是不同的。为了获得准确可信的答案，在问卷设计中常常采用以下两种方法。

2.4.3.1 开放型回答

开放型回答又称自由回答法，是指对问卷中的设问项目不提供任何具体答案，由被调查者自由回答。例如："您为什么选择本公司？""您选择这一行业的原因是什么？""您为什么买本公司电冰箱？""您喜欢哪种品牌的空调机？为什么？""您为什么选择这种商品？"……这些问题在问卷中都未给出可供选择的答案，毫无回答限制，完全由被调查者自由回答。

开放型回答的主要优点有：可以简化问卷，节省篇幅；灵活性大，适应性强，适合于搜集更深层次的信息，特别是适合于回答那些答案多、答案比较复杂或事先无法确定各种可能答案的问题；有利于发挥被调查者的主动性和创造性，使他们能够自由和充分地表达自己的意见和想法；一般来说，开放的回答比封闭的回答更能提供多的信息，更能够搜集到被调查者新的思想观点，有时还会发现一些超出预料的、具有启发性的回答，答案往往比较生动、丰富。

开放型回答的主要缺点有：回答的标准化程度低，会出现各种各样的答案，不容易汇总，甚至难以进行定量的处理和统计分析，给调查后的资料整理工作带来一定困难；它要求被调查者有较强的文字表达能力，而且要花费较多的填写时间。否则，被调查者就有可能因一时想不出适当的答案而拒绝回答，或者有可能因调查者表达能力较差而词不达意，影响答案的可信度。这样，就有可能降低问卷的回复率和有效率。因此，在问卷设计中，开放型回答不宜多用。如果使用，一般也放在问卷的最后。

2.4.3.2 封闭型回答

封闭型回答是指对问卷中的设问项目给出若干个备选答案，要求被调查者从中选取一个或多个作为自己的回答。封闭型回答法一般都要对回答方式做某些指导或说明，这些指导或说明大多用括号括起来，附在有关问题的后面。封闭型回答的具体方式多种多样，其中常用的有：二项选择法、多项选择法、赋值评价法、填空法、等级定位法、排序顺位法、矩阵法、表格法、比较选择法9种。

（1）二项选择法。二项选择法是指对问卷中的设问项目给出的答案只有两项（如有与无、是与否、要与不要、喜欢与不喜欢、好与不好等），要求被调查者选择其中之一来回答。例如：

> 您的性别？（请在适当的括号里打"√"）
> 男（   ）　　　女（   ）
> 您家有电视机吗？（请在适当的方框内打"√"）
> 有□　　　　　无□
> 您是否喜欢观看足球比赛？（请在适当的括号里打"√"）
> 是（   ）　　　否（   ）

二项选择法的优点是回答问题比较容易，可以获得明确的答案，而且便于调查后资料的统计处理。其缺点是：得到的信息量较少，不能反映被调查者意愿的强弱程度，不能用于有多种答案的问题，当被调查者对两项答案均不满意时，不能做出回答。

（2）多项选择法。多项选择法是指对问卷中的设问项目同时给出多种答案，由被调查者从中选择一项或几项进行回答。根据要求选择的答案多少不同，多项选择法有单项选择型、多项选择型和限制选择型三种。

①单项选择型：要求被调查者在众多答案中只能选其中一种。例如：

> 您的文化程度是（请在您选择的项目后打"√"，选一项）
> 小学以下（   ）　初中（   ）　高中（   ）　大专以上（   ）

②多项选择型：要求被调查者在众多答案中，选出自己认为合适的答案，选择项目不受限制。例如：

您认为您所在的城镇亟待解决的社会问题是什么？（请在选择的项目后打"√"，选择项目数不限）

①住房紧张 （　　　） ②交通拥挤 （　　　）
③空气污染 （　　　） ④管理混乱 （　　　）
⑤人口膨胀 （　　　） ⑥水源不足 （　　　）
⑦社会秩序不好 （　　　） ⑧服务设施差 （　　　）

③限制选择型：要求被调查者在众多答案中，选出自己认为合适的答案，但选择项目要受一定限制。例如，在上述多项选择型的举例中，要求被调查者可任选 3 项。

（3）赋值评价法。赋值评价法是指用打分数或定等级来评价事物的好坏或优劣的方法。打分时，一般用百分制或十分制，等级一般定为一至五级或一至十级。例如，学生的考试成绩一般采用百分制，学生的毕业论文成绩一般采用优秀、良好、中等、及格、不及格五级制。采用赋值评价法时，应当对打分或定级的标准做出统一和详细的规定，以便被调查者有所参考。

（4）填空法。填空法即在设问项目中空出答案的位置，由被调查者自行填写。使用填空法的问题通常是容易回答、容易填写的问题，例如：

您的职业 （　　　）　　　　　　您的年龄 （　　　）

（5）等级定位法。等级定位法即事先将调查项目的答案划分成若干等级，请被调查者根据自己的意见或感受从中选定一个等级。例如：

您的家庭平均每人每月的生活费支出属于下列情况的哪一种？（请在所属范围后的方框中打"√"）
①800 元以下□　　②800~1000 元□　　③1000~1200 元□　　④1200 元以上□
您对企业所在社区的社会治安工作是否满意？　（请在下列适当的括号内打"√"）
①很满意 （　　　）　　②比较满意 （　　　）　　③无所谓 （　　　）
④不满意 （　　　）　　⑤很不满意 （　　　）　　⑥不知道 （　　　）

（6）排序顺位法。排序顺位法，即事先将调查项目的答案列出，要求被调查者在回答时，对所选的答案按要求的顺序或重要程度加以排列。例如：

在下列几种洗发液中，请按您选用的顺序在品牌名称前的方框中编上顺序号：
□飘柔　　　　□潘婷　　　　□海飞丝　　　　□沙宣　　　　□霸王
您在购买某品牌电冰箱时，主要是考虑下列哪些因素？（按重要程度进行排序）
①省电　　②噪声小　　③制冷快　　④价格合理　　⑤外形美观
⑥产品的品牌 _____

（7）矩阵法。矩阵法是指有多个调查项目的备选答案内容相同，可以将它们排列成一个矩阵，由被调查者对比进行回答的方式。例如：

您认为当前企业面临的最严重的问题是什么？（请在适当的方框内打"√"）

	非常严重	比较严重	一般	不太严重	无所谓	不知道
①资金问题	□	□	□	□	□	□
②管理问题	□	□	□	□	□	□
③市场问题	□	□	□	□	□	□
④技术问题	□	□	□	□	□	□
⑤人才问题	□	□	□	□	□	□
⑥社会诚信问题	□	□	□	□	□	□

（8）表格法。表格法是指有多个调查项目的备选答案内容相同，可以将它们排列成一个表格，再由被调查者回答的方式。它实际上是矩阵法的一种变形，如表 2-1 所示。

表 2-1　　　　　　　　　　经理人心目中当前最严重的问题调查表

项目	非常严重	比较严重	一般	不太严重	无所谓	不知道
资金问题						
管理问题						
市场问题						
技术问题						
人才问题						
社会诚信问题						

说明：请在您认为最合适的栏目内打"√"。

（9）比较选择法。比较选择法就是将被调查的若干产品（或其他事物）做不重复的两两组合，让被调查者通过两两对比做出选择。例如：

在下列做对比的洗发液中，两相比较，您愿意用哪一种？请在您愿意用的品牌后的括号内打"√"。
①飘柔与潘婷（　　　）　　②飘柔与海飞丝（　　　）
③飘柔与沙宣（　　　）　　④潘婷与海飞丝（　　　）
⑤潘婷与沙宣（　　　）　　⑥海飞丝与沙宣（　　　）

封闭型回答的主要优点有：它的答案是预先设计的、标准化的，不仅可以提示被调查者答案的选择范围，有利于被调查者对问题的理解和回答，节约回答时间，提高问卷的回复率和有效率，而且可以简化统计汇总的工作量，减少调查人员的误差，有利于调查后的资料整理；它利于询问一些敏感问题，被调查者对这类问题往往不愿写出自己的看法，但对已有的答案却有可能进行真实的选择。

封闭型回答的主要缺点有：对答案的要求比较高，设计比较困难，特别是一些比较复杂的、答案很多或不太清楚的问题，很难设计得完整、周全，一旦设计有缺陷，被调查者就无法正确回答问题，从而影响调查的质量；它的回答方式比较机械，没有弹性，难以适应复杂的情况，难以发挥被调查者的主观能动性；它的填写比较容易，被调查者可能对自己不懂，甚至根本不了解的问题任意填写，从而降低回答的真实性和可靠性。

2.4.3.3　答案设计时应注意的问题

（1）答案要穷尽。答案要穷尽是指每个问题中所列出的备选答案应包括所有可能的回答。

（2）答案须互斥。从逻辑上讲，互斥是指两个概念之间不能出现交叉和包容的现象。在设计答案时，一项问题所列出的不同答案必须互不相容，以避免被调查者重复选择。

（3）标记要清楚。对于封闭式问题，每项答案都应有明显的填答标记或注释，且要留出足够填答标记的空格。

（4）要使用定距、定比尺度。对于敏感性问题，为了尽可能消除被调查者的顾虑，应采用定距或定比答案设计。

2.4.4　问卷的编排设计与分类

对问卷中所设计的问题进行编排，一般有以下几个方面：

（1）问卷的顺序。在设计问卷时，要注意问题的排列顺序，使问卷条理清楚，顺理成章。

①题目的编排应有逻辑性。

②题目的顺序应先易后难。容易回答的问题放在前面；较难回答的问题放在后面；将被调查者比较熟悉的问题放在前面，将被调查者比较生疏的问题放在后面；将一般性问题放在前面，敏感性问题或特殊性问题放在后面。

③封闭性问题放在前面，开放性问题放在后面。

④能引起被调查者兴趣的问题放在前面，易引起被调查者紧张的问题放在后面。

（2）问题的衔接。问卷中的各种问题应很好地衔接起来，使调查者能快捷方便地找到符合某种回答条件和不符合某种回答条件的答案。例如：

您有业余爱好吗？

没有（　　）

有（　　）　　　如果有，您的业余爱好是：

球类运动（　　）　　文艺活动（　　）　　文学创作（　　）　　其他（请注明）

有时，连续几个问题都只适合具有某种条件的被调查者，可采用跳答指示的方法。

例如：

①您喜欢吃方便面吗？

喜欢（　　）　不喜欢（　　）（请跳答第④题）

这个例子中，该问题后的两个问题是询问被调查者喜欢吃方便面的原因和种类等问题。不适于选择喜欢答案者，通过跳答指示，可很快找到自己应该回答的问题。但应注意，这类跳答衔接法不宜过多使用，否则会给人版面混乱的感觉，同时容易漏答和错答。

◎ 习题

1. 数据的计量尺度有哪几类？举例说明。

2. 抽样调查、重点调查各有哪些特点？

3. 数据收集的方法有哪些？

4. 试验法有哪些特点？

5. 什么是问卷？问卷的主要内容有哪些？

6. 问卷设计应注意哪些问题？

7. 某家用电器生产企业想通过市场调查了解以下问题：企业产品的知名度；产品的市场占有率；用户对产品质量的评价及满意程度。要求：

（1）设计一个统计调查方案。

（2）这项调查采取哪种调查方法较合适？

（3）设计一份调查问卷。

第 3 章 | 数据的图表分析

☞ 学习目标

　　1. 使用频数分布表、列联表、条形图、饼图、帕累托图来分析定性数据；

　　2. 使用频数分布表、累积频数分布表、直方图、折线图、累积折线图、散点图、时间序列图来分析定量数据；

　　3. 使用 SPSS 软件绘制图表。

　　在收集好数据之后，我们必须在数据中寻找所包含的信息。比如：当我们获得了一个国家每年的 GDP（国内生产总值）数据，如何观察经济的走势？如果你是企业人力资源部门的薪酬设计人员，如何根据已有的职工工资数据，进行合理的薪酬设计？当你有一个班的学生的各科的成绩数据，如何知道全班同学的学习情况？要回答这些问题，我们必须使用一些方法从数据中提取信息，并转化成可用的形式。数据分析包括三种形式：为数据画一幅图，制作一个表或者计算一些描述性统计量。这可用帮助我们对数据进行简化，简化使得理解数据和从数据中提取信息更容易。但是数据简化有一个不足之处，就是难以从简化的形式中恢复原始数据，因此，在分析数据时，几乎总会丢失某些信息。

　　当今时代，统计技术的发展以及计算机的广泛应用，使得绘制数据的图像更加容易。本章重点介绍几种常见图表的绘制方法来分析我们遇到的统计数据。

3.1　定性数据的图表分析

　　把定性数据汇总到一张表格里，用来看一组数据的分布状况，这就是频数分布表。当然，也可以把定性数据画成图，通过图形来看数据分布状况。下面将依次介绍频数分布表、条形图、饼图、帕累托图、列联表。

3.1.1　常用来分析定性数据的图表

3.1.1.1　频数分布表（frequency table /frequency distribution table）

　　频数分布表是遵循既不重叠又不遗漏的原则，按变量（数据特征）的取值归类分组，把总体的所有单位按组归并排列，由其各个组别所包含的数据数目（频数）构成的汇总表格。频数分布表包括两个要素：总体按其标志所分的组和各组所分布的单位数量（频数）。

为了做出一个正确的决策，通常很重要的事情就是知道变量取值的分布状况。例如，为了确定在哪里投放广告，某公司的管理者想知道通过不同的搜索引擎访问他们公司网站的人数是多少，这里，"搜索引擎"是一个定性变量（分类变量），它的可能取值是引擎的类别。我们需要通过计算机汇总每个类别的数量。这可以通过一个频数分布表来演示。

表 3-1 是某公司网站的访问者使用的搜索引擎的频数分布表，该表给出了搜索引擎的类别名称、每个类别的访问数量以及合计数。在表 3-1 中，最常选择的是 Google、Baidu 和 Direct（直接输入网址访问），然后是 Yahoo 和其他，极少数是使用 MSN 访问。

表 3-1 某公司网站的访问者使用的搜索引擎的频数分布表

搜索引擎	Google	Yahoo	MSN	Baidu	Direct	其他	合计
访问量	50629	7272	3200	42340	32236	6565	142242

有时候为了显示每一组占观测值总数的比例会用相对频数（频率）分布表（relative frequency table）或者百分比分布表（percentage distribution table）来分析定性数据，即每一组的频数都要除以观测值总数，也就是：

$$每一组的相对频数（频率）=\frac{该组的频数}{数据总数}$$

或者百分比：

$$每一组的百分比=\frac{该组的频数}{数据总数}\times100\%$$

表 3-2 是某公司网站的访问者使用的搜索引擎的相对频数表，表中展示了每个类别的访问比例。从表 3-2 可以看到，接近 0.36 的用户是通过 Google 访问，接近 0.30 的用户是通过 Baidu 访问，接近 0.23 的用户是直接输入公司网址访问，接近 0.05 的用户是通过 Yahoo 访问，接近 0.05 的用户是通过其他访问，接近 0.02 的用户是通过 MSN 访问。

表 3-2 某公司网站的访问者使用的搜索引擎的相对频数分布表

搜索引擎	Google	Yahoo	MSN	Baidu	Direct	其他	合计
频率	0.355936	0.051124	0.022497	0.297662	0.226628	0.046154	1

3.1.1.2 条形图（bar chart）

条形图是用等宽直条的长短来表示各个相互独立的指标大小的图形，适用于相互独立的数据（数据有明确的分组，不连续）。条形图可以描述那些已经用频数分布表汇总了的定性数据。一个坐标轴代表定性变量的各个取值，在每个变量位置的条形的长度和其所代表的水平的频数成比例。条形图有很多种形式，比如纵轴和横轴可以互换，这决定了条形是垂直放置还是水平放置。条形图还可以描述离散定量数据的频数、相对频数（频率）分布。

图 3-1 是通过搜索引擎访问某公司网站的条形图。从图 3-1 中很容易看出各类搜索引擎访问人数的差异。最常选择的是 Google、Baidu 和 Direct，然后是 Yahoo 和其他，极少数

使用 MSN 访问。

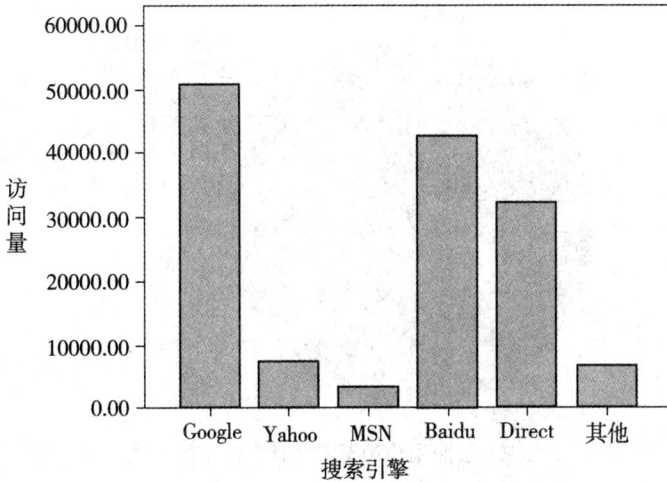

图 3-1　搜索引擎访问某公司网站的条形图

如果想了解搜索引擎的频率，还可以使用频率条形图，如图 3-2 所示。

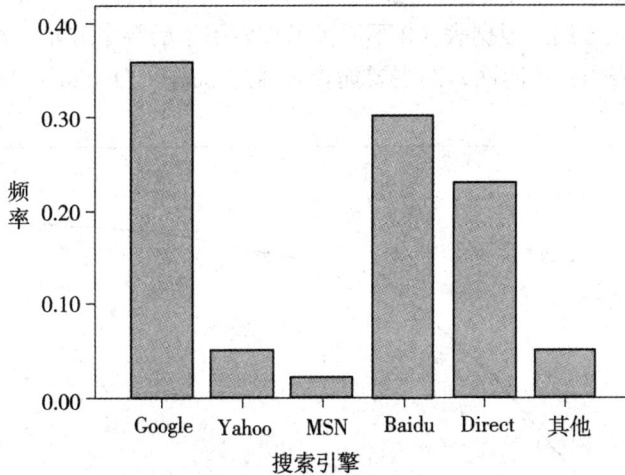

图 3-2　搜索引擎访问某公司网站的频率条形图

3.1.1.3　饼图（pie chart）

饼图又称扇形图或者圆形图，是一个面积为 100% 由很多扇形组成的圆，各个扇形的大小比例等于各个类别的频率或比例，即表示了不同组成部分的相对重要性。饼图对分析定性数据特别有用。饼图比条形图简单，描述比例较直观。但是当变量太多时，饼图就不那么好看了。

2011 年 3 月中金公司发布报告，对国内几大微博平台进行了分析。其中，按照用户浏览时间计算了这几大平台的市场份额，用饼图展现计算结果如图 3-3 所示：从饼图可以看出，新浪微博的市场份额处于绝对领先地位，占 86.5%；其次是腾讯微博，占 9.1%。

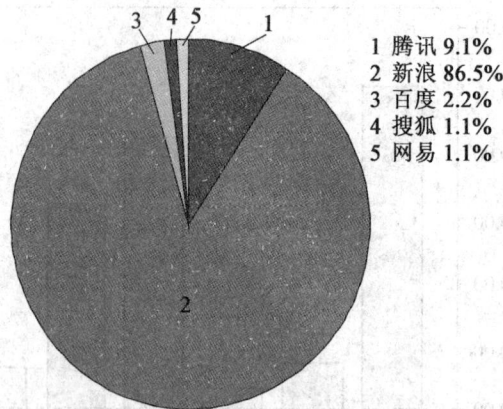

1 腾讯 9.1%
2 新浪 86.5%
3 百度 2.2%
4 搜狐 1.1%
5 网易 1.1%

图 3-3　按照用户浏览时间计算的市场份额

3.1.1.4　帕累托图（Pareto chart）

帕累托图是以意大利经济学家帕累托的名字命名的，把每一类数据按照其频数的大小递减排列，并按照这种递减的顺序画出条形图，然后在同一幅图上添加累积百分比线。帕累托图是根据"关键少数和次要的多数"的原则而制作的。它是找出主要影响因素的一种简单而有效的图表方法。根据表 3-2 不同类型搜索引擎的频率分布表绘制的帕累托图如图 3-4 所示。该图表明：访问网站的主要途径是通过 Google、Baidu 和 Direct，因此该公司

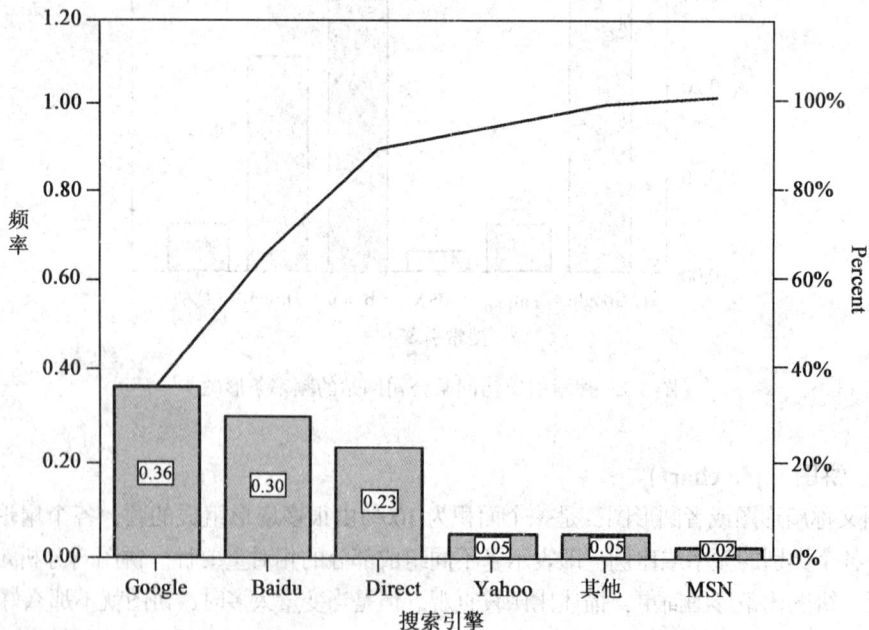

图 3-4　根据搜索引擎的频数分布表绘制的帕累托图

应该主要通过以上三个途径进行有针对性的广告投放。

3.1.2 常用来分析两组或多组有联系的定性数据的图表

在商业中对可能存在一定联系的两组或多组定性数据之间的内部结构进行分析研究是很普遍的，通常用到的一种表格就是列联表。

列联表（contingency table）是将两个或两个以上的变量进行交叉分类得到的频数分布表。一个变量属性位于行，另一个变量的属性位于列。位于行和列交叉处的值称为单元（cell）。

假设你想探讨一下基金的风险水平和基金目标之间是否存在一定的依存关系。表3-3给出了所有的868家基金的列联表。

表 3-3 　　　　　　　　　　　　　　**基金目标和基金风险制作的列联表**

目　　标	风 险 水 平			
	高	平均	低	合计
成长型	302	140	22	464
价值型	53	171	180	404
合计	355	311	202	868

制作列联表时，把这868种基金中每种基金的目标和风险的情况列在表内6个可能的单元格中。基金原始数据中列出的第一家基金被分类为高风险价值型基金，就把它列入表中第二行和第一列的交叉处的单元格里，再以同样的方式记录剩余的867种基金的信息。

为了进一步分析基金目标和基金风险之间可能的关系，可以构造基于百分比的列联表。把列联表中的数据表示成百分数，则列联表中可以得到三种百分数形式：（1）总的百分数；（2）行的百分数；（3）列的百分数。

表3-4、表3-5、表3-6给出了以上三种百分比列联表。

表 3-4 　　　　　　　　　　**基金目标和基金风险的基于总和百分比的列联表**

目标	风 险 水 平			
	高	平均	低	合计
成长型	34.79	16.13	2.53	53.46
价值型	6.11	19.70	20.74	46.54
合计	40.90	35.83	23.27	100.00

表 3-5　　　　　　基金目标和基金风险的基于行和百分比的列联表

目标	风 险 水 平			
	高	平均	低	合计
成长型	65.09	30.17	4.74	100.00
价值型	13.12	42.33	44.55	100.00
合计	40.90	35.83	23.27	100.00

表 3-6　　　　　　基金目标和基金风险的基于列和百分比的列联表

目标	风 险 水 平			
	高	平均	低	合计
成长型	85.07	45.02	10.89	53.46
价值型	14.93	54.98	89.11	46.54
合计	100.00	100.00	100.00	100.00

表 3-4 表明，样本中基金中有 40.9%是高风险，53.46%是成长型基金，并且 34.79%是高风险成长型基金。表 3-5 表明，65.09%的成长型基金是高风险的，而 4.74%的是低风险的。表 3-6 表明，高风险基金中 85.07%是成长型的，低风险基金中 89.11%是价值型的。这些表揭示了成长型基金更可能是高风险的，而价值型基金更可能是低风险的。

3.2　定量数据的图表分析

3.2.1　常用来分析定量数据的图表

3.2.1.1　茎叶图（stem-and-leaf display）

茎叶图将每一个数值分成两部分，首位数字作为茎，尾随的数字作为叶。茎沿着垂直轴线放置，叶沿着水平轴线堆放。它像一个带有长短不一的叶子的茎。当数据量不大的时候，用茎叶图既显示了完全的原始数据，又显示了数据分布的形状。因此，茎叶图非常适合描述少量数据的分布，但是当数据量很大时，用茎叶图分析就不合适了。

下面解释如何绘制茎叶图，下列数据是世界上前 25 位富翁的年龄（单位：岁）：

51	76	67	80	56	73	58	71	78
49	49	87	40	59	47	84	61	79
59	62	84	50	52	63	54		

为了得到茎叶图，将十位数作为茎，个位数作为叶。例如：第一个数值是 51，它的茎是 5，叶是 1；第二个数值是 76，它的茎是 7，叶是 6。以同样的方法处理其余数据，然

后重新排列每个茎中的叶，如图 3-5 所示：

Frequency	Stem & Leaf
4.00	4.0799
8.00	5.01246899
4.00	6.1237
5.00	7.13689
4.00	8.0447

图 3-5　世界上前 25 位富翁年龄的茎叶图

可以从图 3-5 得到一些结论，例如，世界上前 25 位富翁中年龄最小的是 40 岁，最大的是 84 岁，大多数集中在 50~70 岁。

3.2.1.2　频数分布表（frequency distribution）

绘制定量数据的频数分布表需要先将原始数据按照某种标准分成不同的组别，然后汇总各组别的数据个数即可。下面结合具体的例子说明如何绘制定量数据频数分布表。

对某城市居民家庭的生活情况进行抽样调查，得到 54 户家庭月人均可支配收入（单位：元）资料如下：

1160	1360	1580	1770	2380	1070	1540	1720	1970
1100	1350	1460	1940	920	2300	1240	1580	1710
1420	1050	1310	1670	2080	1400	1280	1390	1550
840	1120	1540	1650	1500	1120	1330	1730	1870
1080	810	1350	1590	1880	1460	1200	1490	1630
990	1860	1570	2120	1300	1750	2060	870	1840

第一步，将数据从小到大进行排列，使其序列化：

810	840	870	920	990	1050	1070	1080	1100
1120	1120	1160	1200	1240	1280	1300	1310	1330
1350	1350	1360	1390	1400	1420	1460	1460	1490
1500	1540	1540	1550	1570	1580	1580	1590	1630
1650	1670	1710	1720	1730	1750	1770	1840	1860
1870	1880	1940	1970	2060	2080	2120	2300	2380

经过初步整理，可以看出该市居民家庭月人均可支配收入具有一定的规律性，最小值为 810 元，最大值为 2380 元，大多数在 1300~1800 元，高于 1800 元或低于 1300 元的都很少。

第二步，确定各组的组距。

因为数据的个数较多，且变动范围较大（最小值为 810 元，最大值为 2380 元，全距为 1570 元），所以选择组距式的频数分布表编制。组距是每一组的最大值与最小值之差。一般来说，各组的组距 d 都应该是相同的，即等距。所有组的加起来必须至少覆盖从最小值到最大值的距离。在编制组距式的频数分布表时，组距的确定一般是"试错"的过程，即先选一、两个组距试着编制。然后根据编制的结果适当地扩大或缩小组距。从中选择一个相对较合适的组距编制。因此，我们先采用 100 元和 150 元，分别编制频数分布表。

第三步，确定各组的组数。

在一般情况下，一组数据的组数 n 应该在 5~15，即 $5 \leq n \leq 15$。我们一般编制等距式频数分布，所以 $n \approx R/d$。当全距 $R = 1570$ 元，组距选择 100 元，则 $n = 1570/100 \approx 16$；组距选择 150 元，则 $n = 1570/150 \approx 11$。

第四步，确定各组的组限。

绘制组距式频数分布表必须清楚地界定每一组的界限，以便使所有的观测值都能划分且只能划分到某一组中。因此，必须避免组与组之间的重叠现象和遗漏现象。

第五步，将各个数据汇总到各组中。

一般情况下，我们编制的是重合式的即紧密相连的两组，其中一组的上限和另一组的下限是同一数值。但是这仅仅只是形式上重合，实际上在汇总时，我们遵循一个原则"含下限，不含上限"，即一个组的变量值 x 满足 $a \leq x < b$，其中 a 是该组下限，b 是该组上限。

根据以上步骤编制的组距为 100 元和 150 元的频数分布表如表 3-7 所示：

表 3-7 　　　　　　　　　　某市居民家庭月人均可支配收入频数分布表

组　距　　100 元				组　距　　150 元			
月人均可支配收入（元）	户数	月人均可支配收入（元）	户数	月人均可支配收入（元）	户数	月人均可支配收入（元）	户数
800~900	3	1600~1700	3	800~950	4	2000~2150	3
900~1000	2	1700~1800	5	950~1100	4	2150~2300	0
1000~1100	3	1800~1900	4	1100~1250	6	2300~2450	2
1100~1200	4	1900~2000	2	1250~1400	8		
1200~1300	3	2000~2100	2	1400~1550	8		
1300~1400	7	2100~2200	1	1550~1700	8		
1400~1500	5	2200~2300	0	1700~1850	6		
1500~1600	8	2300~2400	2	1850~2000	5		
		合计	54			合计	54

从表 3-7 可以看出，组距为 100 元太小，组数太多，各组频数分布较分散，看不出分布规律；组距为 150 元时，各组的分布规律开始表现出来，但特征仍不是很明显。若再将组距扩大为 200 元，此时组数 $n = 1570/200 \approx 8$，通过进一步整理，得到组距为 200 元的频数分布表如表 3-8 所示：

表 3-8 　　　　　　　　　　　某市居民家庭月人均可支配收入频数分布表

月人均可支配收入（元）	户数
800~1000	5
1000~1200	7
1200~1400	10
1400~1600	13
1600~1800	8
1800~2000	6
2000~2200	3
2200~2400	2
合计	54

　　从表 3-8 可见，采用组距为 200 元编制频数分布表相对来说最为合适，不同月人均可支配收入水平的家庭分布特征被明显地表现出来了。

　　在表 3-8 的基础上可以编制频率分布表和百分比分布表，如表 3-9 所示：

表 3-9 　　　　　　　某市居民家庭月人均可支配收入频率分布表和百分比分布表

月人均可支配收入（元）	频率	百分比（%）
800~1000	0.0926	9.26
1000~1200	0.1296	12.96
1200~1400	0.1852	18.52
1400~1600	0.2407	24.07
1600~1800	0.1482	14.82
1800~2000	0.1111	11.11
2000~2200	0.0556	5.56
2200~2400	0.0370	3.70
合计	1	100

　　通常大家想知道每组占总体的比率或者百分比，即相对频数分布，所以经常编制频率分布表或百分比分布表。当比较两个或更多不同规模的组时，必须使用频率分布表或百分比分布表。

3.2.1.3　累积频数分布表（cumulative frequency distribution）

　　通过以上的频数分布表，我们可以很容易地找出每组出现的次数，以及整个的分布规律。但是，如果想知道截止于某一组变量值以下或者以上所对应的频数是多少，以及事物发展进程等情况，则需要将有关组的频数进行累加后才能说明问题。所以，要全面地分析数据的特征，还应该编制累积频数分布表。

累积频数分布表给出了截止于某一值以上或者以下的频数共有多少。具体有两种计算方法：一种是以下累积，即从低组向高组累加，此时每组的累积频数表示该组上限以下的频数共有多少。另一种是以上累积，即从高组向低组累加，此时每组的累积频数表示该组下限以上的频数共有多少。

表 3-10 表示的是某市居民家庭月人均可支配收入以下累积分布情况。表 3-10 清楚地显示了某市居民家庭月人均可支配收入低于某组的上限的值是多少，例如，家庭月人均可支配收入低于 1800 元的有 43 户，家庭月人均可支配收入低于 2200 元的有 52 户。

表 3-10　　　　　　某市居民家庭月人均可支配收入以下累积分布表

月人均可支配收入（元）	户数	以下累积频数	计算过程
800～1000	5	5	5
1000～1200	7	12	12＝5+7
1200～1400	10	22	22＝5+7+10
1400～1600	13	35	35＝5+7+10+13
1600～1800	8	43	43＝5+7+10+13+8
1800～2000	6	49	49＝5+7+10+13+8+6
2000～2200	3	52	52＝5+7+10+13+8+6+3
2200～2400	2	54	54＝5+7+10+13+8+6+3+2
合计	54	—	—

表 3-11 表示的是某市居民家庭月人均可支配收入以上累积分布情况。表 3-11 清楚地显示了某市居民家庭月人均可支配收入高于某组的下限的值是多少，例如，家庭月人均可支配收入高于 1800 元的有 11 户，家庭月人均可支配收入高于 1200 元的有 42 户。在编制了以上或以下频数累积的基础上可以根据需要编制以上或以下频率或百分比累积。

表 3-11　　　　　　某市居民家庭月人均可支配收入以上累积分布表

月人均可支配收入（元）	户数	以上累积频数	计算过程
800～1000	5	54	54＝2+3+6+8+13+10+7+5
1000～1200	7	49	49＝2+3+6+8+13+10+7

月人均可支配收入（元）	户数	以上累积频数	计算过程
1200~1400	10	42	42 = 2+3+6+8+13+10
1400~1600	13	32	32 = 2+3+6+8+13
1600~1800	8	19	19 = 2+3+6+8
1800~2000	6	11	11 = 2+3+6
2000~2200	3	5	5 = 2+3
2200~2400	2	2	2
合计	54	—	—

在将数据编制简单频数分布表或累积频数分布表以后，已经可以初步看出数据的一些规律。为了获得更直观、更形象的印象，我们有时候还需要绘制表示数据变动趋势的简明图形，常用的有直方图、折线图、累积折线图。

3.2.1.4　直方图（histogram）

直方图主要用于表示分组数据的频数分布特征，是分析数据分布特征的有用的工具之一。直方图利用一系列相邻的矩形描述频数分布，矩形的长度大小代表对应的频数的大小。具体绘制步骤如下：

第一步：以横轴代表变量，并在上面标出各组组限所在的位置。这样，各位置之间的距离就是各组的组距，在等距分组的条件下它们就是相等的。

第二步：以纵轴代表频数，并按需要标出各组频数所在的位置。

第三步：以各组组距为宽，各组频数为高，绘制出各组对应的矩形。

这样各组直方图的面积大小就表示各组频数的多少，且各个矩形并在一起所形成的"图案"就表明了数据分布的特征。

图 3-6 显示了某市居民家庭月人均可支配收入的数据由 SPSS 输出的直方图。该直方图的横坐标是某市居民家庭月人均可支配收入变化值，每格代表 200 元，而纵坐标为各区间某市居民家庭月人均可支配收入变化值的频数。从直方图可以看出对原始数据做了简化和汇总，描述了数据分布的疏密，为频数分布表提供了一个容易表达的直观描述。同样，我们可以根据上述步骤绘制频率或百分比分布表对应的直方图。

请注意，尽管直方图和条形图看起来很类似，但它们是明显不同的统计图。对定性数据分析使用的是条形图，对定量数据使用的是直方图。

3.2.1.5　折线图（polygon）

折线图是将各组组中值代表该组的数据，然后标出组中值和该组的频数（或者频率或百分比）在坐标轴中对应的点，并把这些点连接起来构成的图形，如图 3-7 所示。具体绘制步骤如下：

第一步：以横轴代表变量，并在上面标出各组组中值所在的位置。

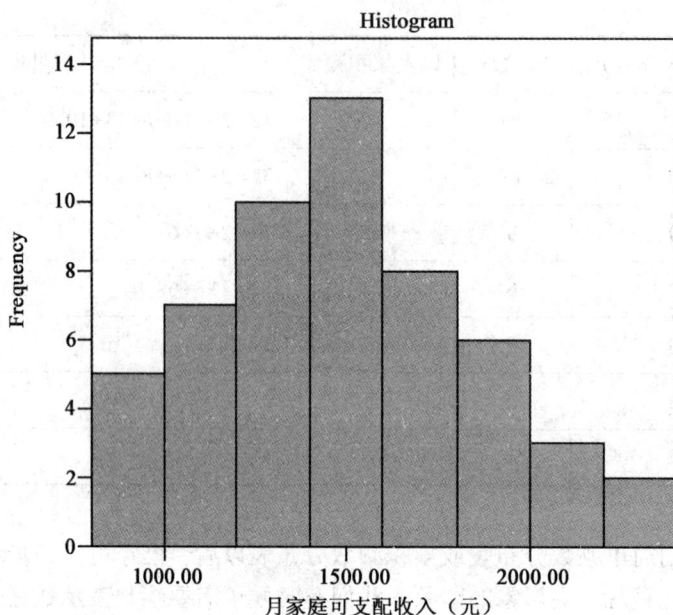

图 3-6　某市居民家庭月人均可支配收入直方图

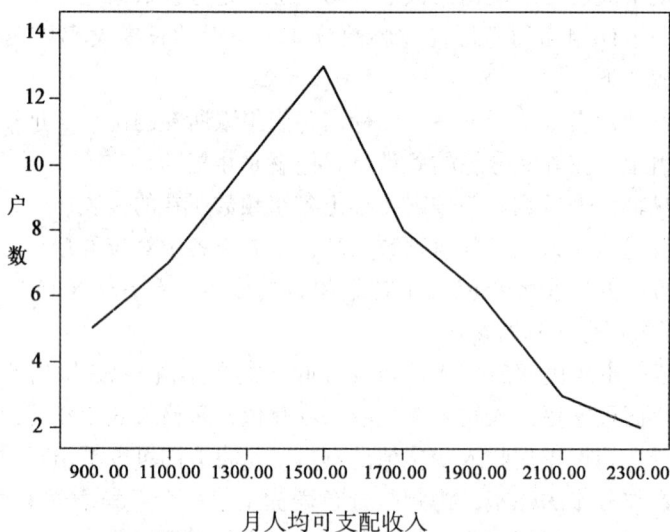

月人均可支配收入

图 3-7　某市居民家庭月人均可支配收入的折线图

　　第二步：以纵轴代表频数（或者频率或百分比），并按需要标出各组频数（或者频率或百分比）所在的位置。

　　第三步：在坐标轴中依次标出各组组中值和该组对应的频数（或者频率或百分比）的点，然后依次将这些点连接起来就构成折线图。

　　当有两个或多个频数分布表进行比较时，用折线图绘制更能清楚地显示它们之间的区别。而在同一个图形中绘制多重直方图会令人混淆，将一个直方图的矩形添加到另外一个直方图上，会变得难以辨认。

3.2.1.6　累积折线图（cumulative polygon）

累积折线图是在横轴标出各组的组限，然后标出该组组限和该组的累积频数（或者累积频率或累积百分比）在坐标轴中对应的点，并把这些点连接起来构成的图，见图3-8。具体分两种情况：（1）根据以下累积频数（频率或百分比）分布表绘制的累积折线图；（2）根据以上累积频数（频率或百分比）分布表绘制的累积折线图。

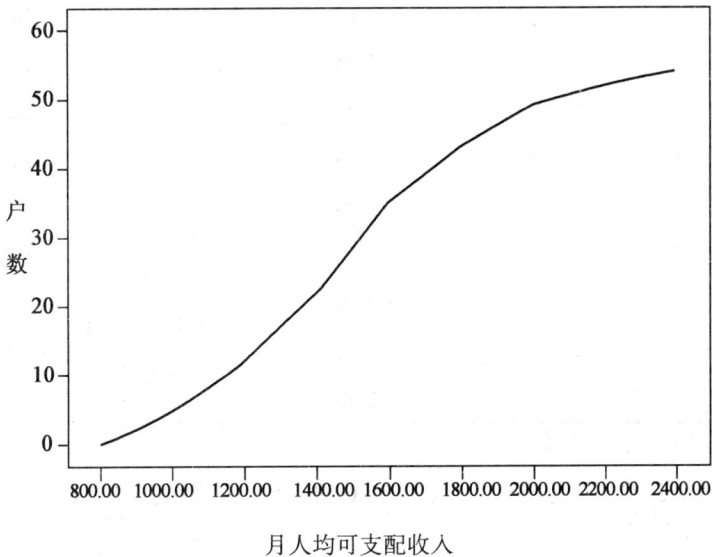

图 3-8　某市居民家庭月人均可支配收入的以下累积折线图

累积折线图的绘制步骤如下：

第一步：以横轴代表变量，并在上面标出各组组限所在的位置。

第二步：以纵轴代表频数（或者频率或百分比），并按需要标出各组频数（或者频率或百分比）所在的位置。

第三步：在坐标轴中依次标出各组上限和该组对应的频数（或者频率或百分比）的点，然后依次将这些点连接起来就构成折线图。

3.2.2　常用来分析两组或多组有联系的定量数据的图表

当分析单个的定量数据时，适合使用的图表包括茎叶图、频数分布表、累积频数分布表、直方图、折线图和累积折线图。在分析两个有一定联系的定量数据时，通常使用的是散点图和时间序列图。

3.2.2.1　散点图（scatter plot）

对于两个定量变量之间的关系可以用散点图来描述。对每一组观测值，将一个变量值放置在横轴（X轴），另一个变量值放置在纵轴（Y轴）。例如，可通过比较每月销售量和每月广告支出的关系来研究广告的效果。

我们通过分析不同城市的汉堡包和电影票的价格来演示散点图。表 3-12 提供了全球 10 个城市的一份汉堡包和电影票的价格。

表 3-12 全球 10 个城市的一份汉堡包和电影票的价格

城　市	汉堡包（美元）	电影票（美元）
东京	5.99	32.66
伦敦	7.62	28.41
纽约	5.75	20.00
悉尼	4.45	20.71
芝加哥	4.99	18.00
旧金山	5.29	19.50
波士顿	4.39	18.00
亚特兰大	3.70	16.00
多伦多	4.62	18.05
里约热内卢	2.99	9.90

对每一个城市，将汉堡包的价格放置在 X 轴，将电影票的价格放置在 Y 轴。图 3-9 是用 SPSS 绘制的散点图。

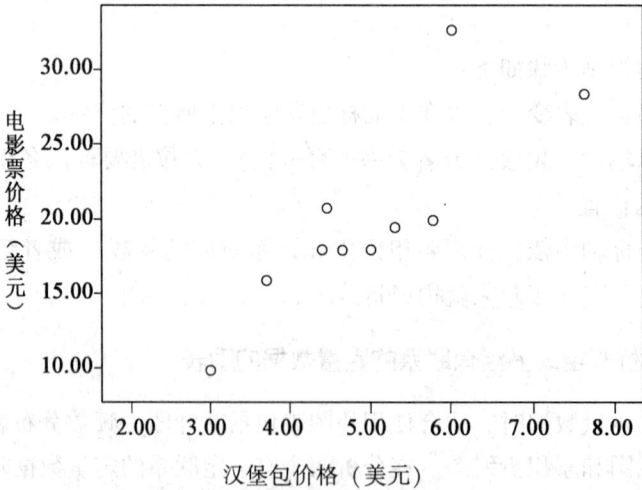

图 3-9　汉堡包价格和电影票价格的散点图

从图 3-9 可以看出，汉堡包价格和电影票价格之间有一个递增（正相关）关系。即汉堡包的价格低的城市几乎电影票的价格也低，汉堡包高的城市几乎电影票的价格也高。

散点图有很多种，在第 7 章详细介绍。

3.2.2.2　时间序列图（time-series plot）

时间序列图用以反映定量数据随时间的变化趋势。绘制方法是将所要分析的某一数量指标放在纵轴，以数量指标值发生的时间为横轴绘制。

我们通过分析 2004—2011 年第一季度沃尔玛的销售收入数据来演示时间序列图。表 3-13 提供了沃尔玛 2004 年到 2011 年第一季度销售收入数据。

表 3-13　　　　　　　　　　**2004—2011 年沃尔玛第一季度销售收入**

年　份	2004	2005	2006	2007	2008	2009	2010	2011
第一季度销售收入 （单位：10 亿美元）	43.0	48.6	55.0	56.7	64.8	71.6	79.6	85.4

沃尔玛 2004—2011 年第一季度销售收入数据的时间序列图见图 3-10。从图中可以看出，总的趋势是逐年上升，但上升的幅度每年不尽相同。

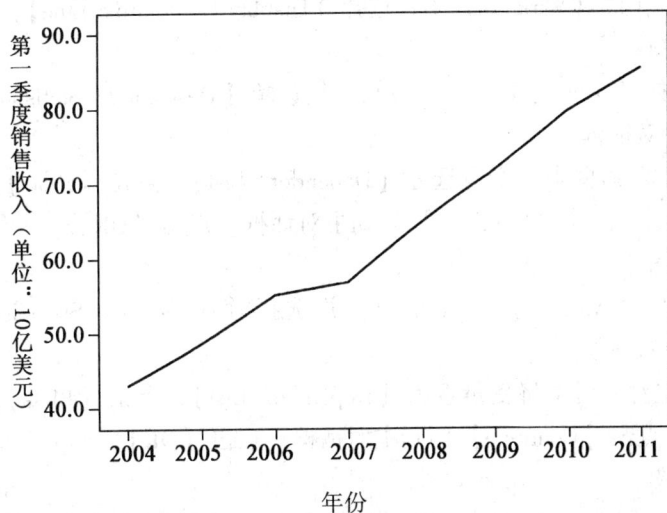

图 3-10　沃尔玛 2004—2011 年第一季度销售收入数据的时间序列图

本章附录　SPSS 软件的使用

用 SPSS 绘制条形图、饼图、帕累托图、茎叶图、直方图、折线图、累积折线图、散点图、时间序列图。

结合本章的数据简要介绍一下 SPSS 软件的使用：

1. 绘制条形图

第一步：选择【Graphs】下拉菜单，点击【Bar…】选项进入主对话框。

第二步：在主对话框选择【Simple】，在【Data in Chart Are】中选择合适的类型，点击【Define】进入主对话框。

第三步：在主对话框中将变量"访问量"选入【Bar Represent】，将变量"搜索引擎"选入【Category Lables】中的【Variable】中，点击【OK】。

2. 绘制饼图

第一步：选择【Graphs】下拉菜单，点击【Pie…】选项进入主对话框。

第二步：在【Data in Chart Are】中选择合适的类型，点击【Define】进入主对话框。

第三步：在主对话框中将变量"访问量"选入【Slices Represent】，将变量"搜索引擎"选入【Category Lables】中的【Variable】中，点击【OK】。

3. 绘制帕累托图

第一步：选择【Graphs】下拉菜单，点击【Pareto…】选项进入主对话框。

第二步：在主对话框选择【Simple】，在【Data in Chart Are】中选择合适的类型，点击【Define】进入主对话框。

第三步：在主对话框中将变量"访问量"选入【Values】，将变量"搜索引擎"选入【Category Lables】中的【Variable】中，选择【Display Cumulative Line】，点击【OK】。

4. 绘制茎叶图

第一步：选择【Analyze】下拉菜单，并选择【Descriptive Statistics】选项，点击【Explore】进入主对话框。

第二步：在主对话框中将变量选入【Dependent List】，点击【Plots】，在对话框中选择【Stem-and-Leaf】。点击【Continue】回到主对话框。点击【OK】。

5. 绘制直方图

第一步：选择【Analyze】下拉菜单，并选择【Descriptive Statistics】选项，点击【Explore】进入主对话框。

第二步：在主对话框中将变量选入【Dependent List】，点击【Plots】，在对话框中选择【Histogram】。点击【Continue】回到主对话框。点击【OK】。

6. 绘制折线图

第一步：选择【Graphs】下拉菜单，点击【Line…】选项进入主对话框。

第二步：在主对话框选择【Simple】，在【Data in Chart Are】中选择合适的类型，点击【Define】进入主对话框。

第三步：在主对话框中将变量"居民家庭月人均可支配收入"选入【Category Axis】，在【Line Represents】中选择适当的类型，点击【OK】。

7. 绘制累积折线图

第一步：选择【Graphs】下拉菜单，点击【Line…】选项进入主对话框。

第二步：在主对话框选择【Simple】，在【Data in Chart Are】中选择合适的类型，点击【Define】进入主对话框。

第三步：在主对话框中将变量"居民家庭月人均可支配收入"选入【Category Axis】，在【Line Represents】中选择适当的类型，点击【OK】。

8. 绘制散点图

第一步：选择【Graphs】下拉菜单，点击【Scatter/Dot...】选项进入主对话框。

第二步：在主对话框选择【Simple Scatter】，点击【Define】进入主对话框。

第三步：在主对话框中将变量"汉堡包价格"选入【X Axis】，将变量"电影票价格"选入【Y Axis】，点击【OK】。

9. 绘制时间序列图。

第一步：选择【Graphs】下拉菜单，点击【Line...】选项进入主对话框。

第二步：在主对话框选择【Simple】，并在【Data in Chart Are】选择【Values of Individual Cases】。点击【Define】进入主对话框。

第三步：在主对话框中将变量"第一季度销售收入"选入【Line Represents】，在【Category Labels】中选择【Variable】并将变量"年份"选入【Variable】。点击【OK】。

◎ 习题

1. 分析定性数据和定量数据常见的图示方法各有哪些?

2. 茎叶图和直方图相比有什么优点? 它们的应用场合是什么?

3. 某外贸企业的 2014 年度出口情况如下，请绘制一幅适当的图。

国　家	美国	英国	韩国	澳大利亚	日本
年度出口额（万元）	9550	2441	4556	618	1182

4. 为评价某零售企业顾客满意度，随机抽取了由 50 个家庭构成的一个样本。顾客满意度的等级分别表示为：A 代表非常满意；B 代表满意；C 代表一般；D 代表不满意；E 代表非常不满意。调查结果如下：

B	E	C	C	A	D	C	B	A	E
B	A	C	D	E	A	B	D	D	C
A	D	B	C	C	A	E	D	C	B
C	B	B	C	E	A	B	D	B	C
B	E	C	C	A	D	C	B	A	E

（1）上面的数据属于什么类型?

（2）制作一个频数分布表。

（3）绘制一幅条形图，反映顾客满意度的等级分布。

（4）绘制反映顾客满意度等级的帕累托图。

5. 利用下面的数据构建茎叶图。

7	8	4	5	16	20	20	24	19	30
23	30	25	19	29	29	30	30	40	56

6. 下面的数据是某大城市 50 间三居室住宅在 2014 年 12 月电费支出的随机样本（单位：元）：

108	119	183	151	114	135	191	137	129	158
95	163	150	130	143	187	166	139	149	154
141	149	206	175	123	128	144	168	109	167
96	171	202	178	147	102	153	197	127	82
157	185	90	116	172	111	148	213	130	165

（1）以组距为 20 进行等距分组，编制频数分布表、频率分布表。

（2）编制以下或者以上累积频率分布表。

（3）根据频数分布表绘制直方图，说明数据分布的特征。

（4）根据以下累积频率分布表绘制累积折线图。

7. 随机选择一个 500 名消费者的样本来了解关于消费者行为的各种信息。对"您是否喜欢网购"的回答结果如下：

喜欢网购	性　别		合计
	男	女	
是	136	224	360
否	104	36	140
合计	240	260	500

（1）建立基于行和百分比的列联表、基于列和百分比的列联表和基于总和百分比的列联表。

（2）你能从以上分析中得出什么结论？

8. 下表显示了我国 1998—2007 年每年的人口数（单位：万人）。请绘制反映人口数变动的时间序列图并概述你的发现。

年份	1998	1999	2000	2001	2002	2003	2004	2005	2006	2007
人口	124761	125786	126743	127627	128453	129227	129988	130756	131448	132129

9. 下面是随机抽取的 10 家大型商场销售的同类产品的有关数据（单位：元），请绘制散点图并说明二者之间的关系。

商场编号	销售价格	购进价格	商场编号	销售价格	购进价格
1	1238	966	6	1303	852
2	1266	894	7	1313	804
3	1200	440	8	1144	905
4	1193	664	9	1286	771
5	1106	791	10	1084	511

第 4 章 数据的描述性度量指标

☞ 学习目标

1. 掌握数据的集中趋势测度指标；
2. 掌握数据离中趋势测度指标；
3. 了解偏态与峰态指标的含义；
4. 了解数据的标准化；
5. 计算协方差和相关系数；
6. 掌握相关测度指标在 SPSS 软件的应用。

一般来说，获得的数据中很可能有很多变量和观测值。这些数据反映个体的量，是分散的、无系统的，还可能存在重复、遗漏或错误。为了使数据系统化，反映总体的特征、规律及发展趋势，需要使用一定的方法对数据进行整理和综合，以便从中提炼所需要的信息，使之可以提供概要信息并能反映研究对象的基本数量特征，便于人们的理解和使用。

本章主要探讨数据的集中趋势、离中趋势和分布形状的度量方式。了解度量两个数值变量之间联系的紧密程度的度量指标——协方差和相关系数。

4.1 集中趋势的测度指标

集中趋势（central tendency）是指一组数据向某一中心值靠拢的倾向，它反映了一组数据的中心点的位置所在。测度集中趋势也就是寻找数据水平的代表值或中心值。在本节我们主要介绍众数（mode）、中位数（median）、四分位数（quartiles）、平均数（mean）。

4.1.1 众数

众数（mode）通常记为 M_0，指数据中出现次数最多的数。众数一般用来描述分类变量，特别是那些有许多值的分类变量，如学历、对事物的态度、国家等。众数也可以测度其他类型的变量。

[例 4.1] 根据某天随机抽查的 50 名顾客在某大型超市购买的饮料的品牌的数据编制的频数分布表如表 4-1 所示。求这组数据的众数。

饮料品牌	频数
可口可乐	15
汇源果汁	6
百事可乐	9
露露	9
康师傅冰红茶	11
合计	50

表 4-1　　　　　　　　　　　　　　饮料品牌频数分布表

解：从表 4-1 可以看出，在所调查的 50 人中，购买可口可乐的人数最多，为 15 人，因此众数为"可口可乐"这一品牌，即 $M_0 =$ 可口可乐。

[**例 4.2**] 负责公司网络系统的经理掌握着每天服务器的故障次数的数据。下面的数据反映了最近两个星期服务器每天出现故障的次数：

1 3 0 3 26 2 7 4 0 2 3 3 6 3

求这组数据的众数。

解：先将这组数据排序如下：

0 0 1 2 2 3 3 3 3 3 4 6 7 26

我们可以看到"3"这个数字出现的次数最多是 5 次，因此 3 是众数，即该经理可以说一天之中服务器最经常出现故障的次数是 3。

有时候，一组数据可能有多个众数或没有众数，考虑下面的准备时间数据：

28 30 35 39 39 40 43 44 44 52

有两个众数分别是 39 和 44，因为这两个值出现了两次，其他的值只出现了一次。

例如，一个 10 家银行支票退回费用的样本数据如下：

26 28 20 21 22 25 18 23 15 30

这些数据就没有众数，因为每个数值出现的次数都一样多，只有一次。

众数是一个位置代表值，它不受数据中的极端值的影响。众数具有不唯一性，即一组数据可能有一个众数，可能有多个众数，可能没有众数。

4.1.2　中位数

中位数（median）通常记为 M_e，指一组数据排序以后，处于中间位置的变量值。中位数是另一个关于中心位置的统计量。显然，中位数将全部的数据等分成两部分，每部分包含 50% 的数据，一部分数据比中位数小，一部分数据比中位数大。一般来说，在研究房价、收入分配等许多其他经济变量时常常使用中位数来描述。

将数据 x_i 按值由大到小排序后记为 $x_{(1)}$，$x_{(2)}$，…，$x_{(n)}$ 之后，则中位数为：

当数据的个数 n 为奇数时，中位数为处于 $(n+1)/2$ 位置上的数值，即中位数 $= x_{(n+1)/2}$。

当数据的个数 n 为偶数时，中位数为处于中间位置上两个数据的平均值，即中位数 $=$ $\dfrac{x_{n/2} + x_{n/2+1}}{2}$。

[**例 4.3**] 假设在某城市随机抽查 5 家企业得到的年销售额数据分别为 62.9 万元、61.6 万元、62.5 万元、60.8 万元和 120 万元，计算年销售额的中位数。

解：先将上面的数据排序，结果如下：

60.8　61.6　62.5　62.9　120

中位数的位置 $=(n+1)/2=(5+1)/2=3$

中位数 $=62.5$

我们再看看当数据的个数为偶数时怎样计算中位数。

假定抽取 6 家企业，每个企业的年销售额数据排序后如下：58 万元、60.8 万元、61.6 万元、62.5 万元、62.9 万元、120 万元。

中位数的位置 $=(n+1)/2=(6+1)/2=3.5$

中位数 $=(61.6+62.5)/2=62.05$

中位数具有以下优点：

(1)中位数不易受极端值的影响。中位数仅指排序以后处于中间位置上的值，不会受到极大值或者极小值的影响。

(2)中位数具有唯一性，即一组数据只有一个中位数。

(3)中位数计算简单。只需要将所有的观测值从小到大排序，就可以应用找中点的方法得到中位数。

同时中位数也有一些缺点：中位数仅仅只考虑中间值，并未利用其他观测值。这样它就没有利用数据中的所有信息。

4.1.3　四分位数

中位数是从中间将全部数据等分为两部分。与中位数类似的还有四分位数、十分位数、百分位数、千分位数、万分位数等。它们分别是用 3 个点、9 个点、99 个点将数据分为 4 等份、10 等份、100 等份后各分位点上对应的值。这里我们只介绍四分位数的计算，其他分位数依此类推。

四分位数(quartiles)是指将一组数据排序后处于 25% 和 75% 位置上的值。四分位数是通过三个点将全部数据等分为四部分，其中每部分包含 25% 的数据。很显然中间的四分位数就是中位数，因此通常所说的四分位数是指处于 25% 位置上的数值，称为第一四分位数(记为 Q_1)，以及处于 75% 位置上的数值，称为第三四分位数(记为 Q_3)。下面介绍计算第一四分位数和第三四分位数的方法：

将数据 x_i 按值由大到小排序后记为 $x_{(1)}$，$x_{(2)}$，$\cdots$，$x_{(n)}$ 之后，则：

$$Q_1 = 第\ \frac{n+1}{4}\ 位置上的观测值 \qquad Q_3 = 第\ \frac{3(n+1)}{4}\ 位置上的观测值$$

在具体计算的过程中，由于涉及数据个数的奇偶问题，上面的公式算出来的不一定正好是整数或两个整数的中间，这就需要遵循以下的规则：

（1）如果求得的位置是整数，该位置上的这个观测值就是四分位数。

（2）如果求得的位置处于两个整数的中间，则它们相应的观测值的平均数就是四分位数。

（3）如果求得的位置既不是整数也不是两个整数的中间，一个简单的规则就是就近取整，并找出相应该整数位置上的观测值。

[例 4.4]收集到一组数据：12　16　15　9　8　14　11　10　18　20

求第一四分位数和第二四分位数。

解：先将上面的数据排序，结果如下：

8　9　10　11　12　14　15　16　18　20

$$第一分位数的位置 = \frac{n+1}{4} = \frac{10+1}{4} = 2.75$$

根据规则 3，将其就近取整数到第三个位置的观测值，即第一四分位数 = 10。

$$第一分位数的位置 = \frac{3(n+1)}{4} = \frac{3(10+1)}{4} = 8.25$$

根据规则 3，将其就近取整数到第八个位置的观测值，即第三四分位数 = 16。

4.1.4　平均数

平均数（mean）是一组数据相加后除以数据个数而得到的结果。像中位数一样，均值大致位于观测值中部。两者的不同之处在于，均值是一个变量的值，它可以看做数据集的重心。如果根据观测值的大小把它们放在跷跷板上，则跷跷板会在均值处达到平衡。

4.1.4.1　简单均值（simple mean）

根据未经分组的原始数据计算平均数。设 x_i 表示第 i 项数值，若该组数据为总体数据，共有 N 项数值，则总体均值用希腊字母 μ 表示，计算公式为：

$$\mu = \frac{x_1 + x_2 + \cdots + x_N}{N} = \frac{\sum_{i=1}^{N} x_i}{N}$$

若该组数据为样本数据，共有 n 项数值，则样本均值用 $\bar{x}$ 表示，计算公式为：

$$\bar{x} = \frac{x_1 + x_2 + \cdots + x_n}{n} = \frac{\sum_{i=1}^{n} x_i}{n}$$

[例 4.5]以下是一组容量 $n = 11$ 的样本数据如下：

7　5　8　3　6　10　12　4　9　15　18

请计算均值。

解：根据公式得：

$$\bar{x} = \frac{7 + 5 + 8 + \cdots + 15 + 18}{11} = 8.82$$

4.1.4.2　加权均值（weighted mean）

根据分组的原始数据计算平均数。设原始数据被分成 k 组，各组的组中值分别用

M_1，M_2，…，M_K 表示，各组表量值出现的频率分别用 f_1，f_2，…，f_k 表示，则总体均值的计算公式为：

$$\mu = \frac{M_1 f_1 + M_2 f_2 + M_3 f_3 + \cdots + M_k f_k}{f_1 + f_2 + f_3 + \cdots + f_k} = \frac{\sum\limits_{i=1}^{k} M_i f_i}{N}$$

式中，$N = \sum f_i$，即总体数据的个数。

对于样本数据，均值的计算公式为：

$$\bar{x} = \frac{M_1 f_1 + M_2 f_2 + M_3 f_3 + \cdots + M_k f_k}{f_1 + f_2 + f_3 + \cdots + f_k} = \frac{\sum\limits_{i=1}^{k} M_i f_i}{n}$$

式中，$n = \sum f_i$，即样本容量。

[例 4.6]根据第 3 章表 3-8 中的数据，计算家庭月人均可支配收入的均值。

解：计算过程见表 4-2。

表 4-2　　　　　　　　某市居民家庭月人均可支配收入数据的均值计算表

月人均可支配收入（元）	频数（f_i）	组中值（M_i）	$M_i f_i$
800~1000	5	900	900×5 = 4500
1000~1200	7	1100	1100×7 = 7700
1200~1400	10	1300	1300×10 = 13000
1400~1600	13	1500	1500×13 = 19500
1600~1800	8	1700	1700×8 = 13600
1800~2000	6	1900	1900×6 = 11400
2000~2200	3	2100	2100×3 = 6300
2200~2400	2	2300	2300×2 = 4600
合　计	54	—	80600

根据上面的公式得：$\bar{x} = \dfrac{\sum\limits_{i=1}^{k} M_i f_i}{n} = \dfrac{80600}{54} \approx 1493$（元）

根据上面的公式计算的时候，是用各组的组中值代表各组的实际数据，使用这个代表值时是假定各组数据在组内的分布是均匀分布的。如果实际数据与这一假定相符合，计算的结果还是比较准确的，否则误差会较大。

4.1.4.3　几何平均值（geometric mean）

当统计数据是各时期的增长率等前后两个时期的两两比率数据（环比），希望求出每时期的平均增长率、百分比时，几何平均值非常有用。我们常对销售收入、工资或者国内生产总值等经济数据的变化百分比很感兴趣，因此几何平均值在商业上和经济上有着广泛的应用。n 个正数的几何平均值被定义为这 n 个值的乘积的 n 次方根，其计算公式可以表示为：

$$GM = \sqrt[n]{x_1 \times x_2 \times \cdots \times x_n}$$

式中，$x_i(i = 1,\ 2,\ 3,\ \cdots,\ n)$ 是百分比或比率。

[**例 4.7**] 如果投资者在 2010—2014 年的收益率分别为 5.2%，5%，2.5%，2.8%，3%，则该投资者在这 5 年内的平均收益率是多少？

解：根据上面的公式得：

$$GM = \sqrt[5]{\prod_1^5 x_i} - 1 = \sqrt[5]{105.2\% \times 105\% \times 102.5\% \times 102.8\% \times 103\%} - 1 = 3.7\%$$

4.1.5　众数、中位数和平均数之间的关系

选择哪种集中趋势测度指标将取决于所分析的数据集的性质和应用的要求。因此，了解众数、中位数和平均数之间的关系是很重要的。

平均数容易被多数人理解和接受，在实际中用得也较多，但主要的缺点是易受极端值的影响，对于偏态分布的数据，平均数的代表性较差。众数和中位数提供的信息不像平均数那样多，但它们也有优点，比如不受极端值的影响。当数据为偏态分布，特别是当偏斜的程度较大时，可以考虑选择中位数或者众数，这时它们的代表性要比平均数好。比如，2007 年有关香港的一则报道说，随着经济的增长，在香港家庭中低收入家庭的比重在增加。其中低收入家庭是指收入低于中位数的家庭。这里没有使用平均数作为划分低收入家庭的标准，原因是香港的富翁较多，平均收入很高，但它代表不了大多数家庭的收入状况。

4.2　离中趋势的测度指标

本节主要介绍离中趋势(或离散程度、变异度)的测度指标。数据沿着中心的变化信息可以帮助我们形象化数据集的形状和它的极值。用来测度数据离中趋势的指标主要有：极差、四分间距、平均差、方差、标准差和离散系数等。

4.2.1　极差(range)

极差(range)通常记为 R，即最大值与最小值之差，是一种简单的测度数据分散程度的方法。其公式为：

$$R = x_{max} - x_{min}$$

式中，x_{max} 为这组数据中的最大值；x_{min} 为这组数据中的最小值。

根据例 4.2 的数据，最大值为 26，最小值为 0，因此极差＝26-0=26。

一组数据的差异越大，其极差也越大。极差很容易计算，而且通常是一个很有用的数。但是极差有很大的局限性，它仅考虑了两个极端值的数据，没有利用其余数据的信息，因此极差对极端值十分敏感。如果例 4.2 的数据中最大值为 7，则极差变为 7。而且当数据集很大时，极差对数据变化的反应是相当不敏感的。这是因为两个数据集可以拥有

相同的极差，但是在数据内部的变化上却可以非常不同。

4.2.2 四分间距(quartile deviation, inter-quartile range)

四分间距通常记为 Q_d，即第三四分位数与第一四分位数之差。其计算公式为：

$$Q_d = Q_3 - Q_1$$

根据例 4.4 的数据，我们已经计算了 $Q_3 = 16$，$Q_1 = 10$，则 $Q_d = 16 - 10 = 6$。

四分间距反映了中间 50% 数据的离散程度，其值越小，说明中间的数据越集中；其值越大，说明中间的数据越分散。四分间距不受极端值的影响。此外，由于中位数处于数据的中间位置，因此四分间距的大小在一定程度上也说明了中位数对一组数据的代表程度。

4.2.3 平均差(mean deviation)

平均差通常记为 M_d，即各变量值与其均值离差绝对值的平均数。

根据未分组的数据计算平均差的公式为：$M_d = \dfrac{\sum\limits_{i=1}^{n} |x_i - \bar{x}|}{n}$

根据分组的数据计算平均差的公式为：$M_d = \dfrac{\sum\limits_{i=1}^{k} |M_i - \bar{x}| f_i}{n}$

式中，M_i 代表各组的组中值；f_i 代表各组对应的频数。

[**例 4.8**] 根据表 3-8 的数据，计算某城市居民家庭月人均收入的平均差。

解：已知 $\bar{x} = 1493$ 元，计算过程见表 4-3。

表 4-3　　　　　　　　　某城市居民家庭月人均收入的平均差的计算表

月人均可支配收入(元)	频数(f_i)	组中值(M_i)	$|M_i - \bar{x}|$	$|M_i - \bar{x}| f_i$
800~1000	5	900	593	2965
1000~1200	7	1100	393	2751
1200~1400	10	1300	193	1930
1400~1600	13	1500	7	91
1600~1800	8	1700	207	1656
1800~2000	6	1900	407	2442
2000~2200	3	2100	607	1821
2200~2400	2	2300	807	1614
合　计	54	—	—	15270

根据上式得：$M_d = \dfrac{\sum\limits_{i=1}^{k} |M_i - \bar{x}| f_i}{n} = \dfrac{15270}{54} = 282.78$(元)

平均差以均值为中心，反映了每个数据与均值的平均差异程度，它能全面准确地反映数据的离散程度。平均差越大，说明数据的离散程度越大；反之，平均差越小，说明数据的离散程度越小。为了避免离差之和等于零而无法计算平均差这一问题，平均差计算时对离差取绝对值，以离差的绝对值来表示总离差，这就给计算带来了不便。同时平均差在数学性质上也不是最优的，因而实际中应用较少。但平均差的实际意义比较清楚，容易理解。

4.2.4　方差和标准差

方差和标准差是测度定量数据的离中趋势最主要的方法。根据总体数据还是样本数据计算的方差和标准差在统计处理上略有不同。

4.2.4.1　方差(variance)

方差是各变量值与其均值离差平方和的平均数。根据总体数据计算的方差，一般称为总体方差，通常记为 σ^2；根据样本数据计算的方差，一般称为样本方差，通常记为 s^2。

计算公式如下：

总体方差：

$$\sigma^2 = \frac{\sum_{i=1}^{N}(x_i - \mu)^2}{N}（未分组的总体数据）\qquad \sigma^2 = \frac{\sum_{i=1}^{k}(M_i - \mu)^2 f_i}{N}（分组的总体数据）$$

样本方差：

$$s^2 = \frac{\sum_{i=1}^{n}(x_i - \bar{x})^2}{n-1}（未分组的样本数据）\qquad s^2 = \frac{\sum_{i=1}^{k}(x_i - \bar{x})^2 f_i}{n-1}（分组的样本数据）$$

4.2.4.2　标准差(standard deviation)

标准差是方差的平方根。标准差的计算公式为：

总体标准差：

$$\sigma = \sqrt{\frac{\sum_{i=1}^{N}(x_i - \mu)^2}{N}}（未分组的总体数据）\qquad \sigma = \sqrt{\frac{\sum_{i=1}^{K}(M_i - \mu)^2 f_i}{N}}（分组的总体数据）$$

样本标准差：

$$s = \sqrt{\frac{\sum_{i=1}^{n}(x_i - \bar{x})^2}{n-1}}（未分组的样本数据）\qquad s = \sqrt{\frac{\sum_{i=1}^{k}(x_i - \bar{x})^2 f_i}{n-1}}（分组的样本数据）$$

与方差不同，标准差是具有量纲的，它与变量值的计量单位相同，其实际意义要比方差更清楚。因此，在对实际问题进行分析的时候，我们更多地使用标准差。下面我们分别以未分组样本数据和分组样本数据来介绍标准差的计算过程。

[例 4.9]在一个企业中随机抽取 9 名职工，得到每人的月工资收入数据(单位：元)：
1500　750　780　1080　850　960　2000　1250　1630

试计算职工的月工资收入的标准差。

$$\text{解}: \overline{x} = \frac{1500 + 750 + \cdots + 1630}{9} = 1200(\text{元})$$

$$s = \sqrt{\frac{(1500 - 1200)^2 + (750 - 1200)^2 + \cdots + (1630 - 1200)^2}{9 - 1}}$$

$$= \sqrt{\frac{1490800}{8}} \approx 432(\text{元})$$

[**例 4.10**]根据表 3-8 的数据,计算某城市居民家庭月人均收入的标准差。

解:已知 $\overline{x} = 1493$ 元,计算过程见表 4-4。

表 4-4 　　　　　　　　　　某城市居民家庭月人均收入的标准差的计算表

月人均可支配收入(元)	频数(f_i)	组中值(M_i)	$(M_i - \overline{x})^2$	$(M_i - \overline{x})^2 f_i$
800~1000	5	900	351649	1758245
1000~1200	7	1100	154449	1081143
1200~1400	10	1300	37249	372490
1400~1600	13	1500	49	637
1600~1800	8	1700	42849	342792
1800~2000	6	1900	165649	993894
2000~2200	3	2100	368449	1105347
2200~2400	2	2300	651249	1302498
合　计	54	—	—	6957046

$$s = \sqrt{\frac{6957046}{54-1}} \approx 362(\text{元})$$

一般而言,标准差越大,说明数据越分散;标准差越小,说明数据越集中。但是当进行两个或者多个数据集分散程度的比较时,如果均值相同可以直接利用标准差来比较。但是如果均值不同时,比较其分散程度就要利用下一部分介绍的离散系数来测度。

4.2.5 离散系数(coefficient of variation)

离散系数通常记为 CV,是标准差与平均数之比。其计算公式如下:

$$CV = \frac{\sigma}{\mu} \times 100\% \quad (\text{总体数据}) \qquad CV = \frac{s}{\overline{x}} \times 100\% \quad (\text{样本数据})$$

一般来说,如果数据具有以下特点之一,就可以使用离散系数:

(1)数据具有不同的计量单位(比如销售额和营业面积)。

(2)数据具有相同的计量单位,但是均值相去甚远(比如大象的体重和老鼠的体重)。

在例 4.10 中我们计算得到：$\bar{x} = 1493$，$s = 362$，则离散系数是：

$$CV = \frac{362}{1493} \times 100\% = 24.25\%$$

对于月可支配收入而言，标准差是平均数的 24.25%。

4.2.6　标准分数(z-score)

有了均值和标准差之后，我们可以计算一组数据中各个数值的标准分数，以测度每个数据在该组数据中的相对位置，并可以用它来判断数据是否有异常值。

标准分数通常记为 z_i，是变量值与其平均数的离差除以标准差后的值。计算公式为：

$$z_i = \frac{x_i - \mu}{\sigma} \quad 或 \quad z_i = \frac{x_i - \bar{x}}{s}$$

[**例 4.11**]根据例 4.9 的数据，计算每个职工月工资的标准分数。

解：根据已知数据计算得：$\bar{x} = 1200$，$s = 432$。计算得到每个职工月工资的标准分数如表 4-5 所示。

表 4-5　　　　　　　　　　　　　　　月工资的标准分数

职工编号	月工资(元)	标准分数 z_i
1	1500	0.694
2	750	−1.042
3	780	−0.972
4	1080	−0.278
5	850	−0.810
6	960	−0.556
7	2000	1.852
8	1250	0.116
9	1630	0.995

由表 4-5 可知，收入最高的职工其工资比平均数高 1.852 个标准差，收入最低的职工其工资比平均数低 1.042 个标准差。

实际上，把任何一组数据转换成标准分数之后，均值都变成 0，标准差都变成 1。

经验法则表明，当一组数据对称分布时：

约有 68% 的数据在平均数加减 1 个标准差的范围之内；

约有 95% 的数据在平均数加减 2 个标准差的范围之内；

约有 99% 的数据在平均数加减 3 个标准差的范围之内。

根据表 4-5 的结果，在平均数加减 1 个标准差范围内，$1200 \pm 432 = (768, 1632)$，共有 7 个职工, 占职工总数的 77.78%; 在平均数加减 2 个标准差范围内, $1200 \pm 2 \times 432 =$ (336, 2064), 共有 9 个职工, 占职工总数的 100%。没有在 2 个标准差之外的数据。

可以想象, 一组数据中高于或者低于平均数加减 3 倍标准差的数值是很少的, 也就是说, 在平均数加减 3 个标准差的范围内几乎包含了全部数据, 而在 3 个标准差之外的数据, 在统计上也称为离群点(或异常值)。比如, 职工的月工资数据中就没有离群点(或异常值)。

4.3 分布形状的测度指标

集中趋势和离中趋势是数据分布的两个重要特征, 但要全面了解数据分布的特点, 我们还需要知道数据分布的形状是否对称、偏斜程度以及分布的偏平程度等。偏态和峰态就是对分布形状的测度。

4.3.1 偏态(skewness)

"偏态"一词是由统计学家皮尔森于 1895 年首次提出的。偏态是对数据分布对称性的测度。对数据分布的非对称性程度的测度则需要计算偏态系数(SK)。偏态系数的计算方式有很多。在根据未分组的原始数据计算的偏态系数时, 通常采用下面的公式:

$$SK = \frac{n \sum (x_i - \bar{x})^3}{(n-1)(n-2) S^3}$$

根据分组数据计算偏态系数时, 通常采用下面公式:

$$SK = \frac{\sum_{i=1}^{k} (M_i - \bar{x})^3 f_i}{n S^3}$$

如果一组数据的分布是对称的, 则偏态系数等于 0; 如果偏态系数明显不等于 0, 表明分布是非对称的。当偏态系数为正值时, 表明正偏离差值较大, 可以判断为正偏或右偏; 反之, 当偏态系数为负值时, 表明负偏离差值较大, 可以判断为负偏或左偏。偏态系数的数值越大, 表示偏斜程度就越大。

[例 4.12]根据例 4.9 的数据, 计算每个职工月工资的偏态系数。

解: 计算过程见表 4-6。

表 4-6 月工资的偏态及峰态计算表

职工编号	月工资(元)	$(x_i - \bar{x})^3$	$(x_i - \bar{x})^4$
1	1500	27000000	8100000000
2	750	-91125000	41006250000
3	780	-74088000	31116960000
4	1080	-1728000	207360000

续表

职工编号	月工资(元)	$(x_i - \bar{x})^3$	$(x_i - \bar{x})^4$
5	850	−42875000	15006250000
6	960	−13824000	3317760000
7	2000	512000000	409600000000
8	1250	125000	6250000
9	1630	79507000	34188010000

将计算结果代入公式得：

$$SK = \frac{9 \times 394992000}{(9 - 1) \times (9 - 2) \times 432^3} = 0.7874$$

由计算结构可以看出，偏态系数为正值，说明职工工资的分布为右偏分布。

4.3.2　峰态(kurtosis)

"峰态"一词是由统计学家皮尔森于 1895 年首次提出的。峰态是对数据分布平峰或尖峰程度的测度。对数据分布的峰态的测度则需要计算峰态系数(k)。峰态系数的计算方式有很多。在根据未分组的原始数据计算的峰态系数时，通常采用下面的公式：

$$k = \frac{n(n + 1) \sum (x_i - \bar{x})^4 - 3 \left[\sum (x_i - \bar{x})^2 \right]^2 (n - 1)}{(n - 1)(n - 2)(n - 3) S^4}$$

根据分组数据计算峰态系数时，通常采用下面公式：

$$k = \frac{\sum_{i = 1}^{k} (M_i - \bar{x})^4 f_i}{n S^4} - 3$$

如果一组数据服从标准正态分布，则峰态系数等于 0；如果峰态系数明显不等于 0，表明分布比正态分布更平或更尖，通常称为平峰分布或尖峰分布。当峰态系数为正值时，表明为尖峰分布；反之，当峰态系数为负值时，表明为平峰分布。用峰态系数说明数据分布的尖峰和扁平程度，是通过与标准正态分布的峰态系数进行比较而言的。

[例 4.13] 根据例 4.9 的数据，计算每个职工月工资的峰态系数。

解：根据表 4-6 的计算结果，代入公式得：

$$k = \frac{9 \times 10 \times 542549000000 - 3 \times 2222480000000 \times 8}{8 \times 7 \times 6 \times 432^4} = -0.385$$

由于 $k = -0.385 < 0$，说明职工工资数据的分布与正态分布相比略有一些平峰。

4.4　协方差和相关系数

我们在第 3 章曾用散点图来形象地表示两个定量数据之间的关系。本节介绍两个定量数据之间关系的测度方法：协方差和相关系数。

4.4.1 协方差(covariance)

协方差测度两个定量数据之间线性关系的强度。下面的公式定义了样本协方差 (sample covariance)：

$$\text{cov}(x, y) = \frac{\sum_{i=1}^{n}(x_i - \bar{x})(y_i - \bar{y})}{n - 1}$$

[例 4.14] 根据表 3-12 中的数据，计算样本协方差。

解：表 4-7 是样本协方差的计算过程：

表 4-7   协方差的计算过程

汉堡包(美元) x_i	电影票(美元) y_i	$x_i - \bar{x}$	$y_i - \bar{y}$	$(x_i - \bar{x})(y_i - \bar{y})$
5.99	32.66	1.011	12.537	12.6749
7.62	28.41	2.641	8.287	21.8860
5.75	20.00	0.771	−0.123	−0.0948
4.45	20.71	−0.529	0.587	−0.3105
4.99	18.00	0.011	−2.123	−0.0234
5.29	19.50	0.311	−0.623	−0.1938
4.39	18.00	−0.589	−2.123	1.2504
3.70	16.00	−1.279	−4.123	5.2733
4.62	18.05	−0.359	−2.073	0.7442
2.99	9.90	−1.989	−10.223	20.3336

$$\text{cov}(x, y) = \frac{\sum_{i=1}^{n}(x_i - \bar{x})(y_i - \bar{y})}{n - 1} = \frac{61.5399}{10 - 1} = 6.8378$$

协方差作为两个定量数据之间线性关系的测度方法的一个主要缺点是协方差可以有任何值，不能决定关系的相对程度，即不能说 6.8378 是强的相关性还是弱的相关性。为了更好地决定关系的相对强度，需要计算相关系数。

4.4.2 相关系数(coefficient of correlation)

相关系数(r)是衡量两组定量数据之间线性关系的相对强度。相关系数的数值处于完全正相关 1 和完全负相关−1 之间。通常，若 r 为正，表明两变量正相关；若 r 为负，表明两变量负相关；相关关系的强弱不依赖于相关的方向(−或+)。相关系数 r 的绝对值越接近于 1，表明线性相关关系越强；越接近于 0，表明其线性关系越弱。特别的情况，当

$|r| = 1$ 时，表示两变量完全线性相关；当 $|r| = 0$ 时，表示两变量之间不存在线性相关关系。

下面的公式定义了样本相关系数：

$$r = \frac{\text{cov}(x, y)}{S_x S_y}$$

式中：

$$\text{cov}(x, y) = \frac{\sum_{i=1}^{n} (x_i - \overline{x})(y_i - \overline{y})}{n - 1}$$

$$S_x = \sqrt{\frac{\sum_{i=1}^{n} (x_i - \overline{x})^2}{n - 1}} \qquad S_y = \sqrt{\frac{\sum_{i=1}^{n} (y_i - \overline{y})^2}{n - 1}}$$

[例 4.15] 根据表 3-12 中的数据，计算样本相关系数。

解：表 4-8 是样本相关系数的计算过程。

表 4-8　　　　　　　　　　　　　　　相关系数的计算过程

汉堡包(美元) x_i	电影票(美元) y_i	$(x_i - \overline{x})^2$	$(y_i - \overline{y})^2$	$(x_i - \overline{x})(y_i - \overline{y})$
5.99	32.66	1.0221	157.1764	12.6749
7.62	28.41	6.9749	68.6744	21.8860
5.75	20.00	0.5944	0.0151	-0.0948
4.45	20.71	0.2798	0.3446	-0.3105
4.99	18.00	0.0001	4.5071	-0.0234
5.29	19.50	0.0967	0.3881	-0.1938
4.39	18.00	0.3469	4.5071	1.2504
3.70	16.00	1.6358	16.9991	5.2733
4.62	18.05	0.1289	4.2973	0.7442
2.99	9.90	3.9561	104.5097	20.3336

$$\text{cov}(x, y) = \frac{61.5399}{10 - 1} = 6.8378$$

$$S_x = \sqrt{\frac{\sum_{i=1}^{10} (x_i - \overline{x})^2}{10 - 1}} = \sqrt{\frac{15.0359}{9}} = 1.2925$$

$$S_y = \sqrt{\frac{\sum_{i=1}^{10} (y_i - \overline{y})^2}{10 - 1}} = \sqrt{\frac{361.419}{9}} = 6.3370$$

$$r = \frac{\text{cov}(x, y)}{S_x S_y} = \frac{6.8378}{1.2925 \times 6.3370} = 0.8348$$

汉堡包的价格和电影票的价格之间存在正相关性，相关系数 $r = 0.8348$，说明两者之间存在高度的线性相关性。那些城市汉堡包的价格较高的，其电影票的价格也倾向于较高；那些城市汉堡包的价格较低的，其电影票的价格也倾向于较低。

本章附录　SPSS 软件的使用

1. 计算描述性统计量

第一步：选择【Analyze】下拉菜单，并选择【Descriptive Statistics】，点击【Descriptives…】进入主对话框。

第二步：在主对话框中将变量选入【Variable】，点击【Options…】，在对话框中选择【Mean】—【Std. Deviation】—【Variance】—【Range】—【Mini】—【Max】—【Kurtosis】—【Skewness】。点击【Continue】回到主对话框。点击【OK】。

2. 计算协方差与相关系数

第一步：选择【Analyze】下拉菜单，并选择【Correlae】选项，点击【Bivariate…】进入主对话框。

第二步：在主对话框中将变量选入【Variable(s)】，在【Correlation Coefficients】选择【Pearon】，在【Test of Significance】选择【Two-tailed】，然后点击【OK】。

◎ 习题

1. 一组数据的分布特征可以从哪些方面进行测度？
2. 简述众数、中位数和平均数的特点及应用场合。
3. 为什么计算离散系数？
4. 标准分数有哪些用途？
5. 某超市 12 月份每天的销售额数据如下（单位：万元）：

271	276	297	252	238	310	240	236	265	278	269
257	292	261	281	301	274	267	258	280	291	
272	284	268	303	273	263	322	249	269	295	

(1) 计算该超市的日销售额的平均数、中位数和四分位数。

(2) 计算日销售额的标准差。

(3) 计算偏态系数和峰态系数。

6. 一家公司在招聘职员时，其应试者首先要通过两项能力测试。在 A 项测试中，平均数是 100 分，标准差是 15 分；在 B 项测试中，平均数是 400 分，标准差是 50 分。一位应试者在 A 项测试中得了 115 分，在 B 项测试中得了 425 分。与平均数相比，该应试者哪一项测试更为理想？

7. 航空公司正在对每名乘客所携带的行李的重量进行研究。对于一组国内乘客，行李重量的平均数是 21 千克, 标准差是 4.5 千克。对于另一组海外乘客, 行李重量的平均数是 35 千克, 标准差是 6.8 千克。计算各组的相对离散程度, 对相对离散程度的差异进行评论。

8. 已知某地区农民家庭按年人均收入分组的资料如下:

按人均收入分组(元)	家庭户数占总户数比重(%)
100 以下	2.3
100~200	13.7
200~300	19.7
300~400	15.2
400~500	15.1
500~600	20.0
600 以上	14.0
合 计	100

(1)计算该地区平均每户人均收入的平均数及标准差。

(2)如果假定随机抽查的是 1000 户农民的家庭收入数据, 试计算偏态系数和峰态系数。

9. 一种产品需要工人组装, 现有三种可供选择的组装方法。为检验哪种方法更好, 随机抽取 15 个工人, 让他们分别用三种方法组装。下面是 15 个工人分别用三种方法在相同的时间内组装的产品数量(单位: 个):

方法 A	方法 B	方法 C
125	164	129
126	167	130
126	168	129
127	165	130
126	170	131
128	165	130
127	164	129
126	168	127
127	164	128
127	162	128
125	163	127
126	166	128
116	167	128
126	166	125
125	165	132

你准备采用什么方法来评价组装方法的优劣？如果让你选择一种方法，你会作出怎样的选择？试说明理由。

10. 根据第 3 章习题 6 编制的频数分布表，计算电费支出的平均数、方差、标准差以及偏态系数和峰态系数。

11. 根据第 3 章习题 9 的数据计算协方差和相关系数。

12. 下面的数据描述了某品牌 16 盎司冰咖啡饮品的卡路里和脂肪（单位：克）：

卡路里	240	260	350	350	420	510	530
脂肪	8.0	3.5	22.0	20.0	16.0	22.0	19.0

（1）计算协方差；（2）计算相关系数。

第5章 | 抽样与抽样估计

☞ **学习目标**

1. 掌握数理统计的总体、样本、样本经验分布函数、统计量及常用统计量等基本概念；

2. 掌握三大分布的定义，并能熟练应用来求随机变量的分布；

3. 了解数理统计研究问题的方法与概率论研究问题方法的不同；

4. 了解如何对样本数据进行整理与分析。

5.1 抽样调查的基本概念

5.1.1 抽样调查

5.1.1.1 抽样调查的概念

抽样调查的概念有广义和狭义两种理解。按照广义的理解，凡是抽取一部分单位进行观察，并根据观察结果来推断全体的都是抽样调查，其中又可分为非随机抽样和随机抽样两种。非随机抽样就是由调查者根据自己的认识和判断，选取若干个有代表性的单位，根据这些单位进行观察的结果来推断全体，如民意测验等。随机抽样则是根据大数定律的要求，在抽取调查单位时，应保证总体中各个单位都有同样的机会被抽中。一般所讲的抽样调查，大多数是指这种随机抽样而言，即狭义的抽样调查。所以，严格意义上的抽样调查就是：按照随机原则从总体中抽取一部分单位进行观察，并运用数理统计的原理，以被抽取的那部分单位的数量特征为代表，对总体做出数量上的推断分析。

5.1.1.2 抽样调查的特点

(1) 和全面调查相比较，抽样调查能节省人力、费用和时间，而且比较灵活。

抽样调查的调查单位比全面调查少得多，因而既能节约人力、费用和时间，又能比较快地得到调查的结果，这对许多工作都是很有利的。例如，农产量全面调查的统计数字要等收割完毕以后一段时间才能得到，而抽样调查的统计数字在收获的同时就可以得到，一般能早得到两个月左右，这对于安排农产品的收购、储存、运输等都是很有利的。

由于调查单位少，有时可以增加调查内容。因此，有的国家在人口普查的同时也进行人口抽样调查，一般项目通过普查取得资料，另一些项目则通过抽样调查取得资料。这样既可以节省调查费用和时间，又可以丰富调查内容。

（2）有些情况下，抽样调查的结果比全面调查要准确。

统计数字与客观实际数量之间是会有差别的，这种差别通常称为误差。统计误差有两种：一是登记误差，也叫调查误差或工作误差，是指在调查登记、汇总计算过程中发生的误差，这种误差应该设法避免；二是代表性误差，这是指用部分单位的统计数字为代表，去推算总体的全面数字时所产生的误差，这种误差一定会发生，是不可避免的。

全面调查只有登记误差而没有代表性误差，而抽样调查则两种误差全有。因此，人们往往认为抽样调查不如全面调查准确，这种看法忽略了两种误差的大小。全面调查的调查单位多，涉及面广，参加调查汇总的人员也多，水平不齐，因而发生登记误差的可能性就大。抽样调查的调查单位少，参加调查汇总的人员也少，可以进行严格的培训，因而发生登记误差的可能性就小。在这种情况下，抽样调查的结果会比全面调查的结果更为准确。

（3）抽选部分单位时要遵循随机原则。

其他非全面调查，如典型调查和重点调查等，一般是要根据统计调查任务的要求，有意识地选取若干个调查单位进行调查，而抽样调查不同，从总体中抽取部分单位时，必须非常客观，毫无偏见，也就是严格按照随机原则抽取调查单位，不受调查人员任何主观意图的影响，否则会带上个人偏见，挑中那部分单位的标志值可能偏高或偏低，失去对总体数量特征的代表性。

（4）抽样调查会产生抽样误差，抽样误差可以计算，并且可以加以控制。

在非全面调查方式中，典型调查固然也可用它所取得的部分单位的数量特征去推算全体的数量特征，但这种推算的误差范围和保证程度，是无法事先计算并加以控制的。而抽样调查则是对一部分单位的统计调查，在实际观察标志值的基础上，去推算总体的综合数量特征。例如，某村种有晚稻3000亩，在稻子成熟后随机抽取50个单位的田块为样本，进行实割实测，求得其平均亩产为410千克，从而推算该村的晚稻总产量为410×3000＝1230000（千克）。当然这种推算也存在一定的误差，但与其他统计估算不同，抽样误差的范围可以事先加以计算，并控制这个误差范围，以保证抽样推算的结果达到一定的可靠程度。

抽样调查是必不可少的一种调查方法，但是，抽样调查也有它的弱点。例如，它只能提供说明整个总体情况的统计资料，而不能提供说明各级状况的详细的统计资料，这就难以满足各级领导和管理部门的要求。抽样调查也很难提供各种详细分类的统计资料。因此，抽样调查和全面调查是不能互相代替的。

5.1.1.3 抽样调查的适用范围

抽样调查适用的范围是广泛的，从原则上讲，为取得大量社会经济现象的数量方面的统计资料，在许多场合都可以运用抽样调查方法取得；在某些特殊场合，甚至还必须应用抽样调查的方法取得。

（1）有些事物在测量或试验时有破坏性，不可能进行全面调查。例如，灯泡耐用时间试验、电视机抗震能力试验、罐头食品的卫生检查、人体白血球数量的化验等，都是有破坏性的，不可能进行全面调查，只能使用抽样调查。

（2）有些总体从理论上讲可以进行全面调查，但实际上办不到。例如，了解某森林区有多少棵树、职工家庭生活状况如何，等等。从理论上讲这是有限总体，可以进行全面调查，但实际上办不到，也不必要。对这类情况的了解一般采取抽样调查方法。

（3）抽样调查方法可以用于工业生产过程中的质量控制。抽样调查不但广泛应用于生产结果的核算和估计，而且有效地应用于对成批或大量连续生产的工业产品生产过程中的质量控制，检查生产过程是否正常，及时提供有关信息，以便采取措施，预防废品的发生。

（4）利用抽样推断的方法，可以对某种总体的假设进行检验，来判断这种假设的真伪，以决定取舍。例如，新教学法的采用、新工艺新技术的改革、新医疗方法的使用等是否收到明显效果，需对未知的或不完全知道的总体作出一些假设，然后利用抽样调查的方法，根据实验材料对所作的假设进行检验，做出判断。

随着抽样理论的发展、抽样技术的进步、抽样方法的完善和统计队伍业务水平的提高，抽样调查方法将在社会经济生活中得到愈加广泛的运用。

5.1.2　几个基本概念

5.1.2.1　总体和个体

总体（population）和个体（item）是统计学中的两个基本概念。对总体和个体有两种理解。一种是具体的理解，即个体是统计问题中的每个研究对象，总体是研究对象的全体。例如在研究某省农民收入统计问题中，每个农户就是个体，该省全体农户组成总体。在这种理解下，总体都是有限的，即包含的个体数有限。另一种是抽象的理解。例如在农民收入统计问题中，我们关心的仅仅是"收入"这个统计指标的数量特征及其分布情况，并不关心其他的指标。"收入"作为一个统计指标可以在一定范围内取数值，就此指标而言不同农户所取的值是不同的，抽取了若干农户就观察到了收入指标这样或那样的数值。而在不同的抽取中观察到的数值又不尽相同，即取值带有随机性。所以这个统计指标是一个随机变量。由于我们关心的仅仅是作为随机变量的统计指标的数量特征及分布，所以我们就把具体的研究对象及其全体放在一边，而把这个统计指标称为总体，其所取的每个可能值称为个体。在这种理解下，总体既可以是有限的，也可以是无限的。当一个总体只取有限个可能值时，则称其为有限总体；当它可取无穷多个值时，则称其为无限总体。例如在农民收入统计问题中，收入是在一定区间内取数值的，而一个区间包含有无穷多个数，因此从可以取无穷多个值这一点讲，收入总体应理解为一个无限总体。

以上关于总体和个体的两种理解在统计中都有应用。在一个具体的统计问题中究竟应采用第一种理解还是第二种理解，应根据具体统计问题的特点及研究目的而定。一般地说，在抽样调查领域取第一种理解，因为抽样调查中所研究的总体都是非常具体的总体。在经典的统计理论与方法研究中则取第二种理解，后者常可把总体抽象化为一个随机变量进行研究。通常我们以 X 表示作为总体的随机变量，亦即我们所研究的统计指标。

5.1.2.2　样本

为了研究总体 X 的数量特征和分布规律，必须知道 X 的信息。如果不收集全面数据，也必须收集其部分数据，利用部分数据提供的有关总体 X 的信息对 X 的数量特征和分布规律进行统计推断，这就需要对总体进行抽样观测。为了使统计推断结论具有一定的精确度和可靠度，所需要的信息量不能太少，因而一般我们对总体 X 不止进行一次抽样观测，而要进行多次抽样观测，比如 n 次，通过抽样观测就得到总体 X 的一组观测数据 x_1，x_2，…，x_n，其中 x_i 是第 i 次抽样观测的结果。称（x_1，x_2，…，x_n）为进行一次容量为 n 的抽样的样本观察值，n 称为样本容量。对于一次具体的容量为 n 的抽样而言，（x_1，x_2，…，x_n）是完全确定的一组数据；但是对不同的容量为 n 的抽样来说，它随每次抽样而改变，即取值带有不确定性。由于我们要依据抽样结果进行分析推断，并研究比较各种推断方法的好坏，因而一般考虑问题时就不应该把一次容量为 n 的抽样的结果看做固定的 n 个数据，而应看做 n 维随机变量（X_1，X_2，…，X_n），称它为容量为 n 的样本（sample）。

因此，样本这一概念具有二重性。一般当我们讨论抽样时，样本应理解为 n 维随机变量（X_1，X_2，…，X_n）；而在一次具体的抽样中，样本则是 n 个确定的数据（x_1，x_2，…，x_n），是 n 维随机变量（X_1，X_2，…，X_n）的一个观察值。在一个统计问题中样本究竟应作何理解结合上下文不难确定。

我们抽样的目的是对总体 X 的数量特征和分布规律进行推断，因而要求样本很好地反映总体的特征，这就对抽取样本的方法提出一定要求。通常提出以下两点要求：

第一，代表性，要求样本的每个分量 X_i 应与总体 X 有相同的分布。

第二，独立性，要求 X_1，X_2，…，X_n 为相互独立的随机变量，即任何一次抽样结果既不影响其他抽样结果，也不受其他抽样结果影响。

满足上述两点要求的样本称为简单随机样本，获得简单随机样本的方法称为简单随机抽样（simple random sampling）。由概率论易知，对有限总体进行无放回随机抽样所得的样本即为简单随机样本。今后若不特别声明，样本均指简单随机样本。

5.1.2.3 统计量

虽然样本提供了总体的信息，但样本提供的信息是分散的，不集中，不便有效地对总体进行推断。为了能有效地推断总体，我们必须对样本进行"加工"，把样本中所包含的有关总体某一特征的信息"提取""聚集"在一起，这就是根据推断问题的需要构造样本的适当函数，不同的样本函数反映总体的不同特征，一旦有了样本观察值就可以由此给出总体特征的推断值，因此自然要求这种样本函数不包含任何未知参数，称这种样本函数为统计量。

定义 5.1 设（X_1，X_2，…，X_n）是总体 X 容量为 n 的样本，若样本函数 $T = T(X_1, X_2, \cdots, X_n)$ 中不含任何未知参数，则称 T 为一个统计量。

例如，$\bar{X} = \dfrac{1}{n} \sum_{i=1}^{n} X_i$ 就是一个统计量，称为样本均值；$S^2 = \dfrac{1}{n-1} \sum_{i=1}^{n} (X_i - \bar{X})^2$ 也是统计量，称为样本方差；而 $A_k = \dfrac{1}{n} \sum_{k=1}^{n} X_i^k$ 也是统计量，其中 k 是自然数，称为样本 k 阶原点矩。

5.1.3 抽样分布

根据样本统计量去估计总体参数，必须知道样本统计量分布。

定义 5.2 某个样本统计量的抽样分布，从理论上说就是在重复选取容量为 n 的样本时，由每一个样本算出的该统计量数值的相对数频数分布或概率分布。

由于现实中我们不可能将所有的样本都抽出来，统计的抽样分布实际上是一种理论分布。

5.1.3.1　样本均值的抽样分布

从单位数为 N 的总体中抽取样本容量为 n 的随机样本，在重复抽样的条件下，共有 N^n 个可能的样本；在不重复抽样条件下，共有 $C_N^n = \dfrac{N!}{n!\ (N-n)!}$ 个可能样本。对于每一个样本，我们都可以计算出样本的均值 $\bar{x}$（或 s^2 或 p），因此，样本均值是一个随机变量。所有的样本均值形成的分布就是样本均值的抽样分布。

举例说明：设一个总体含有 4 个个体，取值分别为：$x_1 = 1$，$x_2 = 2$，$x_3 = 3$，$x_4 = 4$，则总体分布为均匀分布，且总体均值：$\mu = \bar{X} = \dfrac{10}{4} = 2.5$；总体方差：$\sigma^2 = \dfrac{\sum (x - \mu)^2}{N} = 1.25$。

总体分布如图 5-1 所示：

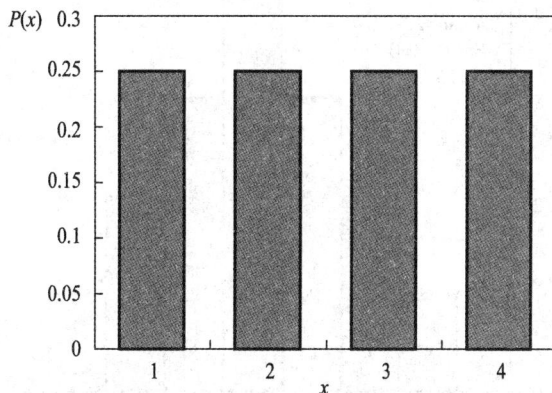

图 5-1　总体分布（$\mu = 2.5$，$\sigma^2 = 1.25$）

现从总体中抽取 $n = 2$ 的简单随机样本，在重复抽样条件下，共有 $4^2 = 16$ 个样本。所有样本的结果如表 5-1 所示：

表 5-1　　　　　　　　　　所有可能的 $n = 2$ 的样本（共 16 个）

第一个	第二个观察值			
观察值	1	2	3	4
1	1,1	1,2	1,3	1,4
2	2,1	2,2	2,3	2,4
3	3,1	3,2	3,3	3,4
4	4,1	4,4	4,3	4,4

计算出各样本的均值，如表 5-2 所示：

表 5-2   **16 个样本的均值**

第一个观察值	第二个观察值			
	1	2	3	4
1	1	1.5	2	2.5
2	1.5	2	2.5	3
3	2	2.5	3	3.5
4	2.5	4	3.5	4

样本均值的分布如图 5-2 所示：

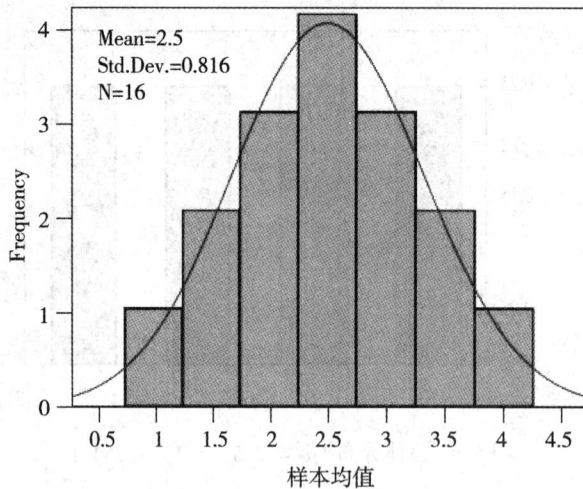

图 5-2   样本均值分布（$\mu_{\bar{x}} = 2.5$，$\sigma_{\bar{x}}^2 = 0.625$）

5.1.3.2   抽样比例的抽样分布

比例即结构相对数，即成数。

总体比例 $\pi = \dfrac{N_1}{N}$ $1 - \pi = \dfrac{N_0}{N}$

样本比例 $p = \dfrac{n_1}{n}$ $1 - p = \dfrac{n_0}{n}$

当 n 很大时，样本比例 p 的抽样分布可用正态分布近似。

对于样本比例 p，若 $np \geqslant 5$ 和 $n(1-p) \geqslant 5$，就可以认为样本容量足够大。

与样本均值分布的方差一样，样本比例的方差对于无限总体，不重复抽样也可按重复

抽样来处理；对于有限总体，当 N 很大，而 $n/N \leqslant 5\%$，修正系数 $\dfrac{N-n}{N-1}$ 会趋于 1，不重

复抽样也可按重复抽样来处理。

5.2　抽样估计的基本方法

5.2.1　抽样方法

抽样调查中的一个基本问题是样本的抽取方法。在抽样调查中总体目标量的估计量及其精度都与具体抽样方法有关。最基本的抽样方法有以下五种，实际调查所用的方法通常是这五种方法的各种形式的组合。

5.2.1.1　简单随机抽样

简单随机抽样(simple random sampling)也称为单纯随机抽样。从包含 N 个抽样单元的总体中抽取容量为 n 的简单随机样本，可以是从总体中逐个不放回地抽取 n 次，每次都在尚未入样的单元中等概率抽取；也可以是从总体中一次取得全部 n 个单元，只要保证全部可能的样本每个被抽到的概率都相等即可。

简单随机抽样是其他抽样方法的基础，因为它在理论上最容易处理，并且当总体包含的抽样单元数 N 不太大时实施并不困难。但是当 N 很大时实施就很困难，主要是编制一个包含全部 N 个抽样单元的抽样框通常很不容易。另外当 N 很大时所抽到的样本单元往往很分散，使调查极不方便。因此，在大规模的抽样调查中很少单独采用简单随机抽样。

5.2.1.2　分层抽样

将总体中的抽样单元按某种原则划分或若干个子总体，每个子总体称为层。在每个层内独立地进行抽样，这样的抽样称为分层抽样(stratified sampling)。如果在每层内均采用简单随机抽样，就称为分层随机抽样。在分层抽样中，先根据层样本对层的参数进行估计，然后再将这些层估计加权平均或求和作为总体均值或总值的估计。

分层抽样特别适用于既要对总体参数进行估计也要对子总体(层)参数进行估计的情形。分层抽样实施和组织都比较方便，样本单元分布比较均匀。当层内单元指标差异较小而层间单元指标差异较大时，采用分层抽样可以大大提高估计的精度。例如在居民收入调查中，按收入分布情况将居民分为最高收入层、高收入层、中等偏上层、中等收入层、中等偏下层、低收入层、最低收入层实施分层抽样，其估计精度就会比简单随机抽样显著提高。

5.2.1.3　二阶抽样与多阶抽样

为抽样方便，有时我们把总体分成两个级别的抽样单元：初级抽样单元和次级抽样单元，总体由若干初级单元组成，每个初级抽样单元由若干次级抽样单元组成，先按某种方法在由初级单元构成的一级抽样框中抽样，然后在中选的初级单元中由次级单元构成的二级抽样框中抽样，抽样过程分为两个阶段，这种抽样方法称为二阶抽样(two stage sampling)。例如在企业职工收入调查中，把企业作为初级抽样单元，职工作为次级抽样单元，先对企业进行抽样，再对被抽中企业的职工进行抽样，然后对被抽中的职工进行调查，这就是二阶抽样。如果总体可以划分成多个级别的抽样单元，每一级别的抽样单元由若干下一级别的抽样单元组成，相应地存在多个级别的抽样框，抽样时先在一级抽样框中对一级单元抽样，再在中选的一级单元中对二级单元抽样，依次类推，这种抽样方法称为多阶抽样（multi-stage sampling）。多阶抽样实施方便，而且不需要对每个高级别的抽样单元建立关于低级别抽样单元的抽样框，调查费用也比较低。例如在省抽县、县抽乡、乡抽村、村抽户的农产量四阶抽样中，凡未被抽中的县、乡、村就不必编制关于乡、村、户的抽样框。多阶抽样的主要缺点是估计量的结构比较复杂，估计量方差的估计也很复杂。

在二阶抽样中，如果对初级单元不再进行随机抽样，让所有的初级单元都入样，而在初级单元中对次级单元进行随机抽样，这样的二阶抽样就是分层随机抽样，层即初级单元。

5.2.1.4 整群抽样

在二阶抽样中如果把初级抽样单元称作由次级抽样单元组成的群，在抽中的群内不再对次级单元进行抽样而是进行普查，那么这种抽样方法就称为整群抽样（cluster sampling）。当总体包含的次级单元为数众多且又缺少必要的档案资料因而无法直接对次级单元编制抽样框，而由次级单元组成的群的抽样框是现成的或者很容易编制时，常常采用整群抽样。整群抽样的优点是只需具备群即初级抽样单元的抽样框即可，无需具备关于次级单元的抽样框。整群抽样的效率与群的划分密切相关，如果总体划分成群后，群内差异小而群间差异大则估计精度就比较低。因此群的划分原则应是尽量扩大群内差异，使每个群都有较好的代表性。由此可知，划分群的原则正好和分层的原则相反。

5.2.1.5 系统抽样

若总体中的抽样单元都按一定顺序排列，在规定的范围内随机抽取一个单元作为初始单元，然后按照一套事先定好的规则确定其他样本单元，这种抽样方法称为系统抽样（systematic sampling）。与其他几种抽样方法不同的是，这里只有初始单元是随机抽取的，其他样本单元都随着初始单元的确定而确定。最简单的系统抽样是在取得一个初始单元后按相等的间隔抽取后继样本单元，这种系统抽样称为等距抽样。等距抽样的优点是实施简单，整个样本中只是初始单元需随机抽取，其余单元皆由此决定。另外，等距抽样有时甚至不需要编制抽样框，只需给出总体抽样单元的一个排列即可。如果对总体抽样单元的排列规则有所了解并加以正确利用，那么等距抽样就能达到相当高的精度。

以上对几种常用的抽样方法作了简单的介绍。在实际运用中会有许多变化，例如在某些抽样方法中，抽取样本单元可采用不放回抽样，也可采用放回抽样；可采用等概率抽样，也可采用不等概率抽样。在具体设计抽样方案时还应考虑多种因素，以决定抽样方法的选择和组合。

5.3 抽样误差

5.3.1 抽样误差的概念

当总体指标未知时，往往要安排一次抽样调查，然后用抽样调查所获得的抽样指标的观察值作为总体指标的估计值。这种处理方法是存在一定误差的，我们把抽样指标与所要估计的总体指标之间的差值称为抽样误差。抽样误差的大小能够说明抽样指标估计总体指标是否可行、抽样效果是否理想等调查性问题。常见的抽样误差有：抽样平均数与总体平均数之差、抽样成数与总体成数之差。

比如某年级 100 名同学的平均体重 $\bar{X} = 55\text{kg}$，现随机地抽取 10 名同学为样本，其平均体重 $\bar{x} = 52\text{kg}$。若用 52kg 估计 55kg，则误差为 $52 - 55 = -3\text{kg}$。如果重新抽 10 名同学，若测得 $\bar{x} = 57\text{kg}$，则其误差为 2kg。这种只抽取部分样本而产生的误差，都被称为抽样误差。

由本例不难看出，抽样误差既是一种随机性误差，也是一种代表性误差。说其是代表性误差，是因为利用总体的部分资料推算总体时，不论样本选取有多么公正，设计多么完善，总还是一部分单位而不是所有单位，产生误差是无法避免的。说其是随机性误差，是指按随机性原则抽样时，由于抽样的不同，会得到不同的抽样指标值，由此产生的误差值各不相同。抽样误差中的代表性误差是抽样调查本身所固有的、无法避免的误差，但随机性误差则可利用大数定律精确地计算并能够通过抽样设计程序加以控制。

抽样误差不包括下面两类误差：一类是调查误差，即在调查过程中由于观察、测量、登记、计算上的差错而引起的误差；另一类是系统性误差，即由于违反抽样调查的随机原则，有意抽选较好单位或较坏单位进行调查，这样造成样本的代表性不足所引起的误差。这两类误差都属于思想、作风、技术等问题，所以是可以防止和避免的。

5.3.2　影响抽样误差的因素

(1)抽样单位数的多少。由于总体内各元素之间总存在着差异，在其他条件不变的情况下，大量观察总比小量观察易于发现总体规律或特征，因此样本容量越大越能代表总体特征，抽样误差就越小。反之，样本容量越小，抽样误差就可能越大。

(2)总体各单位标志值的差异程度。总体内各单位标志的差异程度越小，或总体的标准差越小，在其他条件给定下，则抽样误差就越小。反之，抽样误差就越大。

(3)抽样方法。抽样方法不同，抽样误差也不同。一般说来，重复抽样的误差比不重复抽样的误差要大。

(4)抽样的组织形式。选择不同的抽样组织形式，也会有不同的抽样误差。

5.3.3　抽样平均误差

一个总体可能抽取很多个样本，因此样本指标(样本平均数、样本成数等)就有不同的数值，它们与总体指标(总体平均数、总体成数等)的离差(即抽样误差)也就不同。抽样平均误差就是反映抽样误差一般水平的指标，通常用样本平均数(或样本成数)的标准差来表示。

5.3.3.1　样本平均数的平均误差

以 μ_x 表示样本平均数的平均误差，σ 表示总体的标准差。根据定义：$\mu_x{}^2 = E(\bar{x} - \bar{X})^2$

(1)当抽样方式为重复抽样时，样本标志值 x_1，x_2，$\cdots$，x_n 是相互独立的，样本变量 x 与总体变量 X 同分布。所以得：$\mu_x{}^2 = \dfrac{\sigma^2}{n}$，它说明在重复抽样的条件下，抽样平均误差与总体标准差成正比，与样本容量的平方根成反比。

[**例 5.1**]有 5 个工人的日产量分别为(单位：件)：6，8，10，12，14，用重复抽样的方法，从中随机抽取 2 个工人的日产量，用以代表这 5 个工人的总体水平。抽样平均误差为多少?

解：根据题意可得：$\bar{X} = \dfrac{6 + 8 + 10 + 12 + 14}{5} = 10$(件)

总体标准差 $\sigma = \dfrac{\sqrt{\sum (X - \bar{X})^2}}{\sqrt{N}} = \dfrac{\sqrt{40}}{\sqrt{5}} = \sqrt{8}$(件)

抽样平均误差 $\mu_x = \dfrac{\sigma}{\sqrt{n}} = \dfrac{\sqrt{8}}{\sqrt{2}} = 2$(件)

(2)当抽样方式为不重复抽样时，样本标志值 x_1，x_2，…，x_n 不是相互独立的，那么 $\mu_x = \sqrt{\dfrac{\sigma^2}{n}\left(\dfrac{N - n}{N - 1}\right)}$，当总体单位数 N 很大时，这个公式可近似表示为：

$$\mu_x = \sqrt{\dfrac{\sigma^2}{n}\left(1 - \dfrac{n}{N}\right)}$$

与重复抽样相比，不重复抽样平均误差是在重复抽样平均误差的基础上，再乘以 $\sqrt{(N - n)/(N - 1)}$，而 $\sqrt{(N - n)/(N - 1)}$ 总是小于 1，所以不重复抽样的平均误差也总是小于重复抽样的平均误差。如前例，若改用不重复抽样方法，则抽样平均误差为：

$$\mu_x = \sqrt{\dfrac{\sigma^2}{n}\left(\dfrac{N - n}{N - 1}\right)} = \sqrt{\dfrac{8}{2}\left(\dfrac{5 - 2}{5 - 1}\right)} = 1.732(件)$$

5.3.3.2 抽样成数的平均误差

总体成数 P 可以表现为总体是非标志的平均数。其标准差 $\sigma = \sqrt{P(1 - P)}$。
根据样本平均误差和总体标准差的关系，可以得到样本成数的平均误差的计算公式。

(1)在重复抽样下：$\mu_p = \sigma / \sqrt{n} = \sqrt{\dfrac{P(1 - P)}{n}}$

(2)在不重复抽样下：$\mu_p = \sqrt{\dfrac{\sigma^2}{n}\left(\dfrac{N - n}{N - 1}\right)} = \sqrt{\dfrac{P(1 - P)}{n}\left(\dfrac{N - n}{N - 1}\right)}$

当总体单位数 N 很大时，可近似地写成：

$$\mu_p = \sqrt{\dfrac{P(1 - P)}{n}\left(1 - \dfrac{n}{N}\right)}$$

[**例 5.2**]某企业生产的产品，按正常生产经验，合格率为 90%，现从 5000 件产品中抽取 50 件进行检验，求合格率的抽样平均误差。

解：根据题意，在重复抽样条件下，合格率的抽样平均误差为：

$$\mu_p = \sqrt{\dfrac{P(1 - P)}{n}} = \sqrt{\dfrac{0.9 \times 0.1}{50}} = 4.24\%$$

在不重复抽样条件下，合格率的抽样平均误差为：

$$\mu_p = \sqrt{\frac{P(1-P)}{n}\left(1 - \frac{n}{N}\right)} = \sqrt{\frac{0.9 \times 0.1}{50}\left(1 - \frac{50}{5000}\right)} = 4.22\%$$

5.4　参数估计和样本大小的确定

5.4.1　参数估计概述

在许多实际问题中，总体被理解为我们所研究的那个统计指标，它在一定范围内取数值，而且以一定的概率取各种数值，从而形成一个概率分布，但是这个概率分布往往是未知的。例如为了制定绿色食品的有关规定，我们需要研究蔬菜中残留农药的分布状况，对这个分布我们知之甚少，以至于它属于何种类型我们都不清楚。有时我们可以断定分布的类型，例如在农民收入调查中，根据实际经验和理论分析如概率论中的中心极限定理，我们断定收入服从正态分布，但分布中的参数取何值却是未知的。这就导致统计估计问题。统计估计问题专门研究由样本估计总体的未知分布或分布中的未知参数。直接对总体的未知分布进行估计的问题称为非参数估计；当总体分布类型已知，仅需对分布的未知参数进行估计的问题称为参数估计。本节我们研究参数估计问题。本节及以后假定抽样方法为放回简单随机抽样，样本的每个分量都与总体同分布，它们之间相互独立。

5.4.2　参数估计的基本方法

5.4.2.1　估计量与估计值

参数估计就是用样本统计量去估计总体参数。用来估计总体参数的统计量的名称称为估计量，如样本均值、样本比例、样本方差等都可以是一个估计量。估计量的具体数值称为估计值。

5.4.2.2　点估计与区间估计

参数估计方法有点估计与区间估计两种方法。

(1) 参数估计的点估计法。设总体 X 的分布类型已知，但包含未知参数 θ，从总体中抽取一个简单随机样本$(X_1, X_2, \cdots, X_n)$，欲利用样本提供的信息对总体未知参数 θ 进行估计。构造一个适当的统计量$\hat{\theta} = T(X_1, X_2, \cdots, X_n)$ 作为 θ 的估计，称 $\hat{\theta}$ 为未知参数 θ 的点估计量。当有了一个具体的样本观察值$(x_1, x_2, \cdots, x_n)$ 后，将其代入估计量中就得到估计量的一个具体观察值 $T(x_1, x_2, \cdots, x_n)$，称为参数 θ 的一个点估计值。今后点估计量和点估计值这两个名词将不强调它们的区别，通称为点估计，根据上下文不难知道此处的点估计究竟是点估计量还是点估计值。

通俗地说，用样本估计量的值直接作为总体参数的估计值称为点估计。

(2) 参数估计的区间估计法。在参数估计中，虽然点估计可以给出未知参数的一个估计，但不能给出估计的精度。为此人们希望利用样本给出一个范围，要求它以足够大的概率包含待估参数真值。这就是导致区间估计问题。

定义 5.3 设 θ 是未知参数，$(X_1, X_2, \cdots, X_n)$ 是来自总体的样本，构造两个统计量 $\hat{\theta}_1 = T_1(X_1, X_2, \cdots, X_n)$，$\hat{\theta}_2 = T_2(X_1, X_2, \cdots, X_n)$，对于给定的 $\alpha(0 < \alpha < 1)$，若 $\hat{\theta}_1$、$\hat{\theta}_2$ 满足 $P\{\hat{\theta}_1 \leq \theta \leq \hat{\theta}_2\} = 1 - \alpha$，则称随机区间 $[\hat{\theta}_1, \hat{\theta}_2]$ 是参数 θ 的置信水平为 $1 - \alpha$ 的置信区间，$1 - \alpha$ 称为 $[\hat{\theta}_1, \hat{\theta}_2]$ 的置信系数，$\hat{\theta}_1$，$\hat{\theta}_2$ 称为置信限。

这里有几点需要说明：

第一，区间 $[\hat{\theta}_1, \hat{\theta}_2]$ 的端点 $\hat{\theta}_1$，$\hat{\theta}_2$ 及长度 $\hat{\theta}_2 - \hat{\theta}_1$ 都是样本的函数，从而都是随机变量，因此 $[\hat{\theta}_1, \hat{\theta}_2]$ 是一个随机区间。

第二，$P\{\hat{\theta}_1 \leq \theta \leq \hat{\theta}_2\} = 1 - \alpha$ 表明随机区间 $[\hat{\theta}_1, \hat{\theta}_2]$ 以 $1 - \alpha$ 的概率包含未知参数真值，区间长度 $\hat{\theta}_2 - \hat{\theta}_1$ 描述估计的精度，置信水平 $1 - \alpha$ 描述了估计的可靠度。

第三，因为未知参数 θ 是非随机变量，所以不能说 θ 落入区间 $[\hat{\theta}_1, \hat{\theta}_2]$ 的概率是 $1 - \alpha$，而应是随机区间 $[\hat{\theta}_1, \hat{\theta}_2]$ 包含 θ 的概率是 $1 - \alpha$。

通俗地说，在点估计的基础上，给出总体参数的一个范围称为区间估计。

5.4.3 总体均值的区间估计

区间估计必须同时具备三个要素，即具备估计值、抽样极限误差和概率保证程度三个基本要素。抽样误差范围决定抽样估计的准确性，概率保证程度决定抽样估计的可靠性，二者密切联系，但同时又是一对矛盾，所以，对估计的精确度和可靠性的要求应慎重考虑。在实际抽样调查中，区间估计根据给定的条件不同，有两种估计方法：（1）给定极限误差，要求对总体指标做出区间估计；（2）给定概率保证程度，要求对总体指标做出区间估计。

[例 5.3] 某企业对某批电子元件进行检验，随机抽取 100 只，测得平均耐用时间为 1000 小时，标准差为 50 小时，合格率为 94%。

（1）以耐用时间的允许误差范围 $\Delta x = 10$ 小时，估计该批产品平均耐用时间的区间及其概率保证程度。

（2）以合格率估计的误差范围不超过 2.45%，估计该批产品合格率的区间及其概率保证程度。

（3）以 95% 的概率保证程度，对该批产品的合格率做出区间估计。

解：（1）求样本指标：

$$\bar{x} = 1000（小时） \qquad s = 50（小时） \qquad \mu_x = \frac{s}{\sqrt{n}} = \frac{50}{\sqrt{100}} = 5（小时）$$

根据给定的 $\Delta x = 10$ 小时，计算总体平均数的上、下限：

下限 $\bar{x} - \Delta x = 1000 - 10 = 990（小时）$ 　　　上限 $\bar{x} + \Delta x = 1000 + 10 = 1010（小时）$

根据 $t = \dfrac{\Delta x}{\mu_x} = 2$，查概率表得：$F(t) = 95.45\%$

由以上计算结果，估计该批产品的平均耐用时间为 990 ~ 1010 小时，有 95.45% 的概率保证程度。

（2）求样本指标：

$$p = 94\% \qquad \sigma_p^2 = p(1-p) = 0.0564 \qquad \mu_p = \sqrt{\frac{p(1-p)}{n}} = 2.38\%$$

根据给定的 $\Delta p = 2.45\%$，求总体合格率的上、下限：

下限 $p - \Delta p = 94\% - 2.45\% = 91.55\%$ 　　　上限 $p + \Delta p = 94\% + 2.45\% = 96.45\%$

根据 $t = \dfrac{\Delta p}{\mu_p} = 1.03$，查概率表得：$F(t) = 69.70\%$

由以上计算结果，估计该批产品的合格率为 91.55% ~ 96.45%，有 69.70% 的概率保证程度。

（3）求样本指标：

$$\sigma_p^2 = p(1-p) = 0.0564 \qquad \mu_p = \sqrt{\frac{p(1-p)}{n}} = 2.37\% \qquad \Delta P = t \cdot \mu_p = 0.046$$

下限 $p - \Delta p = 94\% - 4.6\% = 89.4\%$ 　　　上限 $p + \Delta p = 94\% + 4.6\% = 98.6\%$

所以，以 95% 的概率保证程度估计该批产品的合格率在 89.4% ~ 98.6%。

情况一：当 σ^2 已知时，求 μ 的置信区间。

[**例 5.4**] 某种零件的长度服从正态分布，从该批产品中随机抽取 9 件，测得它们的平均长度为 21.4 毫米，已知总体标准差为 $\sigma = 0.15$ 毫米，试建立该种零件平均长度的置信区间，假定给定置信水平为 0.95。

解：已知 $\bar{x} = 21.4$，因为 $U = \dfrac{\bar{x} - \mu}{\sqrt{\sigma^2/n}} \sim N(0,1)$，所以对于给定的置信水平 0.95，有

$$P\left\{ -U_{\alpha/2} < \frac{\bar{x} - \mu}{\sqrt{\sigma^2/n}} < +U_{\alpha/2} \right\} = 0.95。当 \alpha = 0.05 时，分位点 U_{\alpha/2} = 1.96，有：$$

$$P\left\{ 21.4 - 1.96\frac{0.15}{\sqrt{9}} < \mu < 21.4 + 1.96\frac{0.15}{\sqrt{9}} \right\} = 0.95$$

即总体均值的置信区间为 [21.302，21.498]。有 95% 的概率保证该种零件的平均长度为 21.302 ~ 21.498 毫米。

情况二：当 σ^2 未知时，求 μ 的置信区间。

不知道总体方差时，一个很自然的想法是用样本方差来代替，这时，需要考虑的问题是，用样本方差代替总体方差后，统计量 $T = (\bar{X} - \mu)/\sqrt{S^2/n}$ 服从的是什么分布，以下定理给出了统计量 T 的分布形式。

定理　设 $x_1, x_2, \cdots, x_n$ 是来自总体 $N(\mu, \sigma^2)$ 的一个样本，则：

$$T = \frac{\bar{x} - \mu}{\sqrt{S^2/n}} \sim t(n-1)$$

t 分布具有如下特性：

第一，t 分布与标准正态分布相似，是以 $x = 0$ 为对称轴的钟形对称分布，但是 t 分布的方差大于 1，比标准正态分布的方差大，所以从分布曲线看，t 分布的曲线较标准正态分布平缓。

第二，t 分布的密度函数为：$f(x) = \dfrac{\Gamma\left(\dfrac{n+1}{2}\right)}{\Gamma\left(\dfrac{n}{2}\right)\sqrt{n\pi}}\left(1 + \dfrac{x^2}{n}\right)^{-\frac{n+1}{2}}$ $(-\infty < x < +\infty)$

t 分布的密度函数中只有一个参数，称为自由度。如果随机变量 X 具有以上形式的分布密度，则称 X 服从自由度为 n 的 t 分布，记为 $X \sim t(n)$。随着自由度的增大，t 分布的变异程度逐渐减小，其方差逐渐接近 1，当 $n \to \infty$ 时，t 分布成为正态分布。

第三，随机变量 X 落在某一区域内的概率，等于 t 分布曲线下相应区域的面积，对于不同的 n，同样的区域下的概率不同。如 $n = 10$，X 落入 $[-1.372, +1.372]$ 区间的概率为 0.9；而当 $n = 20$ 时，概率为 0.9 所对应的区间为 $[-1.325, +1.325]$；当 $n = 30$ 时，概率为 0.9 所对应的区间为 $[-1.31, +1.31]$。

关于 t 分布的特性就讨论到此，现在回到如何应用 t 分布求解置信区间的问题，既然定理已经证明了统计量 $(\bar{x} - \mu)/\sqrt{S^2/n}$ 服从 n 个自由度的 t 分布，则对于给定的显著性水平 α，不难找出 $t_{\alpha/2}(n-1)$，使得 $P\{-t_{\alpha/2}(n-1) \leqslant (\bar{x} - \mu)/\sqrt{S^2/n} \leqslant t_{\alpha/2}(n-1)\} = 1 - \alpha$。于是得到以 $1 - \alpha$ 置信水平保证的置信区间为：

$$\left[\bar{x} - t_{\alpha/2}(n-1)\sqrt{S^2/n},\ \bar{x} + t_{\alpha/2}(n-1)\sqrt{S^2/n}\right]$$

[**例 5.5**] 某研究机构进行了一项调查来估计吸烟者 1 个月花在抽烟上的平均支出，假定吸烟者买烟的月支出近似服从正态分布。该机构随机抽取了容量为 26 的样本进行调查，得到样本平均数为 80 元，样本标准差为 20 元，试以 95% 的把握估计全部吸烟者月均抽烟支出的置信区间。

解：已知 $\bar{x} = 80$，$S = 20$，$n = 26$，$1 - \alpha = 0.95$。由于不知道总体方差，所以用样本方差代替。因为 $T = (\bar{x} - \mu)/\sqrt{S^2/n} \sim t(n-1)$，$\dfrac{S}{\sqrt{n}} = \dfrac{20}{\sqrt{26}} = 3.92$。

根据 $\alpha = 0.05$，查阅 t 分布表得：$t_{0.05/2}(25) = 2.06$

所以有 $P\left\{\bar{x} - t_{0.05/2}(25)\dfrac{S}{\sqrt{26}} < \mu < \bar{x} + t_{0.05/2}(25)\dfrac{S}{\sqrt{26}}\right\} = 0.95$，代值得总体的置信区间为 $[71.92, 88.08]$，即有 95% 的把握认为吸烟者月均抽烟支出在 71.92 ~ 88.08 元。

情况三：单个非正态总体或总体分布未知，求 U 的置信区间。

当总体为非正态分布，或不知总体的分布形式时，只要知道总体方差，那么当 n 很大时，统计量 $\eta = \dfrac{\bar{X} - E(X_1)}{\sqrt{D(X_1)/n}}$ 就近似服从标准正态分布，经验上，$n > 30$ 就可以认为是大样本。

[例 5.6] 设某金融机构共有 8042 张应收账款单，根据过去记录，所有应收账款的标准差为 3033.4 元。现随机抽查了 250 张应收款单，得平均应收款为 3319 元，求 98% 置信水平的平均应收款。

解：已知 $\bar{x} = 3319$ 元，$n = 250 > 30$，$1 - \alpha = 0.98$，$\sigma = 3033.4$。

因为 $\bar{x}$ 近似服从标准正态分布，$U_{\alpha/2} = 2.33$，则总体均值的置信区间为：

$$\left[\bar{x} - U_{\alpha/2}\sqrt{\sigma^2/n},\ \bar{x} + U_{\alpha/2}\sqrt{\sigma^2/n} \right] = [2871.99,\ 3766]$$

根据调查结果，我们有 98% 的把握认为全部账单的平均金额至少为 2871.99 元，至多为 3766 元。

以上例题虽然不知总体分布形式，但总体的方差是已知的，而在实际中往往并不知道总体的方差，在实际应用中，只要是大样本，则仍然可以用样本方差代替统计量中的总体方差，并以标准正态分布近似作为统计量的抽样分布。

5.4.4 总体方差的区间估计

数理统计证明，对于容量为 n 的正态总体样本方差 S^2，若总体方差为 σ^2，则 $\dfrac{(n-1)S^2}{\sigma^2}$ 服从自由度为 $n-1$ 的 χ^2 分布。对给定的置信系数 $1 - \alpha$，查 χ^2 分布表可得上 $\dfrac{\alpha}{2}$ 分位点 $\chi^2_{\frac{\alpha}{2}}(n-1)$ 和下 $1 - \dfrac{\alpha}{2}$ 分位点 $\chi^2_{1-\frac{\alpha}{2}}(n-1)$，使得：

$$P\left\{ \chi^2_{1-\frac{\alpha}{2}}(n-1) \leqslant \frac{(n-1)S^2}{\sigma^2} \leqslant \chi^2_{\frac{\alpha}{2}}(n-1) \right\} = 1 - \alpha$$

有 $P\left\{ \dfrac{(n-1)S^2}{\chi^2_{\frac{\alpha}{2}}(n-1)} \leqslant \sigma^2 \leqslant \dfrac{(n-1)S^2}{\chi^2_{1-\frac{\alpha}{2}}(n-1)} \right\} = 1 - \alpha$，取 $\hat{\sigma}_1^2 = \dfrac{(n-1)S^2}{\chi^2_{\frac{\alpha}{2}}(n-1)}$，$\hat{\sigma}_2^2 = \dfrac{(n-1)S^2}{\chi^2_{1-\frac{\alpha}{2}}(n-1)}$，

则 $\left[\hat{\sigma}_1^2,\ \hat{\sigma}_2^2 \right]$ 即 σ^2 的置信水平为 $1 - \alpha$ 的置信区间，也即 $\dfrac{(n-1)s^2}{\chi^2_{\frac{\alpha}{2}}(n-1)} \leqslant \sigma^2 \leqslant \dfrac{(n-1)s^2}{\chi^2_{1-\frac{\alpha}{2}}(n-1)}$。

[例 5.7] 食品厂从生产的罐头中随机抽取 15 个称量其重量，得样本方差 $S^2 = 1.65^2$，设罐头重量服从正态分布，试求其方差的置信水平为 90% 的置信区间。

解：$1 - \alpha = 0.9$，$\alpha = 0.1$，查 χ^2 分布表得：

$\chi^2_{\frac{\alpha}{2}}(n-1) = 23.685$ $\qquad$ $\chi^2_{1-\frac{\alpha}{2}}(n-1) = 6.571$

$\dfrac{(n-1)S^2}{\chi^2_{\frac{\alpha}{2}}(n-1)} = \dfrac{14 \times 1.65^2}{23.685} = 1.61$ $\qquad$ $\dfrac{(n-1)S^2}{\chi^2_{1-\frac{\alpha}{2}}(n-1)} = \dfrac{14 \times 1.65^2}{6.571} = 5.8$

故总体方差的置信水平为 90% 的置信区间为 $[1.61,\ 5.8]$。

5.4.5 样本大小的确定

5.4.5.1 影响样本大小的因素

在抽取样本时样本容量应多大是一个很实际的问题。样本容量取得比较大，收集的信息就比较多，从而估计精度比较高，但进行观测所投入的费用、人力及时间就比较多；样本容量取得比较小，则投入的费用、人力及时间就比较少，但收集的信息也比较少，从而估计精度比较低。这说明精度和费用对样本量的影响是矛盾的，不存在既使精度最高又使费用最省的样本量。一个常用的准则是在使精度得到保证的前提下寻求使费用最省的样本量。由于费用通常是样本量的正向线性函数，故使费用最省的样本量也就是使精度得到保证的最小样本量。

5.4.5.2 估计总体均值时样本大小的确定

在简单随机重复抽样下，设样本 $(X_1, X_2, \cdots, X_n)$ 来自正态总体 $N(\mu, \sigma^2)$，总体均值 μ 的点估计为样本均值 $\bar{X}$。如果要求以 $\bar{X}$ 估计 μ 时的绝对误差为 d，可靠度为 $1-\alpha$，即要求 $P\{|\bar{X} - \mu| \leq d\} = 1 - \alpha$。由 $P\left\{\left|\dfrac{\bar{X} - \mu}{\sigma/\sqrt{n}}\right| \leq z_{\frac{\alpha}{2}}\right\} = 1 - \alpha$ 知 $P\left\{|\bar{X} - \mu| \leq z_{\frac{\alpha}{2}}\dfrac{\sigma}{\sqrt{n}}\right\} = 1 - \alpha$，故只需取绝对误差 $d = z_{\frac{\alpha}{2}}\dfrac{\sigma}{\sqrt{n}}$，从而解得 $n = \dfrac{z_{\frac{\alpha}{2}}^2 \sigma^2}{d^2}$。

[例5.8] 在某企业中采用简单随机抽样调查职工月平均奖金额，设职工月奖金额服从标准差为 10 元的正态分布，要求估计的绝对误差为 3 元，可靠度为 95%，应抽取多少名职工？

解：已知 $\sigma = 10$，$d = 3$，$1 - \alpha = 0.95$，$z_{\frac{\alpha}{2}} = 1.96$，则：

$$n = \frac{z_{\frac{\alpha}{2}}^2 \sigma^2}{d^2} = \frac{1.96^2 \times 10^2}{3^2} = 42.68 \approx 43$$

即需抽取 43 名职工作为样本进行调查。

5.4.5.3 估计总体比例时样本大小的确定

在简单随机重复抽样条件下估计总体比例时，可以定义绝对误差 $d = Z_{\frac{\alpha}{2}}\sqrt{\dfrac{p(1-p)}{n}}$，从而得到样本容量：$n = \dfrac{Z_{\frac{\alpha}{2}}^2 \pi(1-\pi)}{d^2}$

[例5.9] 根据以往的生产统计，某种产品的合格率为 90%，现要求绝对误差为 5%，在置信水平为 95% 的置信区间时，应抽取多少个产品作为样本？

解：$\pi = 90\%$，$d = 5\%$，$Z_{\frac{\alpha}{2}} = 1.96$，则：

$$n = \frac{Z_{\frac{\alpha}{2}}^2 \pi(1-\pi)}{d^2} = \frac{1.96^2 \times 0.9 \times (1 - 0.9)}{0.05^2} = 139$$

◎ 习题

1. 某地区为了解职工家庭的收入情况, 从本地区 3000 户家庭中, 按不重复抽样的方法抽取 300 户职工家庭进行调查, 调查结果如下表所示:

每户月收入(元)	收入调查户数(户)
400 以下	40
400 ~ 600	80
600 ~ 800	120
800 ~ 1000	50
1000 以上	10
合　　计	300

(1) 若用这 300 户家庭的月收入资料推算该地区 3000 户家庭月收入情况, 则抽样平均误差为多少?

(2) 若又从抽样资料知, 月平均收入在 800 元以上的户数的比重为 20%, 故月收入在 800 元以上成数抽样平均误差为多少?

2. 已知某种球体直径服从 $x \sim N(\mu, \sigma^2)$, μ 和 σ^2 未知, 某位科学家测量到的一个球体直径(单位: 厘米) 的 5 次记录为: 6.33, 6.37, 6.36, 6.32 和 6.37, 试估计 μ 和 σ。

3. 对某一选举区内随机抽取的 100 位选民的民意调查表明, 他们中的 55% 支持某位候选人, 求选民中支持这位候选人的比例分别为 95%、99%、99.73% 的置信区间。

4. 某进出口公司出口一种名茶, 抽样检验结果如下表所示。

每包重量 x(克)	包数 f(包)	xf
148 ~ 149	10	1485
149 ~ 150	20	2990
150 ~ 151	50	7525
151 ~ 152	20	3030
$\sum$	100	15030

又知这种茶叶每包规格重量不低于 150 克, 试以 99.73% 的概率:

(1) 确定每包重量的极限误差;

(2) 估计这批茶叶的重量范围, 确定是否达到规格重量要求。

5. 某汽车制造厂为了测定某种型号汽车轮胎的使用寿命, 随机抽取 16 只作为样本进行寿命测试，计算出轮胎平均寿命为 43000 公里，标准差为 4120 公里，试以 95% 的置信度推断该厂这批汽车轮胎的平均使用寿命。

6. 对生产某种规格的灯泡进行使用寿命检验，根据以往正常生产的经验，灯泡使用寿命标准差 $\sigma = 0.4$ 小时，而合格品率 90%，现用重复抽样方式，在 95.45% 的概率保证下，抽样平均使用寿命的极限误差不超过 0.08 小时，抽样合格率的误差不超过 5%，必要的抽样平均数应为多大？

第6章 | 假设检验

☞ **学习目标**
1. 了解假设检验的基本概念；
2. 了解假设检验的基本思想；
3. 掌握假设检验的基本步骤；
4. 了解假设检验的两类错误，搞清楚两类错误的关系；
5. 掌握正态总体参数的假设检验，主要是检验统计量及其分布，检验拒绝域的确定。

假设检验是抽样推断的一个重要内容。所谓假设检验，就是事先对总体参数或总体分布形式做出一个假设，然后利用样本信息来判断原假设是否合理，即判断样本信息与原假设是否有显著差异，从而决定应接受式拒绝原假设。比如，对于某机器设备，生产工艺改变后，要检验新工艺对产品的某个主要指标是否有影响，就需要抽样检验总体的某个参数（如均值、方差等）是否等于改变工艺前的参数值，这类问题就属于假设检验问题。

6.1 假设检验的基本原理

6.1.1 假设检验的基本思想

先通过一个例子来说明假设检验的基本思想。

某企业生产一种零件，过去的大量资料表明，零件的平均长度为 4 厘米，标准差为 0.1 厘米。改革工艺后，抽查了 100 个零件，测得样本平均长度为 3.94 厘米。现问：工艺改革前后零件的长度是否发生了显著的变化？

这是关于工艺改革前后零件的平均长度（总体平均数）是否等于 4 的假设检验问题。我们知道，样本平均长度与原平均长度出现差异不外乎两种可能：一是改革后的总体平均长度不变，但由于抽样的随机性使样本平均数与总体平均数之间存在抽样误差；二是工艺条件的变化，使总体平均数发生了显著的变化。因此可以这样推断：如果样本平均数与总体平均数之间的差异不大，未超出抽样误差范围，则认为总体平均数不变；反之，如果样本平均数与总体平均数之间的差异超出了抽样误差范围，则认为总体平均数发生了显著的变化。

可以看出，假设检验是对调查人员所关心的却又是未知的总体参数先做出假设，然后抽取样本，利用样本提供的信息对假设的正确性进行判断的过程。

6.1.2 假设检验的步骤

第一步：提出原假设和备择假设。

对每个假设检验问题，一般可同时提出两个相反的假设：原假设和备择假设。原假设又称零假设，是正待检验的假设，记为 H_0；备择假设是拒绝原假设后可供选择的假设，记为 H_1。原假设和备择假设是相互对立的，检验结果二者必取其一。接受 H_0 则必须拒绝 H_1；反之，拒绝 H_0 则必须接受 H_1。

原假设和备择假设不是随意提出的，应根据所检验问题的具体背景而定。常常是采取"不轻易拒绝原假设"的原则，即把没有充分理由不能轻易否定的命题作为原假设，而相应地把没有足够把握就不能轻易肯定的命题作为备择假设。

一般来说，假设有三种形式：

（1）H_0：$\mu=\mu_0$；H_1：$\mu\neq\mu_0$。这种形式的假设检验称为双侧检验。

（2）H_0：$\mu=\mu_0$；H_1：$\mu<\mu_0$（或 H_0：$\mu\geqslant\mu_0$；H_1：$\mu<\mu_0$）。这种形式的假设检验称为左侧检验。

（3）H_0：$\mu=\mu_0$；H_1：$\mu>\mu_0$（或 H_0：$\mu\leqslant\mu_0$；H_1：$\mu>\mu_0$）。这种形式的假设检验称为右侧检验。

左侧检验和右侧检验统称为单侧检验。采用哪种假设，要根据所研究的实际问题而定。如果对所研究问题只需判断有无显著差异或要求同时注意总体参数偏大或偏小的情况，则采用双侧检验。如果所关心的是总体参数是否比某个值偏大（或偏小），则宜采用单侧检验。

第二步：选择适当的统计量，并确定其分布形式。

在参数的假设检验中，如同在参数估计中一样，要借助于样本统计量进行统计推断。用于假设检验问题的统计量称为检验统计量。在具体问题里，选择什么统计量作为检验统计量，需要考虑的因素与参数估计相同。例如，用于进行检验的样本是大样本还是小样本，总体方差已知还是未知，等等。在不同的条件下应选择不同的检验统计量。

第三步：选择显著性水平 α，确定临界值。

显著性水平表示 H_0 为真时拒绝 H_1 的概率。假设检验是围绕对水平假设内容的审定而展开的。如果原假设正确我们接受了原假设（同时也就拒绝了备择假设），或原假设错误我们拒绝了原假设（同时也就接受了备择假设），这表明我们做出了正确的决定。但是，由于假设检验是根据样本提供的信息进行推断的，也就有犯错误的可能。有这样一种情况，原假设正确，而我们却把它当成错误的加以拒绝。犯这种错误的概率用 α 表示，统计上把 α 称为假设检验中的显著性水平（significant level），也就是决策中所面临的风险。所以，显著性水平是指当原假设正确时人们却拒绝了它的概率或风险。这个概率是由人们确定的，通常取 $\alpha=0.05$ 或 $\alpha=0.01$，这表明，当做出接受原假设的决定时，其正确的可能性(概率)为95%或99%，即拒绝原假设所冒的风险，用 α 表示。假设检验应用小概率事件实际极少发生的原理，这里的小概率就是指 α。给定了显著性水平 α，就可由有关的概率分布表查得临界值，从而确定 H_0 的接受区域和拒绝区域。临界值就是接受区域和拒绝区域的分界点。

对于不同形式的假设，H_0 的接受区域和拒绝区域也有所不同。双侧检验的拒绝区域位于统计量分布曲线的两侧；左侧检验的拒绝区域位于统计量分布曲线的左侧；右侧检验的拒绝区域位于统计量分布曲线的右侧，如图 6-1 所示。

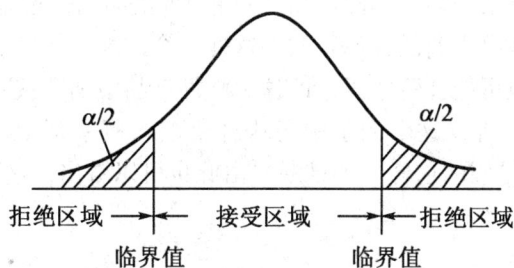

(a)双侧检验

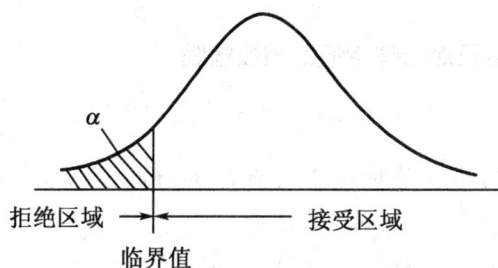

(b)左侧检验

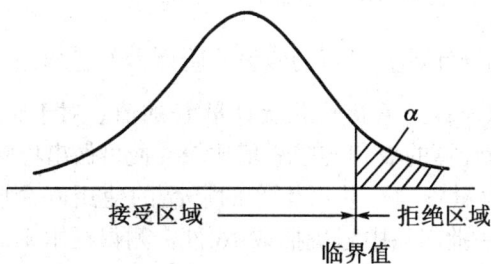

(c)右侧检验

图 6-1　假设检验的接受区域和拒绝区域

第四步：做出结论。

根据样本资料计算出检验统计量的具体值，并用以与临界值比较，做出接受或拒绝原假设 H_0 的结论。如果检验统计量的值落在拒绝区域内，说明样本所描述的情况与原假设有显著性差异，应拒绝原假设；反之，则接受原假设。

6.1.3 假设检验的小概率原理

假设检验的基本思想是应用小概率的原理。所谓小概率原理，是指发生概率很小的随机事件在一次实验中是几乎不可能发生的。根据这一原理，可以做出是否接受原假设的决定。例如，有一个厂商声称其产品的合格率很高，可以达到99%，那么从一批产品（如100件）中随机抽取1件，这一件恰好是次品的概率就非常小，只有1%。如果厂商的宣称是真的，随机抽取1件是次品的情况就几乎是不可能发生的。但如果这种情况确实发生了，我们就有理由怀疑原来的假设，即产品中只有1%次品的假设是否成立，这时就可以推翻原来的假设，可以做出厂商的宣称是假的这样一个推断。我们进行推断的依据就是小概率原理。当然，推断也可能会犯错误，即这100件产品中确实只有1件是次品，而恰好在一次抽取中被抽到了。所以这个例子中犯这种错误的概率是1%，也就是说我们在冒1%的风险做出厂商宣称是假的这样一个推断。由此也可以看出，这里的1%正是前面所说的显著性水平。

6.2 总体均值、比例的假设检验

6.2.1 总体方差已知时对正态总体均值的假设检验

设总体 $X \sim N(\mu, \sigma^2)$，总体方差 σ^2 为已知，$(x_1, x_2, \cdots, x_n)$ 为总体的一个样本，样本平均数为 $\bar{x}$。现在的问题是对总体均值 μ 进行假设检验。$H_0: \mu = \mu_0$（或 $\mu \leqslant \mu_0$，$\mu \geqslant \mu_0$）。

根据抽样分布定理，样本平均数 $\bar{x}$ 服从 $N(\mu, \sigma^2/n)$，所以，如果 H_0 成立，检验统计量 U 及其分布为 $U = \dfrac{\bar{x} - \mu_0}{\sigma / \sqrt{n}} \sim N(0, 1)$。

利用服从正态分布的统计量 U 进行的假设检验称为 U 检验法。根据已知的总体方差、样本容量 n 和样本平均数 $\bar{x}$，计算出检验统计量 U 的值。对于给定的检验水平，查正态分布表可得临界值，将所计算的 U 值与临界值比较，便可做出检验结论。

[例 6.1] 根据过去大量资料，某厂生产的产品的使用寿命服从正态分布 $N(1020, 100^2)$。现从最近生产的一批产品中随机抽取 16 件，测得样本平均寿命为 1080 小时。试在 0.05 的显著性水平下判断这批产品的使用寿命是否有显著提高。

解：根据题意，提出假设：$H_0: \mu = 1020$；$H_1: \mu > 1020$。

检验统计量 $U = \dfrac{\bar{x} - \mu_0}{\sigma / \sqrt{n}} = \dfrac{1080 - 1020}{100 / \sqrt{16}} = 2.4$

由 $\alpha = 0.05$，查表得临界值 $U_{0.05} = 1.645$

由于 $U = 2.4 > U_\alpha = 1.645$，所以应拒绝 H_0 而接受 H_1，即这批产品的使用寿命确有显著提高。

6.2.2　总体方差未知时对正态总体均值的假设检验

设总体 $X \sim N(\mu, \sigma^2)$，但总体方差 σ^2 未知，此时对总体均值的检验不能用上述 U 检验法，因为此时的检验统计量 U 中包含了未知参数 σ。为了得到一个不含未知参数的检验统计量，很自然会用总体方差的无偏估计量——样本方差 S^2 来代替 σ^2，于是得到 t 统计量。根据上节内容已知道，检验统计量 t 及其分布为：

$$t = \frac{\bar{x} - \mu_0}{S/\sqrt{n}} \sim t(n-1)$$

利用服从 t 分布的统计量去检验总体均值的方法称为 t 检验法。其具体做法是：根据题意提出假设(与 U 检验法中的假设形式相同)；构造检验统计量 t 并根据样本信息计算其具体值；对于给定的检验水平 α，由 t 分布表查得临界值；将所计算的 t 值与临界值比较，做出检验结论。

双侧检验时，若 $|t| > t_{\alpha/2}$，则拒绝 H_0，接受 H_1。

左侧检验时，若 $t < -t_\alpha$，则拒绝 H_0，接受 H_1。

右侧检验时，若 $t > t_\alpha$，则拒绝 H_0，接受 H_1。

[例 6.2] 从长期的资料可知，某厂生产的某种零件服从均值为 200 小时、标准差未知的正态分布。通过改变部分生产工艺后，抽得 10 件做样本得数据(小时)：

202　209　213　198　206　210　195　208　200　207

试在 0.05 的显著性水平下判断这批产品的使用寿命是否有显著提高。

解：根据题意，检验目的是考察零件的平均值数据是否有所提高。因此，可建立如下假设：H_0：$\mu = 200$，H_1：$\mu > 200$。

根据已知数据求得 $\bar{x} = 204.8$，$S = 5.789$。

检验统计量 $t = \dfrac{\bar{x} - \mu_0}{S/\sqrt{n}} = \dfrac{204.8 - 200}{5.789/\sqrt{10}} = 2.622$

由 $\alpha = 0.05$，查表得临界值 $t_\alpha(n-1) = t_{0.05}(10-1) = 1.8331$。

由于 $|t| = 2.622 > t_\alpha(n-1) = 1.8331$，所以拒绝 H_0 接受 H_1，即可以接受"在新工艺下，这种电子元件的使用寿命有所提高的假设"。

t 检验法适用于小样本情况下总体方差未知时对正态总体均值的假设检验。随着样本容量 n 的增大，t 分布趋近于标准正态分布。所以大样本情况下($n > 30$)，总体方差未知时对正态总体均值 μ 的假设检验通常近似采用 U 检验法。同理，大样本情况下非正态总体均值的检验也可用 U 检验法。因为，根据大样本的抽样分布定理，总体分布形式不明或为非正态总体时，样本平均数趋近于正态分布。这时，检验统计量 U 中的总体标准差 σ 用样本标准差 S 来代替。

6.2.3　总体比例的假设检验

由比例的抽样分布定理可知，样本比例服从二项分布，因此可由二项分布来确定对总体比例进行假设检验的临界值，但其计算往往十分繁琐。大样本情况下，二项分布近似服从正态分布。因此，对总体比例的检验通常是在大样本条件下进行的，根据正态分布来近似确定临界值，即采用 U 检验法。其检验步骤与均值检验的步骤相同，只是检验统计量不同。

首先提出待检验的假设：H_0：$P = P_0$，H_1：$P \neq P_0$（或 $P < P_0$，$P > P_0$）。

检验统计量为：
$$U = \frac{p - P_0}{\sqrt{\dfrac{P_0(1 - P_0)}{n}}} \sim N(0,\ 1)$$

[**例 6.3**]调查人员在调查某企业的主要生产线时，被告知性能良好生产稳定，产品合格率可达 99%。随机抽查了 200 件产品，其中 195 件产品合格，厂方的宣称是否可信（$\alpha = 10\%$）？

解：依题意，可建立如下假设：

H_0：$P = 0.99$　　　　H_1：$P \neq 0.99$

样本比例：$p = \dfrac{m}{n} = \dfrac{195}{200} = 0.975$

由于样本容量相当大，所以可近似采用 U 检验法。

$$U = \frac{p - P_0}{\sqrt{\dfrac{P_0(1 - P_0)}{n}}} = \frac{0.975 - 0.99}{\sqrt{\dfrac{0.99 \times 0.01}{200}}} = -2.14$$

给定 $\alpha = 0.1$，查正态分布表得 $\mu_{\alpha/2} = \mu_{0.05} = 1.645$。

由于 $|U| > \mu_{\alpha/2}$，应拒绝原假设，即认为厂方的宣称是不可信的。

6.3　SPSS 区间估计与假设检验

6.3.1　区间估计的 SPSS 实现

6.3.1.1　单个正态总体均值的区间估计

方法 1：打开数据文件，【Descriptive Statistics】—【Explore：Display】中选【Statistics】，在【Dependent List】中输入所求的变量名，在【Statistics】对话框中选择【Descriptives】，并在【Confidence Interval for Means】中输入数值，作为置信度。得统计量描述表中【Lower Bound】为置信区间的下限，【Upper Bound】为置信区间的上限。

方法 2：利用单个样本 t 检验过程求均值的置信区间，【Compare Means】—【One Sample T Test】，在【Test Variables】中输入所求的变量名，在【Test Value】中输入所假设的均值，打开【Option】对话框，在【Confidence Interval】中输入置信度。

6.3.1.2　两个正态总体均值的区间估计

打开数据文件，【Compare Means】—【Independent Sample T Test】，在【Test Variables】中输入所求的变量名，在【Grouping Variable】中输入两个正态总体变量名，打开【Define

Groups】对话框，在【Group 1】中输入第一个正态总体变量名，【Group 2】中输入第二个正态总体变量名，打开【Option】对话框，在【Confidence Interval】中输入置信度，得两个独立样本在方差齐（equal variance assumed）和方差不齐（equal variance no assumed）两种情况下均值差的置信区间。

6.3.2　假设检验的 SPSS 实现

6.3.2.1　单个正态总体均值的假设检验

打开数据文件，【Compare Means】—【One Sample T Test】，在【Test Variables】中输入所求的变量名，在【Test Value】中输入总体的均值，打开【Option】对话框，在【Confidence Interval】中输入置信度。

在【Missing Values】中选择缺失值的处理方式：

【Exclude Cases Analysis by Analysis】：在需要分析的数据中剔除含有缺失值的个案。

【Exclude Cases】：删除所有数据中含有缺失值的个案数据。

统计量表：N 为变量的数据个数；Mean 为均值；Std. Deviation 为标准离差；Std. Error Mean 为均值的标准误差。

成果表：Test Value 为检验值；t 为 t 值；df 为自由度；Sig. (2_tailed) 为双尾显著性概率；Mean Difference 为均值差；Confidence Interval of Mean Difference 为均值差的置信区间；如显著性概率大于 α，认为样本的均值与总体的均值没有明显差异。

6.3.2.2　独立样本的均值比较

打开数据文件，【Compare Means】—【Independent Sample T Test】，在【Test Variables】中输入所求的变量名，将对变量的数据进行 t 检验。

在【Grouping Variable】中输入两个正态总体变量名，打开【Define Groups】对话框，把该变量的数据分成两类，对这两类数据进行 t 检验，在【Group 1】中输入第一个分类变量名，在【Group 2】中输入第二个分类变量名，单击【Option】按钮，在对话框【Confidence Interval】中输入置信度，得两个独立样本在方差齐和方差不齐两种情况下的统计量表以及方差齐性检验结果（Levend's test for equality of variance）和等均值 t 检验结果（t test for equality of means）。

F 为方差齐性检验 F 的值；Sig. 为方差齐性检验的显著性概率，如显著性概率大于 α，则认为方差齐。

若方差齐假设满足，则有 t 检验结果；对方差不齐，也有 t 检验结果；如显著性概率大于 α，认为均值没有明显差异。

6.3.2.3　成对样本的均值比较

打开数据文件，【Compare Means】—【Paired-Sampled T Test】，连续单击列表框中的变量名使其显示到【Current Selections】，再用右箭头按钮将变量转移到【Paired Variance】，单击【Option】按钮，在对话框【Confidence Interval】中输入置信度。运行后可得统计量表（paired sampled statistics）、相关分析表（paired sampled correlations）、t 检验结果表（paired sampled t test）。

相关分析表：N 为配对样本个数；Correlation 为相关系数；Sig. 为显著性概率，如显

著性概率小于 α，认为配对样本的数据之间存在线性关系。

t 检验结果表：前四项为配对样本数据差异的均值、标准离差、均值的标准误差、置信区间；后三项为 t 值，df 为自由度；Sig. (2_tailed) 为双尾显著性概率，如显著性概率小于 α，认为配对样本的数据之间有明显差异。

◎ 习题

1. 设某种滚轴的直径服从正态分布，标准差为 150，今抽取了一个容量为 26 的样本，得平均数为 1637，在 5% 的显著性水平下，能否认为这种滚轴的平均直径为 1600？

2. 某工厂生产的铜丝的折断力（kg）服从正态分布 $N(576, 82^2)$，某日抽取 9 根铜丝进行折断力试验，测得结果如下：578，572，570，568，572，572，596，584，570。是否可以认为该日生产铜丝的标准差也是 8kg（$\alpha = 0.05$）？

3. 正常人的脉搏平均为 72 次/分，现某医生测得 10 例慢性四乙基铅中毒患者的脉搏（次/分）如下：54，67，68，78，70，66，67，70，65，69，已知四乙基铅中毒者的脉搏服从正态分布，这种中毒者和正常人的脉搏有无显著差异（$\alpha = 0.05$）？

4. 某种导线要求其电阻的标准差不得超过 0.005Ω，今在生产的一批导线中取样品 9 根，测得 $S = 0.007$Ω，设总体服从正态分布，在显著性水平 $\alpha = 0.05$ 下，能认为这批导线的标准差显著地偏大吗？

5. 从两个煤矿各抽样若干次，分析其含灰率如下：

甲矿：24.3 20.8 23.7 21.3 17.4

乙矿：18.2 16.9 20.2 16.7

假定各煤矿含灰率都服从正态分布，且方差相等，甲乙二矿煤的含灰率有无显著差异（$\alpha = 0.05$）？

6. 已知某养鸡场，使用精饲料喂养时，鸡的平均重量为 4 斤，今对一批鸡改用粗饲料饲养，同时改善饲养方法后，随机抽测 10 只，得重量数据如下（单位：斤）：

3.7 3.8 4.1 3.9 4.6 4.7 5.0 4.5 4.3 3.8

经验表明，同一批鸡的重量 X 服从正态分布。试推断，这一批鸡的平均重量是否显著提高（$\alpha = 0.1$）？

7. 对两批同类无线电元件的电阻 X、Y 进行测试，测得结果如下（单位：Ω）：

X：0.140 0.138 0.143 0.141 0.144 0.137

Y：0.135 0.140 0.142 0.136 0.138 0.140 0.141

已知两批元件的电阻都服从正态分布，且方差相等。能否认为这两批无线电元件的电阻无显著差异（$\alpha = 0.05$）？

8. 利用上题所给数据，检验两批无线电元件的电阻的方差是否可认为相等（$\alpha = 0.05$）。

9. 某厂产品的次品率规定不超过 4%，现有一大批产品，从中检查了 50 件，发现有 4 件次品，这批产品能否出厂（$\alpha = 0.05$）？

10. 某种橡胶配方中，原用氧化锌 5g，现改为 1g，今分别对两种配方各做若干试验，测得橡胶伸长率如下：

原配方：540 533 525 520 545 531 541 529 534

现配方：565 577 580 575 556 542 560 532 570 561

设同一批橡胶伸长率服从正态分布，在两种配方下，橡胶伸长率是否相同（$\alpha =$ 0.10）？

11. 从两批彼此无关的发射管中，各取 10 发，分别测得其初速度为（单位：m/s）：

甲：130.6 130.8 133.9 133.6 137.0 134.0 134.2 134.3 136.0 137.2

乙：125.5 126.5 128.1 129.0 128.9 130.0 134.1 133.6 133.0 134.5

假定发射管的初速度服从正态分布，且方差相同，这两批发射管的初速度有无差异？

12. 某销售部门欲购买一批灯泡，从两个灯泡厂的产品中各自抽取 50 个进行检验，测得第一个灯泡厂生产的灯泡的样本均值为 1282 小时，第二个灯泡厂生产的灯泡的样本平均值为 1208 小时，若假定两厂灯泡的使用寿命服从正态分布，且 $\sigma_{12} = 80^2$，$\sigma_{22} = 94^2$，是否可以认为两厂的灯泡在平均使用寿命上相同（$\alpha = 0.05$）？

13. 设从正态总体 $N(\mu, 9)$ 中抽取容量为 n 的样本 $X_1, X_2, \cdots, X_n$，n 不能超过多少，才能在 $x = 21$ 的条件下，接受 $H_0: \mu = 21.5$（$\alpha = 0.05$）？

14. 两台机床加工同一零件，它们的直径 $X \sim N(\mu_1, \sigma_2)$，$Y \sim N(\mu_2, \sigma_{22})$，现分别取 6 件和 9 件，测量直径得 $S_2 = 0.345$，$S_{22} = 0.357$，能否据此断定 $\sigma_{21} = \sigma_{22}$（$\alpha = 0.05$）？

15. 对一批成品按不重复随机抽样方法抽选 200 件，其中废品 8 件，又知道抽样单位数是成品总量的 1/20，当概率为 0.9545 时，可否认为这批产品的废品率不超过 5%？

16. 某工厂生产的铁丝抗拉力服从正态分布，且知其平均抗拉力服从正态分布，为 570 公斤，标准差为 8 公斤。现在由于原材料更换，虽然认为标准差不会有变化，但不知平均抗拉力是否与原来一样，现从生产的铁丝中抽取 10 个样品，得平均抗拉力 $\bar{x} = 575$ 公斤，能否认为平均抗拉力无显著变化（$\alpha = 0.05$）？

17. 某地区居民月收入服从正态分布，现随机抽取 10 户家庭，测得他们的月收入分别为：3640 元、2800 元、500 元、382 元、366 元、350 元、360 元、320 元、290 元、250 元，能否认为该地区居民的月收入为 920 元（$\alpha = 0.05$）？

18. 对某电池生产厂家所生产的某种型号电池进行电流强度检验，随机从中抽取 400 只电池，得平均电流强度为 5.46 安培，标准差 0.40 安培。能否认为这一批的平均电流强度不超过 5.5 安培（$\alpha = 0.05$）？

第 7 章 | 相关与回归分析

☞ **学习目标**

1. 理解相关分析与回归分析的概念、种类；
2. 熟练掌握相关系数的计算方法；
3. 熟练掌握回归分析和一元线性回归分析的方法。

客观存在的事物或现象之间是相互联系、相互影响、相互制约的。相关分析和回归分析就是从数量上研究现象之间有无关系存在，以及相互关系的密切程度，从而探求由于一个因素的变动引起另一因素平均变动的估计值。相关分析和回归分析有着密切的联系，它们不仅具有共同的研究对象，而且在具体应用时，常常必须互相补充。相关分析需要依靠回归分析来表明现象数量相关的具体形式，而回归分析则需要依靠相关分析来表明现象数量变化的相关程度。只有当变量之间存在着高度相关时，进行回归分析寻求其相关的具体形式才有意义。由于上述原因，回归分析和相关分析在一些统计学的书籍中被合称为相关关系分析。

应当指出相关分析与回归分析之间在研究目的和方法上是有明显区别的。相关分析研究变量之间相关的方向和相关的程度，但相关分析不能指出变量间相互关系的具体形式，也无法从一个变量的变化来推测另一个变量的变化情况。回归分析则是研究变量之间相互关系的具体形式，它对具有相关关系的变量之间的数量联系进行测定，确定一个相关的数学表达式，根据这个数学表达式可以从已知量来推测未知量，从而为估算和预测提供一个重要的方法。因此，相关分析可以不必确定变量中哪个是自变量，哪个是因变量，其所涉及的变量可以都是随机变量。而回归分析则必须事先研究确定具有相关关系的变量中哪个为自变量，哪个为因变量。一般来说，回归分析中因变量是随机的，而把自变量作为研究时给定的非随机变量。本章主要是了解相关与回归的概念和特点，理解直线相关和线性回归分析的一般原理和方法。

7.1 相关关系概述

7.1.1 相关关系的概念和特点

7.1.1.1 相关关系与函数关系

客观现象总是普遍联系和相互依存的。客观现象之间的数量联系存在着两种不同的类型：一种是函数关系；另一种是相关关系。

函数关系是指现象之间客观存在的、在数量变化上按一定法则严格确定的相互依存关系。在此种关系中，对于某一变量的每一个数值，都有另一个变量的确定值与之对应并且可以用一个数学表达式表达出来。例如，正方形面积(s)对于边长(a)的函数关系是$s=a^2$；商品销售额是商品销售价格与商品销售量的乘积；某种农作物总产量等于单位面积产量与种植面积的乘积，等等。这类现象的变化关系是确定的，已知某现象数值，可求解出另一现象的数值。

相关关系是指现象之间客观存在的、在数量变化上受随机因素的影响、非确定性的相互依存关系。当一个或几个相互联系的变量取一定数值时，与之相对应的另一变量的值虽然不确定，但它仍按某种规律在一定的范围内变化。变量间的这种相互关系，称为具有不确定性的相关关系。例如，劳动生产率与工资水平的关系、投资额和国民收入的关系、商品流转规模与流通费用的关系等都属于相关关系。

变量之间的函数关系和相关关系，在一定条件下是可以互相转化的。本来具有函数关系的变量，当存在观测误差时，其函数关系往往以相关的形式表现出来。而具有相关关系的变量之间的联系，如果我们对它们有了深刻的规律性认识，并且能够把影响因变量变动的因素全部纳入方程，这时的相关关系也可能转化为函数关系。另外，相关关系也具有某种变动规律性，所以，相关关系经常可以用一定的函数形式去近似地描述。客观现象的函数关系可以用数学分析的方法去研究，而研究客观现象的相关关系必须借助于统计学中的相关与回归分析方法。

7.1.1.2　相关关系的主要特点

(1)相关关系表现为数量相互依存关系。相关关系表现为数量上的相互依存关系，即一个现象在数量上发生变化，另一个现象也会相应地发生数量上的变化。例如，一定限度内，施肥量增加，粮食产量会增多；劳动生产率提高，利润额也会增多；银行利率提高，存款额会增多。这样，施肥量与粮食产量、劳动生产率与利润、银行利率与存款额间存在着相关关系。因为，这几对现象中，一个现象发生了数量上的变化，另一个现象也随之发生变化。

(2)相关关系在数量上表现为非确定性的相互依存关系。存在相关关系的两个变量，对应于一个变量的取值，另一个变量可能有多个数值与之对应。例如，对于同一个施肥量值，可能有多个单产值，同一个劳动生产率值也可能有多个利润值与之对应。这是因为，任一现象的产生，其诱发的原因是多方面的，若只研究其中一个或几个原因，对其他因素未予控制，变量间的因果关系就表现为这种非确定性的依存关系。

7.1.2　相关关系的种类

客观现象的相关关系可以按不同的标准加以区分。

(1)按相关的程度可分为完全相关、不完全相关和不相关。

当一种现象的数量变化完全由另一个现象的数量变化所确定时，称这两种现象间的关系为完全相关。例如在价格不变的条件下，某种商品的销售总额与其销售量总是成正比例关系。在这种场合，相关关系便成为函数关系。因此，也可以说函数关系是相关关系的一个特例。当两个现象彼此互不影响，其数量变化各自独立时，称为不相关现象。例如，通常认为股票价格的高低与气温的高低是不相关的。两个现象之间的关系介于完全相关和不相关之间，称为不完全相关，一般的相关现象都是指这种不完全相关。

（2）按相关的方向可分为正相关和负相关。

当一个现象的数量增加（或减少），另一个现象的数量也随之增加（或减少）时，称为正相关。例如，消费水平随收入的增加而提高。当一个现象的数量增加（或减少），而另一个现象的数量向相反方向变动时，称为负相关。例如商品流转的规模越大，流通费用水平则越低。

（3）按相关的形式可分为线性相关和非线性相关。

当两种相关现象之间的关系大致呈现为线性关系时，称之为线性相关。例如，人均消费水平与人均收入水平通常呈线性关系。如果两种相关现象之间，并不表现为直线的关系，而是近似于某种曲线方程的关系，则这种相关关系称为非线性相关。例如，产品的平均成本与产品总产量就是一种非线性相关。

（4）按所研究的变量多少可分为单相关、复相关和偏相关。

两个变量之间的相关，称为单相关。当所研究的是一个变量对两个或两个以上其他变量的相关关系时，称为复相关。例如，某种商品的需求与其价格水平以及收入水平之间的相关关系便是一种复相关。在某一现象与多种现象相关的场合，假定其他变量不变，专门考察其中两个变量的相关关系称为偏相关。例如，在假定人们的收入水平不变的条件下，某种商品的需求与其价格水平的关系就是一种偏相关。

7.1.3　相关分析的任务

相关分析的目的，就是要在错综复杂的客观现象中，通过大量观察的统计资料，探讨现象之间相互依存关系的形式和相关的密切程度，并找出合适的表达形式，为推算未知和预测未来提供数据，具体任务有以下几方面：

（1）揭示现象之间是否具有相关关系。这要从两个方面加以判断：一方面要对现象之间的联系开展理论研究，按照经济理论、专业知识和实践经验，进行定性分析和判断；另一方面要对大量的实际统计资料，通过编制相关表、绘制相关图等一系列统计分析方法，对被研究的现象变量之间是否真正存在相关关系作出统计判断。

（2）测定现象相关关系的密切程度。相关关系是一种不严格的数量关系，统计分析的任务之一就是要确定这种数量关系的密切程度，通常是计算相关系数或相关指数以反映相关关系的密切程度。

（3）构建现象相关关系数学模型。依据相关的密切程度，研究确定相关变量之间数量关系的表现形式，确立恰当的数学模型，以便对其进行回归分析。

（4）测定因变量估计值的误差程度。根据已确定的变量之间相关的直线方程或曲线方程，在给定若干个自变量值时，可求出因变量相应的估计值。一般来说，估计值与实际值是有一定出入的，相关分析要通过科学方法测定估计值与实际的误差程度，从而确认相关与回归分析的可靠性大小。

7.2 简单线性相关关系

7.2.1 相关关系的一般判断

进行相关关系分析，首先要判断现象间是否存在相关关系。判断现象间是否存在相关关系，一般是对现象进行定性分析和绘制相关图。

(1)定性分析。对现象进行定性分析，就是根据现象质的规定性，运用理论知识、专业知识、实际经验来进行判断和分析。例如，根据经济理论，来判别居民的货币收入与社会商品购买力是否存在相关关系；根据生物遗传理论，来判别父辈的身高与子辈的身高是否存在相关关系，等等。定性分析是进行相关分析的基础，在此基础上，根据需要通过编制相关表和绘制相关图来进行分析。

(2)相关表。相关表是一种反映变量之间相关关系的统计表。将某一变量按其取值的大小排列，然后再将与其相关的另一变量的对应值平行排列，便可得到简单的相关表。

[**例 7.1**]对某 10 户居民家庭的年可支配收入和消费支出进行调查，得到的原始资料见表 7-1。请编制相关表。

表 7-1　　　　　　　　　　　**居民年收入和消费水平调查资料**　　　　　　单位：千元

居民家庭编号	1	2	3	4	5	6	7	8	9	10
可支配收入	25	18	60	45	62	88	92	99	75	98
消费支出	20	15	40	30	42	60	65	70	53	78

解：根据调查原始资料，将可支配收入按从小到大顺序排列，可编制出相关表，见表 7-2。

表 7-2　　　　　　　　　　　**居民年收入和消费水平相关表**　　　　　　　单位：千元

可支配收入	18	25	45	60	62	75	88	92	98	99
消费支出	15	20	30	40	42	53	60	65	78	70

从相关表中可以看出，随着居民收入水平的提高，消费水平也相应提高，两者之间存在明显的正相关关系。

(3)相关图，也叫相关散点图。它是根据相关表中的观测数据在坐标图中所绘制的点状图形。用 x 和 y 分别代表两个变量，把相关表中的对应观测值一一描绘在坐标图中，则形成了反映相关点分布状况的图形，据此就可以观测现象间相关关系的情况，如根据表 7-2 的数据绘制的相关图见图 7-1。

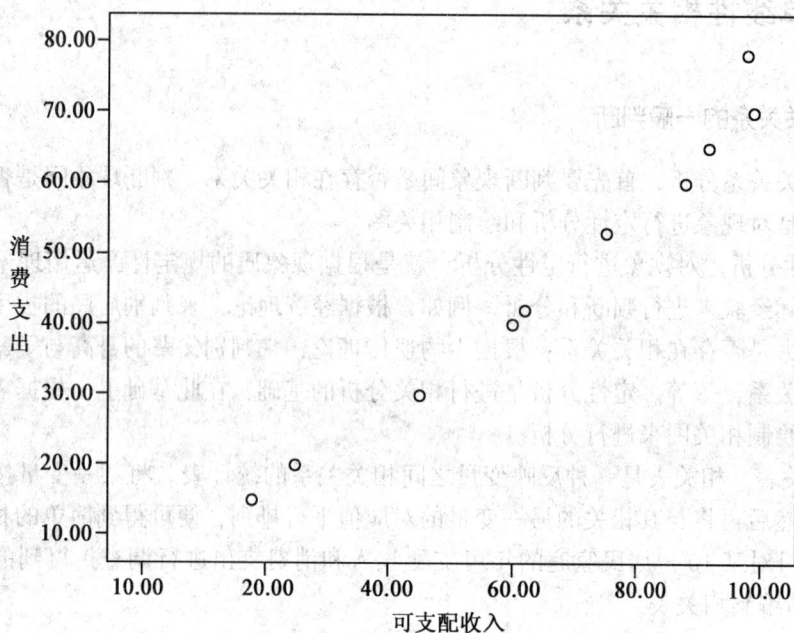

图 7-1

在相关图中，若相关点呈现出一定的规律性，如大致为一条直线，表明现象间存在相关关系，且为直线相关或曲线相关。相关点越密集，表明相关关系越密切。若相关点分布毫无规律，表明现象间无相关关系或存在低度的相关关系。社会经济现象之间的相关，多数属直线相关。因此，直线相关分析在实际中最为常用。受篇幅所限，在此只讲直线相关分析。直线相关关系的密切程度是通过直线相关系数来度量的。

7.2.2 相关系数的含义及检验

7.2.2.1 相关系数的含义

相关系数是指直线相关条件下，说明两现象之间相关关系密切程度的统计分析指标，用 r 表示。其定义公式为：

$$r = \frac{\sum (x_i - \bar{x})(y_i - \bar{y})}{\sqrt{\sum (x_i - \bar{x})^2} \sqrt{\sum (y_i - \bar{y})^2}}$$

式中，r 表示相关系数；x 表示自变量；y 表示因变量；x_i 表示自变量及其变量值；y_i 表示因变量及其变量值；$\bar{x}$ 为自变量数列的平均值；$\bar{y}$ 为因变量数列的平均值。

该公式也可写成：

$$r = \frac{\sigma^2_{xy}}{\sigma_x \sigma_y}$$

式中，r 表示简单相关系数；$\sigma_x = \sqrt{\dfrac{1}{n}\sum(x-\bar{x})^2}$ 代表自变量的标准差；$\sigma_y =$

$\sqrt{\dfrac{1}{n}\sum(y-\bar{y})^2}$ 代表因变量的标准差；$\sigma^2_{xy} = \dfrac{1}{n}\sum(x-\bar{x})(y-\bar{y})$ 代表自变量 x 与因变量 y 的协方差。

由此可知，相关系数是两个变量协方差与两个变量标准差乘积的比。

依相关系数的定义公式可知相关系数的含义如下：

(1) r 的取值范围为：$-1 \leqslant r \leqslant 1$。因为协方差的绝对值最小为 0，最大为 σ_x 和 σ_y 的乘积。

(2) r 的绝对值越接近于 1，表明相关关系越密切；越接近于 0，表明相关关系越不密切。

(3) $r=1$ 或 $r=-1$，表明两现象完全相关。

(4) $r=0$，表明两变量无直线相关关系。

(5) $r>0$，表明现象呈正直线相关；$r<0$，表明现象呈负直线相关。实际中 $|r|<0.3$ 视为无相关；$0.3 \leqslant |r| < 0.5$ 为低度相关；$0.5 \leqslant |r| < 0.8$ 为显著相关；$|r| \geqslant 0.8$ 称为高度相关。

7.2.2.2　相关系数的计算

根据相关系数的定义公式可直接计算相关系数。具体计算时，要使用相关表资料设计一个计算表，将公式中所需要的基本数据先计算出来，即需要列出 5 个计算栏：$(x-\bar{x})$，$(y-\bar{y})$，$(x-\bar{x})(y-\bar{y})$，$(x-\bar{x})^2$，$(y-\bar{y})^2$。相关系数的计算公式为：

$$r = \frac{\sum(x-\bar{x})(y-\bar{y})}{\sqrt{\sum(x-\bar{x})^2} \cdot \sqrt{\sum(y-\bar{y})^2}}$$

[例 7.2]根据表 7-2 的资料，计算居民年可支配收入(x)与消费支出(y)之间的相关系数。

解：相关系数计算表见表 7-3。

自变量数列的平均值 $\bar{x} = \dfrac{\sum x}{n} = \dfrac{662}{10} = 66.2$

因变量数列的平均值 $\bar{y} = \dfrac{\sum y}{n} = \dfrac{473}{10} = 47.3$

将表中计算结果代入公式可得：

$$r = \frac{\sum(x-\bar{x})(y-\bar{y})}{\sqrt{\sum(x-\bar{x})^2} \times \sqrt{\sum(y-\bar{y})^2}} = \frac{5620.4}{\sqrt{7831.6} \times \sqrt{4134.1}} = \frac{5620.4}{5690.6} = 0.988$$

计算结果说明居民的消费支出与可支配收入之间存在着高度的相关关系。

在 SPSS 中，相关分析主要通过【Analyze】—【Correlate】—【Bivariate】来实现，如例 7.2，在 SPSS 中录入数据，结果如表 7-4 所示。

表7-3 相关系数计算表

可支配收入（千元）x	消费支出（千元）y	$x - \bar{x}$	$y - \bar{y}$	$(x - \bar{x})^2$	$(y - \bar{y})^2$	$(x - \bar{x})(y - \bar{y})$
18	15	−48.2	−32.3	2323.24	1043.29	1556.86
25	20	−41.2	−27.3	1697.44	745.29	1124.76
45	30	−21.2	−17.3	449.44	299.29	366.76
60	40	−6.2	−7.3	38.44	53.29	45.26
62	42	−4.2	−5.3	17.64	28.09	22.26
75	53	8.8	5.7	77.44	32.49	50.16
88	60	21.8	12.7	475.24	161.29	276.86
92	65	25.8	17.7	665.64	313.29	456.66
98	78	32.8	22.7	1075.84	515.29	744.56
99	70	31.8	30.7	1011.24	942.49	976.26
662	473	—	—	7831.60	4134.10	5620.40

表7-4 Pearson 相关系数

Correlations

		可支配收入	消费支出
可支配收入	Pearson Correlation	1	.988**
	Sig. (2-tailed)		.000
	N	10	10
消费支出	Pearson Correlation	.988**	1
	Sig. (2-tailed)	.000	
	N	10	10

**. Correlation is significant at the 0.01 level(2-tailed).

表7-4 给出 Pearson 相关系数及其显著性检验结果，其相关系数为 0.988，相关系数的 Sig. 为 0，小于 0.05，说明可支配收入与消费支出的相关性是显著的。

7.3 线性回归分析

7.3.1 回归分析的概念与特点

7.3.1.1 回归分析的概念

"回归"一词是英国生物学家高尔顿（Francis Galton，1822—1911 年）首先提出的。高尔顿在研究父母亲身高和子女身高的关系时发现：身材特别高的父母所生的孩子其身材并非特别高，而身材特别矮的父母所生孩子的身材也并非特别矮，子辈身高有向父辈平均身高逼近的趋向，他把这种现象叫做"身高数值从一极端至另一极端的回归"。以后，高尔顿的学生皮尔逊(Pearson，1857—1936 年)把回归的概念同数学的方法联系起来，把代表现象之间一般数量关系的统计模型叫做回归直线或回归曲线，从此诞生了统计学中著名的回归理论。后来，回归这个词被用来泛指变量之间的一般数量关系。

现象之间的相关关系，虽然不是严格的函数关系，但现象之间的一般关系值可以通过函数关系的近似表达式来反映，这种表达式根据相关现象的实际对应资料，运用数学的方法来建立，这类数学方法称回归分析。即根据现象之间相关关系的形式，配合一条最适合的直线或曲线(本章只介绍直线)，用这条直线反映它们之间数量变化的一般关系，即当自变量发生一个量的变化时，因变量一般会(或平均会)发生多大量的变化。例如，单位面积化肥施用量增加一公斤，稻谷单产量会增产多少公斤。反映现象间相关关系数量变化规律的这条直线，就叫回归直线，表现这条回归直线的数学表达式，称直线回归模型，它是推算或预测因变量的经验数据模型。直线回归模型有一元线性回归模型(只反映两个现象之间的相关关系)和多元线性回归模型(反映三个或三个以上现象之间的相关关系)。本章仅讨论一元线性回归模型。

7.3.1.2　回归分析的特点

(1)回归分析的两个变量是非对等关系。相关分析中，相关关系的两个变量是对等的，不必区分哪一个是自变量，哪一个是因变量。而回归分析中，两个变量是因果关系，需要确定哪个是因变量，哪个是自变量。自变量、因变量不同，所得出的分析结果也不同。

(2 回归分析中，因变量是随机变量，自变量是可控制变量。在回归分析中，可依研究的目的分别建立 y 对于 x 的回归方程或 x 对于 y 的回归方程；而相关分析中，被研究的两个变量都是随机变量，它只能计算出反映两个变量之间相关密切程度的一个统计分析指标——相关系数。

(3)相关分析是回归分析的基础，回归分析是相关分析的深入和继续。只有当两个变量间存在高度相关时，进行回归分析才有意义。

7.3.1.3　回归分析的内容

回归分析是指将具有相关关系的现象的变量转变为函数关系，并建立变量关系的数学表达式，来研究变量之间数量变动关系的统计分析方法。具体内容包括两个方面：

(1)确定现象之间相关关系的数学模型。

回归分析的目的之一就是根据一个现象的变动对另一现象的变动作出数量上的判断，测定变量间的一般数量变化关系。即建立描述现象间相关关系的数学模型——回归方程，用函数关系式近似地表现相关关系，进而找出现象间相互依存关系数量上的规律性，作为判断、推算、预测的根据。

(2)测定数学模型的拟合精度。

数学模型是现象间相关与回归关系的数量描述形式，模型拟合的精度，直接影响着统计分析结论的准确性。因此，在模型建立后，需要对其精度进行检验。统计上一般通过计算估计标准误差来测定。估计标准误差小，说明模型的拟合精度高，从而进行统计分析结论的可靠性就大；反之，估计标准误差大，说明模型的拟合精度低，则统计分析结论的可靠性就低。

7.3.2 一元线性回归模型

一元线性回归模型是用来进行两个变量间回归分析的。回归分析的重要内容之一，就是根据变量观测值构建回归直线方程，对现象间存在的一般数量关系进行描述。

7.3.2.1 构建回归模型应具备的条件

(1)现象间确实存在数量上的相互依存关系。只有当两个变量存在高度密切的相关关系时，所构建的回归模型才有意义，用其进行分析和预测才有价值。

(2)现象间存在直线相关关系。一元线性回归方程在图形上表现为一条直线，因此，只有当两个变量的相关关系表现为直线相关时，所配合的直线方程才是对客观现象的真实描述，才可用来进行统计分析。如果现象间的相关关系表现为曲线，却配合为一条直线，这必然会得出错误的分析结论。实际中，一般是借助散点图来判定现象是否呈直线相关。

(3)具备一定数量的变量观测值。回归直线方程是根据自变量和因变量的样本观测值求得的，因此，变量 x 和变量 y 两者应有一定的数量的对应观测值，这是构建直线方程的依据。如果观测太少，受随机因素的影响较大，就不易观察现象间的变动规律性，所求出的直线回归方程也就没有多大意义了。

7.3.2.2 直线回归方程的求法

直线回归方程又称一元一次线性回归方程，若以 x 表示自变量，y 表示因变量，则其基本形式为：

$$\hat{y} = a + bx$$

式中：$\hat{y}$ 为回归估计值。

模型中的参数 a、b 与直线趋势方程相同，通常用最小平方法来求。最小平方法的数学出发点是：

$$\sum (y - \hat{y})^2 = 最小值 \qquad \sum (y - a - bx)^2 = 最小值$$

令 $G(a, b) = \sum (y - a - bx)^2$，根据高等数学中求极值的原理：

$$\frac{\partial G}{\partial a} = 0 \qquad \frac{\partial G}{\partial b} = 0$$

$$\begin{cases} \sum 2(y - a - bx)(-1) = 0 \\ \sum 2(y - a - bx)(-x) = 0 \end{cases}$$

即：

$$\begin{cases} \sum y = na + b \sum x \\ \sum xy = a \sum x + b \sum x^2 \end{cases}$$

这就是求解参数 a、b 的二元一次方程组。解之即求得 a、b 的公式如下：

$$\begin{cases} b = \dfrac{n\sum xy - \sum x \sum y}{n\sum x^2 - \left(\sum x\right)^2} \\[4mm] a = \dfrac{\sum y}{n} - \dfrac{b\sum x}{n} = \bar{y} - b\bar{x} \end{cases}$$

这里，b 为回归系数，它表示自变量 x 每增加一个单位时，因变量 y 的平均增减量，$b > 0$ 为增量，$b < 0$ 为减量。b 的符号与相关系数 r 的符号一致。若 $r > 0$，则 $b > 0$，变量呈正相关；若 $r < 0$，则 $b < 0$，变量呈负相关。

[**例7.3**]某公司连续 10 年每年广告费与年销售收入的数据见表 7-5，请建立回归方程。

表 7-5　　　　　　　　　　　某公司 A 产品广告费与销售收入相关表

年份	2005	2006	2007	2008	2009	2010	2011	2012	2013	2014
年广告费(万元)	2	2	3	4	5	6	6	6	7	7
年销售收入(万元)	50	51	52	53	53	54	55	56	56	57

解：设年广告费为自变量 x，年销售收入因变量 y，则有：

$$y = a + bx$$

一元线性回归方程计算表见表 7-6。

表 7-6　　　　　　　　　　　　　一元线性回归方程计算表

年份	年广告费 (万元)x	年销售收入 (万元)y	x^2	y^2	xy
2005	2	50	4	2500	100
2006	2	51	4	2601	102
2007	3	52	9	2704	156
2008	4	53	16	2809	212
2009	5	53	25	2809	265
2010	6	54	36	2916	324
2011	6	55	36	3025	330
2012	6	56	36	3136	336
2013	7	56	49	3136	392
2014	7	57	49	3249	399
合计	48	537	264	28885	2616

依据表 7-6 数据可得：

$$b = \frac{\sum\limits_{i=1}^{n} x_i y_i - \dfrac{1}{n}\sum\limits_{i=1}^{n} x_i \sum\limits_{i=1}^{n} y_i}{\sum\limits_{i=1}^{n} x_i^2 - \dfrac{1}{n}\left(\sum\limits_{i=1}^{n} x_i\right)^2} = \frac{2616 - \dfrac{1}{10} \times 48 \times 537}{264 - \dfrac{1}{10} \times 48^2} \approx 1.1429$$

$$a = \frac{\sum_{i=1}^{n} y_i - b \sum_{i=1}^{n} x_i}{n} = \frac{537 - 1.14286 \times 48}{10} \approx 48.2143$$

一元线性回归方程为：$y = 48.2143 + 1.1429x$

方程中 $a = 48.2143$ 为初始水平，$b = 1.1429$ 为回归系数。方程表明年广告费每增加 1 万元，年销售收入将会增加 1.1429 万元。

在 SPSS 中，相关分析主要通过【Analyze】—【Regression】—【Linear】来实现，如例 7.3，在 SPSS 中录入数据，结果见表 7-7。

表 7-7　　　　　　　　　　　　　回归分析结果

Coefficients

Model		Unstandardized Coefficients		Standardized Coefficients	t	Sig.
		B	Std. Error	Beta		
1	（Constant）	48.214	.643		74.942	.000
	年广告费	1.143	.125	.955	9.127	.000

a. Dependent Variable：年销售收入

据表 7-7，例 7.3 的结果为：$y = 48.214 + 1.143x$

同理，用例 7.3 也可做变量的相关分析，录入数据，结果见表 7-8。

表 7-8　　　　　　　　　　　　**Pearson 相关系数**

		年广告费	年销售收入
年广告费	Pearson Correlation	1	.955**
	Sig. (2-tailed)		.000
	N	10	10
年销售收入	Pearson Correlation	.955**	1
	Sig. (2-tailed)	.000	
	N	10	10

**. Correlation is significant at the 0.01 level(2-tailed).

表 7-8 给出 Pearson 相关系数及其显著性检验结果，相关系数为 0.955，相关系数的 Sig. 为 0，小于 0.05，说明年广告费与年销售收入的相关性是显著的。

7.3.3　一元回归模型的检验

7.3.3.1　相关系数及其显著性检验

一般来说，相关系数可以反映自变量 x 和因变量 y 之间的线性相关程度，相关系数 r

的绝对值越接近于 1，则 x 与 y 之间的线性关系越密切。相关系数通常是根据总体的样本数据计算得出，带有一定的随机性，会出现误差，因而有必要对相关系数进行显著性检验，以此来说明建立的回归模型有无实际意义。

为保证回归方程具有最低的线性关系，人们将相关系数 r 的临界值列成专门的表，即相关系数检验表。按给定的显著性水平 α 值以及自由度 n，查相关系数检验表，即可找到对应的 r 的最低临界值 r_α，据此就可以判断线性关系是否成立。在社会经济现象中显著性水平 α 通常取 0.05(95%以上建立的回归模型方才可靠、精确)。自由度指的是样本容量 n 与回归模型中待定参数的个数 m 之间的差，即自由度 $= n - m$。如例 7.3 中样本容量 $n = 10$，回归模型中待定参数个数 $m = 2$，则自由度 $= n - m = 10 - 2 = 8$。若 $|r| \geqslant r_{\alpha(n-m)}$，表明在显著性水平 α 条件下，变量间的线性关系是显著的，建立的回归方程是有意义的；若 $|r| < r_{\alpha(n-m)}$，表明在显著性水平 α 条件下变量间的线性关系不显著，建立的回归模型实际意义待定。

[**例 7.4**]依据例 7.3 的资料，对 A 产品年广告费及年销售收入的相关关系进行显著性检验。

解：由表 7-8 可知，$r = 0.955$，自由度 $= n - m = 10 - 2 = 8$，给定 $\alpha = 0.05$，查相关系数检验表得 $r_{0.05(10-2)} = 0.6319$。$r > r_{0.05(10-2)}$，表明有 95% 的概率保证 A 产品年广告费与年销售收入之间具有线性相关关系，所建立的回归方程 $y = 48.2143 + 1.1429x$ 是有意义的。

7.3.3.2　估计标准误差检验

估计标准误差也称为估计标准差或估计标准误，是残差平方和的算术平均数的平方根，用 S_y 表示。其计算公式为：

$$S_y = \sqrt{\frac{\sum_{i=1}^{n} e_i^2}{n - m}}$$

式中，S_y 代表估计标准误差；e_i 代表估计残差(实际值与估计值之差)；n 代表样本容量；m 代表回归模型中待定参数的个数；$\sum_{i=1}^{n} e_i^2 = \sum_{i=1}^{n} (y_i - \hat{y})^2 = \sum_{i=1}^{n} (y_i - a - bx_i)^2$。

残差平方和可以反映出实际值与回归直线的离散程度，而计算其平均数，可以消除求和项数对残差平方和的影响。因而，在此基础上计算出的估计标准误差更能反映出实际值与回归直线的平均离散程度。估计标准差是一项误差分析指标，用于判断回归模型拟合的优劣程度。

上式计算估计标准差较繁琐，可以采用简捷计算方法计算估计标准差。其简捷计算公式为：

$$S_y = \sqrt{\frac{\sum_{i=1}^{n} y_i^2 - a \sum_{i=1}^{n} y_i - b \sum_{i=1}^{n} x_i y_i}{n - m}}$$

[**例 7.5**]运用表 7-6 中的数据计算估计标准差。

解：由表 7-6 可知，$\sum_{i=1}^{n} y_i^2 = 28885$，$a = 48.2143$，$b = 1.1429$，$\sum_{i=1}^{n} y_i = 537$，$n = 10$，

$m = 2$，$\sum_{i=1}^{n} x_i y_i = 2616$，则用简捷公式计算估计标准差：

$$S_y = \sqrt{\frac{28885 - 48.2143 \times 537 - 1.1429 \times 2616}{10 - 2}} = 0.7154$$

S_y 越大，实际值与回归直线的离散程度越大；反之，S_y 越小，实际值与回归直线的离散程度越小。一般要求 $\frac{S_y}{\bar{y}} < 15\%$。

运用上述两种公式计算出的估计标准差从理论上说应该是相等的，但在实际计算过程中，由于回归方程的待定系数 a 和 b 也是利用公式计算出来的，在计算的过程中通常会涉及四舍五入的情况，所以两种计算公式的结果会出现不一致，但其偏差往往很小，不会影响对问题的分析。

上例中 $S_y = 0.7154$，$\bar{y} = 53.7$，$\frac{S_y}{\bar{y}} = \frac{0.7154}{53.7} = 0.0133$。

由此可见，一元线性回归方程 $y = 48.2143 + 1.1429x$ 的精度较好。

7.3.3.3 运用模型进行预测

一元线性回归模型通过上述检验，若其精度较好，拟合度优，即可用其进行预测。如例 7.3 中一元线性回归方程 $y = 48.2143 + 1.1429x$，若 2015 年 A 产品广告费为 8 万元，将 $x = 8$ 代入回归方程中，则 2015 年销售收入预测值为：

$y = 48.2143 + 1.1429 \times 8 = 57.3575$（万元）

由于实际计算中不可避免会出现误差，预测值应该是在一定的范围之内的一个数值，而不是一个确定值。因此，除了测算一个数值点外，还应测算预测值可能产生的范围，即测算其置信区间。上述预测只测算了一个数值点，假定其他因素不变，$S_y = 0.7154$，置信度为 95%（$F_{(t)} = 95\%$），查正态分布概率表，$F(t) = 95\%$，$t = 1.96$，则 A 产品 2015 年估计销售收入为：$\hat{y} = 57.3575 \pm 1.96 \times 0.7154$，即 A 产品年广告费为 8 万元时，其年销售收入在 55.9553 万 ~58.7597 万元。

7.3.3.4 应用相关分析与回归分析应注意的问题

相关分析与回归分析都是重要的统计分析方法，在统计学知识体系中占有重要的地位。它们对于人们加深现象间相互依存关系的认识，促使这种认识由定性阶段进入定量阶段都具有重要意义。但是，应该看到，相关分析和回归分析与其他统计方法一样，也有自己的局限性，因此，在实践中应注意如下几方面的问题：

(1) 注意定性分析与定量分析的结合。

相关分析是分析社会经济现象之间相关关系的，相关系数的计算、回归方程的建立都是基于现象间所固有的客观联系之上的。而现象之间是否一定存在相关关系，主要是靠定性分析，即依据社会经济理论、专业知识、实际经验对事物进行分析来判定的。不通过定性分析，直接根据样本观测数据进行量化分析、构建模型，有时就可能得出错误的结论。因为任何两列数据，即使是毫不相关的两个现象，都可以计算出相关系数，构建出回归模型。因此，相关分析中的一切量化分析都应建立在定性分析基础之上。

（2）注意客观现象质的规定性。

现象间所存在的相互依存关系都是有一定数量界限的。例如，一般来说，施肥量越多，粮食产量越高，但是超过一定的限度，施肥量增加，粮食产量可能反而下降。同样，固定资产投资与国民经济发展速度的关系也是有一个数量界限的。也就是说，某些现象之间的相关关系在一定的限度内是正相关，而超过某一界限，则可能是负相关，在一定限度内是直线相关，而在另一界限内可能是曲线相关。如果进行统计分析时不加区别，不注意现象间质的数量界限，就可能影响统计分析结论的可信度。

（3）注意社会经济现象的复杂性。

客观社会经济现象间彼此有着千丝万缕的联系，某一现象发生的原因，有可能是另一现象出现的结果。而且，有时某一事件的出现可能导致诸多事件的发生，产生一系列的连锁反应。因此，进行统计分析时，要充分考虑现象间的复杂性，注意偶然和个别因素的影响，这样才能保证统计分析的质量。

（4）注意对相关系数和回归直线方程的有效性进行检验。

应该注意，相关分析中所得出的回归系数、回归直线方程、估计标准误差等都是根据样本数据求得的，但所作的结论却是对总体的。例如，由 30 个人的身高与体重值计算出相关系数为 0.95，所作出的结论并不是说 30 个人的身高与体重存在着相关关系，而是说人的身高与体重具有相关关系。显然，这里存在一个由样本代表总体的问题。因此，使用相关系数、回归模型进行统计分析时，要对其有效性进行检验。

本章附录　SPSS 软件的使用

1. 相关分析

第一步：建立数据文件。定义变量名：居民年可支配收入为 x，消费支出为 y，按顺序输入相应数据。

第二步：选择菜单【Analyze】—【Correlate】—【Bivariate】，弹出【Bivariate Correlation】对话框。在对话框左侧的变量列表中选 x、y，使之进入【Variable】中；再在【Correlation Coefficients】中选择 Pearson 相关系数（r）；在【Test of Significance】中选相关系数的【Two-tailed】（双侧）检验。选中复选框【Flag Significant Correlations】设置是否突出显示显著相关。

第三步：单击【Options】按钮，弹出【Bivariate Correlation：Options】对话框，选择【Means and Standard Deviations】和【Cross-product Deviations and Covariances】项，输出 x、y 的均数与标准差以及 xy 交叉乘积的标准差与协方差。

第四步：单击【OK】，得到输出结果。

2. 线性回归分析

第一步：建立数据文件。定义变量名：年销售收入为 y，广告费为 x，输入原始数据。

第二步：选择菜单【Analyze】—【Regression】—【Linear】，弹出【Linear Regression】对话框。从对话框左侧的变量列表中选择变量 y，使之进入【Dependent】框，选择变量 x，进入

【Indepentdent(s)】框；点击【Method】，选用 Enter 法。

第三步：单击【Statistics】选择是否作变量的描述性统计、回归方程应变量的可信区间估计等分析；单击【Plots】选择对标准化 y 预测值作变量分布图；单击【Save】选择对根据所确定的回归方程求得的未校正 y 预测值和标准化 y 预测值作保存；单击【Options】选择变量入选与剔除 α、β 值和缺失值的处理方法。

第四步：单击【OK】完成设置，得到输出结果。

◎ 习题

1. 什么是相关关系？它和函数关系有什么不同？

2. 简述相关分析和回归分析关系。

3. 什么是正相关和负相关？举例说明。

4. 构造直线回归模型应具备哪些条件？

5. 什么是估计标准误差？其作用如何？

6. 应用相关与回归分析应注意哪些问题？

7. 有 10 个同类企业的生产性固定资产年平均价值和工业总产值资料如下：

企 业 编 号	生产性固定资产价值(万元)	工业总产值(万元)
1	318	524
2	910	1019
3	200	638
4	409	815
5	415	913
6	502	928
7	314	605
8	1210	1516
9	1022	1219
10	1225	1624
合计	6525	9801

(1) 说明两个变量之间的相关方向；

(2) 建立直线回归方程；

(3) 计算估计标准误差；

(4) 估计生产性固定资产(自变量)为 1100 万元时总产值(因变量)的可能值。

8. 检查 5 位同学统计学的学习时间与成绩分数见下表：

每周学习时数	学习成绩
4	40
6	60
7	50
10	70
13	90

(1) 计算学习时数与学习成绩之间的相关系数；

(2) 建立直线回归方程；

(3) 计算估计标准误差。

9. 某种产品的产量与单位在成本的资料如下：

产量(千件)x	2	3	4	3	4	5
单位成本(元/件)y	73	72	71	73	69	68

(1) 计算相关系数 r，判断其相关议程和程度；

(2) 建立直线回归方程；

(3) 指出产量每增加 1000 件时，单位成本平均下降了多少元。

10. 某地高校教育经费(x)与高校学生人数(y)连续 6 年的统计资料如下：

教育经费(万元)x	316	343	373	393	418	455
在校学生数(万人)y	11	16	18	20	22	25

(1) 建立直线回归方程，估计教育经费为 500 万元的在校学生数；

(2) 计算估计标准误差。

第8章 | 质量管理中的统计应用

☞ 学习目标

1. 掌握各种控制图的绘制方法；
2. 理解特定的数据选择合适的控制图来分析；
3. 了解戴明质量管理 14 点；
4. 理解六西格玛的基本思想。

8.1 理解过程

只是了解一些统计工具和方法并不够，我们必须了解统计科学在管理决策中所扮演的重要角色。管理者需要用统计方法进行思考。统计思考是基于以下原则的学习和行动哲学：

(1)所有的工作发生在由相互联系的过程组成的系统中。

(2)变异存在于所有的过程中。

(3)了解和减少变异是成功的关键。

把工作看成过程，我们就可以运用统计工具建立一致的、可预测的过程群，研究它们，提升它们。变异无处不在，但是管理者在进行商业决策前大多未对此进行计量，这样，他们经常被一些由共同或特殊原因引起的变异搅得糊里糊涂也就不足为奇了。在我们致力于减少变异之前，必须理解变异的本质。

任何生产过程都有变异源，如图 8-1 所示。不同批次的材料在强度、厚度、湿度方面都有不同。切割工具在强度和成分方面存在内在变异。制造过程中，工具会被磨损，震动会引起机器设置发生变化，电压波动会使动力产生变异。操作工人无法确保每次都将零部件一模一样地放入工作夹具内，身体和情绪的压力也会影响工人操作的一致性。另外，测量量具和人的监测能力也不能确保始终如一。当使用同一测量设备测量几个项目得到的测量值相同时，并不一定代表这几个项目完全相等，有可能是因为测量设备精度不够。当精度足够时，总能看到它们之间细微的差别。

存在于材料、工具、设备、操作人员和环境中的种种变异之间发生着复杂的、难以理解的相互作用。产生于任何单个变异源的变异看起来是随机的，单个变异源难以被识别和解释，但是这些变异源共同发生作用时，它们的作用通常是稳定的，且能通过统计进行预

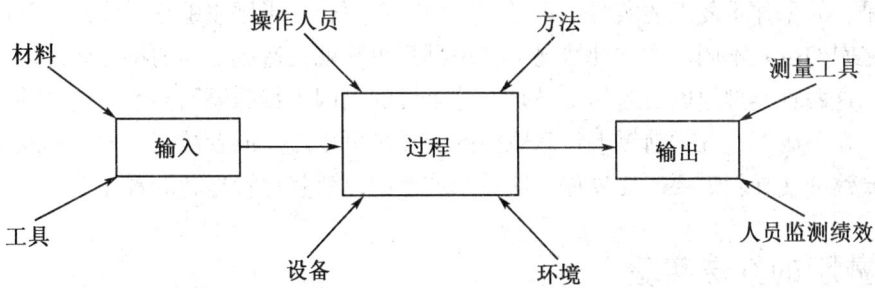

图 8-1　生产过程的变异源

测。这些因素作为过程的本质部分而存在，是变异产生的一般性原因。产品和生产系统的设计决定了一般性原因（common causes）。由一般性原因产生的变异通常占生产过程产出的变异的 80%～95%。因此，要减少一般性变异只能通过产品重新设计，或采用更好的技术和培训。例如，威尔逊体育用品公司（Wilson Sporting Goods）了解到高尔夫球细微的不规则会使得重心偏离球心，导致球无法笔直滚动。对于高质量的球，大概每 12 个球会有不到 1 个球存在这种问题。威尔逊公司采用一种命名为真球的新设计方案，新球的核更轻而外壳更重，因而有效解决了细微不规则导致的重心偏离问题。让我们再看一个过程中一般性原因变异的例子，假设要把木板切成精确的 55 英寸长。如果只提供给工人一把手锯、一张桌子、一把 12 英寸的尺子，那么这位工人不管是男还是女，无论如何都无法可靠地切出这个精确的长度，可测变异将显著存在。但是，假设现在提供的是一把 60 英寸的金属测量卷尺、一个机器夹具用于固定木板、一把电动锯，工人们也接受了如何使用这些工具的培训。很明显，这个系统的产出将较前面的变异更小，质量更稳定。

生产过程的其他变异是由特殊原因（special causes）引起的，称为变异的可归因原因（assignable causes）。特殊原因是由不属于过程固有的外部源引起的。它们表现出偶发性，并且破坏了一般性原因的随机范式，因此，使用统计方法可以很容易区分它们，纠正的方法通常也很经济。例如，一个负责切割木板的工人可能因为主管的批评而心烦意乱，在切割前标示不正确，导致随后几块木板都切短 1 英寸。引起特殊原因的一般因素有：供应商提供的不合格材料、未经训练的临时机器操作人员、磨损或故障工具、未校准的测量器具等。由类似这些孤立的原因造成的非正常变异可以被解释和纠正。

只是由一般性原因影响的系统称为稳定系统。理解稳定系统以及变异的特殊原因和一般原因的差异，对于管理任何系统而言都是至关重要的。

沃尔特·休哈特在 80 多年前发明的一个小实验，可以有助于我们理解特殊原因和一般原因引起的变异的区别。该实验需要你在一张白纸上不断地重复写字母 A：

AAAAAAAAAAAAAAAAAAAAAAAAAAAAAAAAAAAAAAAAA

当你这样做时，你很快就会注意到所有的 A 是相似的但不完全相同。另外，你可以注意到各个字母之间的大小也会有所不同，这种不同就是由于一般原因引起的，因为没有说明特殊的原因导致字母 A 之间大小不同。也许你会解释为什么最大的 A 要比最小的 A

大，但是几乎可以肯定这类差异是由于一般原因引起的变异。

但是，如果你重复上述实验，不过一半用右手写，一半用左手写，你几乎可以立刻发现两者之间的巨大不同。在这种情况下，用哪只手写就是造成变异的特殊原因。

区别这两种类型原因引起的变异是十分重要的，因为特殊原因导致的变异并不是过程固有的，在不改变过程的前提下特殊原因的变异是可以改变或者被利用的。相反，改变一般原因导致的变异就需要改变过程，这类系统性的改变就是管理者的责任。

8.2 戴明的红珠实验

为了加深对一般原因和特殊原因导致的变异的理解，我们将介绍一个著名的实验，即红珠实验。戴明用这个简单却很有说服力的实验教育人们如何进行统计思考。

实验过程如下：

领班(戴明)先选几位志愿者：6 位扮演工人，1 位扮演记录员，2 位扮演检查员，1 位扮演首席检查员。实验使用的材料包括 4000 颗木质珠子，800 颗是红色的，3200 颗是白色的；两个塑料箱，其中一个比另一个稍微小一点；一把铲子，上面有 50 个低凹处，用来铲起 50 颗珠子，珠子是用来描述工作量的。在这个实验中，公司为客户"生产"珠子。不过客户只要白珠，不接受红珠。领班告诉大家，每个人都要当三天学徒练习这份工作。在当学徒期间，工人们允许提问题。但是一旦生产正式开始，就不准再提问题。整个过程非常严格。过程开始后就不允许离开，这样避免绩效产生变异。领班告诉这些工人他们的工作取决于绩效，如果他们被解雇了，其他人将接替他们的位置，而且不准他们辞职。

这家公司的工作是标准化的，领班解释说，每天生产 50 颗珠子。生产过程很简单：混合原材料，将它们倒入小箱子。重复这个程序，再将珠子从小箱子倒入大箱子。然后抓紧铲子，将其插入珠子堆。以 44 度角举起铲子，这样每个低凹处都可以盛放一颗珠子。两位检查员分别对珠子的数量计数并记录。首席检查员负责检查计数情况并宣布结果，记录员负责记录。然后首席检查员宣布解散。当所有 6 位志愿者工人完成当天的任务时，由领班评估结果。

图 8-2 显示了用质量游戏箱计算机仿真软件模拟的第一天的生产结果。领班非常失望。他提醒这些工人，他们的工作是制造白珠，而不是红珠。公司是一个价值系统，它只奖励好的业绩。马蒂做得最好，只制造了 7 颗红珠，他的薪水应得到提升。数据是不会撒谎的，马蒂是最佳工人！丹尼斯制造了 14 颗红珠。尽管谁都喜欢丹尼斯，但是他必须被留用察看。随后，领班宣布设置每位工人每天生产不超过 7 颗红珠的管理目标。为什么其他人不可以像马蒂一样优秀呢？

图 8-3 显示的是第二天累计的结果。经过两天，杰夫生产了 23 颗红珠，戴夫 24 颗，汤姆 20 颗，丹尼斯 21 颗，马蒂 17 颗，安 23 颗(第二天的结果为：杰夫生产 13 颗，戴夫 13 颗，汤姆 9 颗，丹尼斯 7 颗，马蒂 10 颗，安 12 颗)。整体业绩都不好。检查员检查得很仔细。领班再次提醒大家，他们的工作取决于业绩。马蒂很令人失望，他浪费的价值显而易见大大增加了。领班罚他站在大家面前。丹尼斯的业绩明显提升。看来留用察看和将

```
               珠箱
             质量游戏箱
            PQ系统公司
    红珠所占的百分比=20
    工人  轮次  红珠个数  百分比
    杰夫    1     10      0.200
    戴夫    1     11      0.220
    汤姆    1     11      0.220
    丹尼斯  1     14      0.280
    马蒂    1      7      0.140
    安      1     11      0.220
        ┌──────────────────┐
        │        统计       │
        │     pbar=0.21     │
        │  UCL=0.39  LCL=0.04│
        │ p-p-chart,<Enter>-continue│
        └──────────────────┘
```

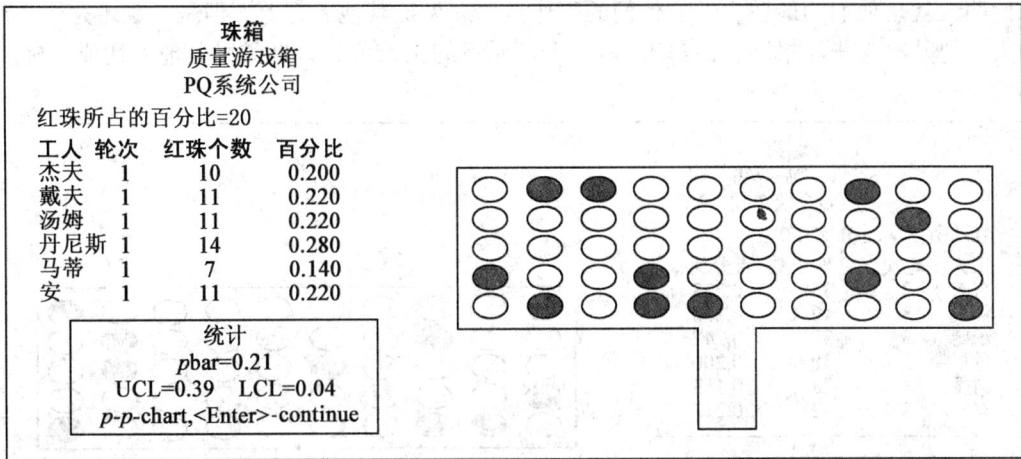

注：图中铲显示的是最后一位叫安的工人的结果，下同。

图 8-2　第一天的生产结果

失去工作的威胁帮助他成为好工人——只有 7 颗红珠，错误率降低了 50%！他达成了目标。如果丹尼斯能做到，每个人都能。丹尼斯受到了领班的大力表扬。

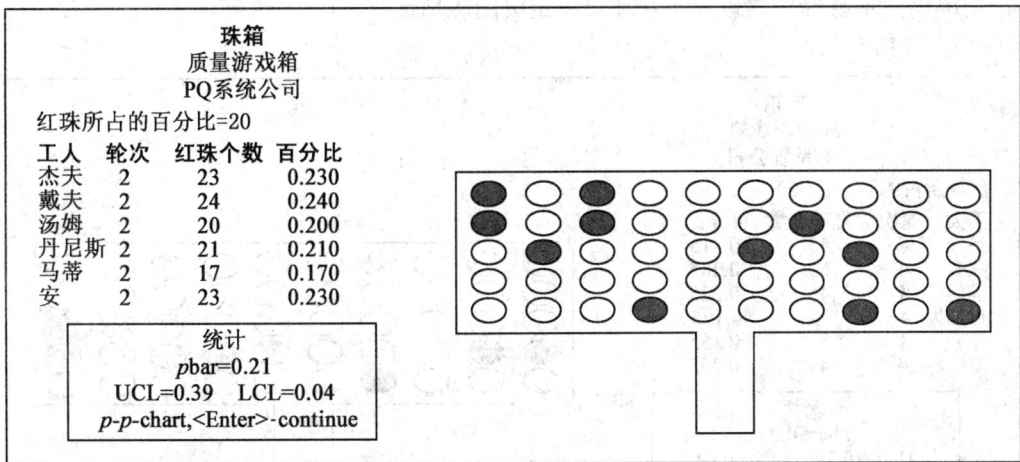

```
               珠箱
             质量游戏箱
            PQ系统公司
    红珠所占的百分比=20
    工人  轮次  红珠个数  百分比
    杰夫    2     23      0.230
    戴夫    2     24      0.240
    汤姆    2     20      0.200
    丹尼斯  2     21      0.210
    马蒂    2     17      0.170
    安      2     23      0.230
        ┌──────────────────┐
        │        统计       │
        │     pbar=0.21     │
        │  UCL=0.39  LCL=0.04│
        │ p-p-chart,<Enter>-continue│
        └──────────────────┘
```

图 8-3　第二天累计的结果

第三天伊始，管理层宣布当天是零缺陷天。每个人都必须在实习程序的最后一天尽自己最大的努力工作。领班看起来准备拼命了，他再次告诫工人做好自己的工作是职责所在。从图 8-4 中，我们可以得出当天的生产结果(将第三天累计的数字减去第二天累计的数字)，杰夫 12 颗红珠，戴夫 18 颗，汤姆 17 颗，丹尼斯 9 颗，马蒂 6 颗，安 11 颗。很明显，马蒂从昨天的失败中吸取了教训，但是整个团队的业绩仍然不好。管理层对这样的结果深表失望。零缺陷天的活动没能够提升质量。事实上，当天的红珠比前两天更多。成本完全失去控制，看来要探讨是否关闭整个工厂了。戴夫和汤姆收到粉红色的告示，通知他们明天就是他们的最后一天。他们的工作显而易见比其他人都差。但是，领班是个乐观的人，他贴出一张海报，上面写着"做一个高质量的工人！"，以此鼓励其他人达成目标。

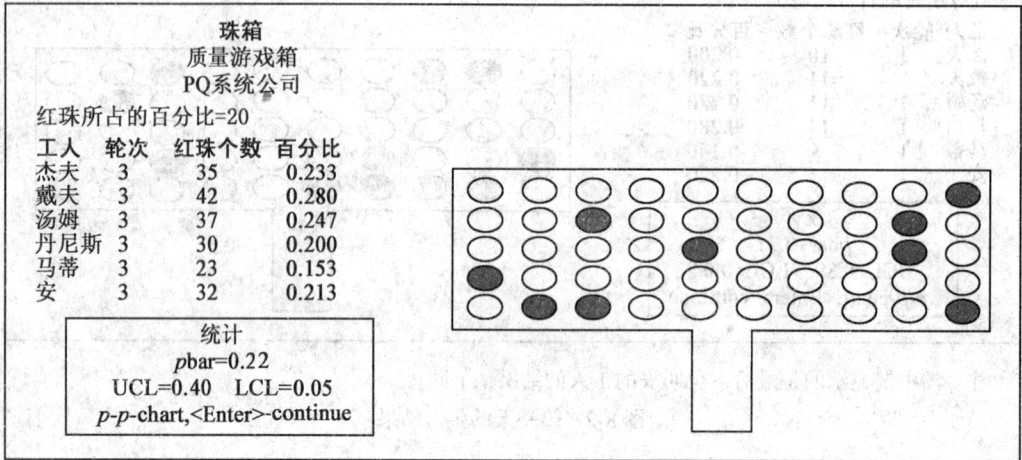

珠箱
质量游戏箱
PQ系统公司

红珠所占的百分比=20

工人	轮次	红珠个数	百分比
杰夫	3	35	0.233
戴夫	3	42	0.280
汤姆	3	37	0.247
丹尼斯	3	30	0.200
马蒂	3	23	0.153
安	3	32	0.213

统计
$p$bar=0.22
UCL=0.40　LCL=0.05
p-p-chart,<Enter>-continue

图 8-4　第三天累计的结果

第四天的情况见图 8-5，我们发现 6 位工人生产的红珠分别是 8、11、8、9、8 和 9。生产情况仍然不够好。领班宣布管理层决定关闭工厂。

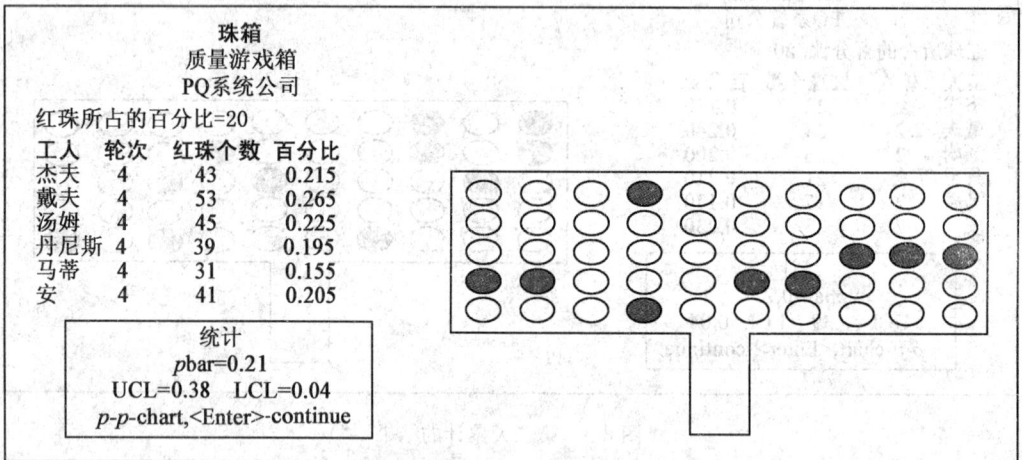

珠箱
质量游戏箱
PQ系统公司

红珠所占的百分比=20

工人	轮次	红珠个数	百分比
杰夫	4	43	0.215
戴夫	4	53	0.265
汤姆	4	45	0.225
丹尼斯	4	39	0.195
马蒂	4	31	0.155
安	4	41	0.205

统计
$p$bar=0.21
UCL=0.38　LCL=0.04
p-p-chart,<Enter>-continue

图 8-5　第四天累计的结果

红珠实验为经理们提供了以下重要的启示：

（1）变异存在于系统内部，如果变异是稳定的，就可以被预测。如果我们画出每天每个工人生产的红珠个数图，就能清楚地观察到变异。图 8-6 就是四天来红珠的数量走势图。所有的点都在整体平均值 0.21 上下波动，波动区间为 0.10~0.40。变异的统计界限为(0.04~0.38)，说明如果系统是稳定的，则结果将落在这个界限之内。本实验变异情况显示，珠子生产系统确实是稳定的，也就是说，变异来自一般性原因。尽管我们无法具体预测每一铲会有多少红珠，但可以对系统整体进行统计描述。

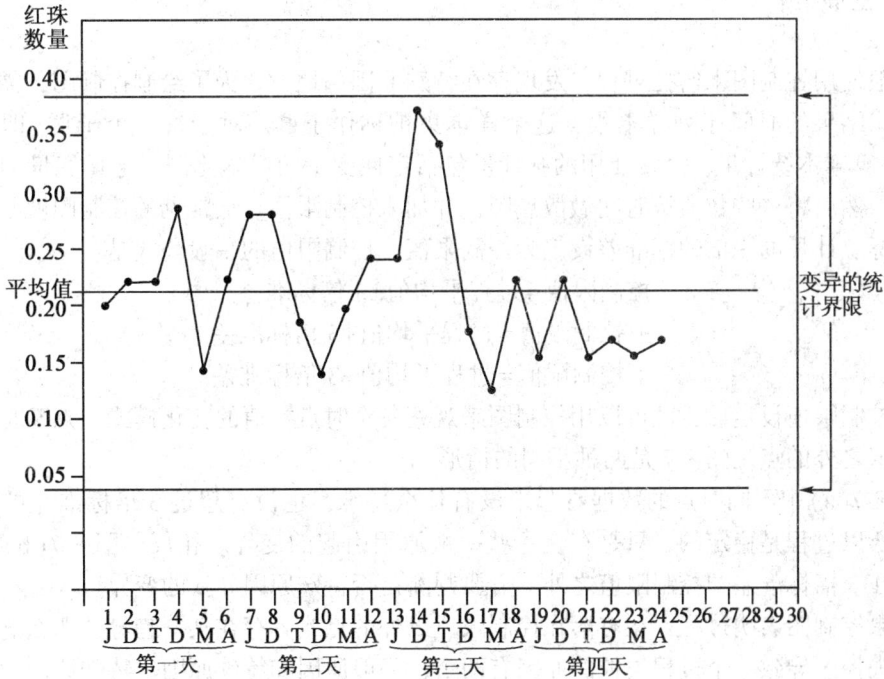

图 8-6　生产的红珠数量走势图

（2）红珠生产的所有变异，每天、每个志愿者工人生产的变异，完全来自过程本身。在这个实验中，戴明通过深思熟虑的设计消除了经理们通常认为最显著影响变异的因素：人的因素。每个工人都基本一样，没有证据表明任何一个人胜过别人。他们无法控制生产出的红珠数量，也无法比系统允许的做得更好。不管是激励也罢，威胁也罢，都对结果没有影响。遗憾的是，很多经理坚信所有的变异都是可以控制的，他们总是责备那些对此无能为力的下属。

（3）量化的目标通常毫无意义。执行按价值付酬和让业绩不好的工人留用察看的领班，假设他确实是按业绩进行奖惩，那么他奖励和惩罚的其实是过程的绩效，并非工人的绩效。武断的排名或随意评价人员只能令士气消沉，当工人无法影响产出时更是如此。不管目标是什么，它对实际生产红珠的数量都不会有任何影响。反复告诫工人要"尽自己的最大努力"的方式只能让工人备感沮丧。管理层没有任何根据假定过去表现最好的志愿者工人，未来依然表现最好。

（4）管理是对系统的反应。这个实验向人们展示了什么是糟糕的管理。在整个管理中，程序很严格，改进过程方面这些志愿者工人的表现也无懈可击。但是，管理仅仅是对输入材料进行被动反应，而缺乏与供应商一起提升该系统的输入质量。管理层设计了生产过程，然后依赖于检查来控制过程质量。这些决策较之工人的努力对产出有更大影响。3位检查员可能耗费了和6位工人一样多的成本，却未对产出增加任何价值。

8.3 控制图

一般使用控制图来监控过程，发现存在特殊原因的地方。为了绘制控制图，需要收集过程输出结果的时间序列样本集，这个样本集被称作子群。对于每一个子群（即单个样本），计算样本统计量，经常使用的统计量包括定性变量的样本比例、定量变量的平均数和限值。然后将这些数值按时间做散点图，并加入控制限值。最常见的控制图就是把感兴趣的目标统计量的3倍的标准差设定为控制限值。控制限值的一般公式是：

控制限值=过程平均值±3倍标准差

上控制限值=过程平均值+3倍标准差

下控制限值=过程平均值−3倍标准差

当控制限值设定后，就可以用控制图来观察各个时点数值的变化模式，判断是否存在控制限值之外的点。图8-7是两种不同的情形。

图8-7(a)中不同时点的数据看起来没有什么特殊，也没有超过3倍标准差的控制限值点，所以过程是稳定的，只是存在一些一般原因引起的变异。相反，图8-7(b)中有两个点落在3倍标准差的控制限值之外，需要判断是否特殊原因导致的变异。

如果控制图表明过程存在有落在控制限值以外的点或者存在某一趋势，那么这个过程被视为失控。导致一个过程失控的原因有两个：一般原因和特殊原因。特殊原因导致的变异是不可预测的，不属于过程设计的部分。一旦过程被视为失控，就需要识别导致失控的变异的特殊原因。如果某一特殊原因对产品或服务的质量不利，那么就必须采取措施消除这种变异的来源。如果某一特殊原因对产品或服务的质量有利，就需要调整过程，把它设计到过程中去。这样，有利的特殊原因就变成一般原因，过程生产水平也就获得了提升。

如果控制图没有显示任何失控现象，那么这个过程就是在控制之下，简称受控过程。一个受控的过程只包括由于一般原因导致的变异。这些变异是由过程本身自带的，是可以预测的。如果过程是在控制之下，那么就需要考虑一般原因导致的变异是否足够小，是否满足消费者对产品或服务的要求。如果一般原因导致的变异很小满足消费者的要求，就可以持续地使用控制图来监控过程以确保不失控。如果一般原因导致的变异太大，就必须改变过程本身。

下面分别根据数据的类型不同介绍三种不同类型的控制图：P图、R图、$\bar{x}$图。

8.3.1 P图

针对定性变量或者离散变量我们一般采用P图。P图是将样本中我们感兴趣的某项指标所占的比例绘制散点图。样本中的一些项目经常按照符合或不符合设定的要求来分类。例如，一个订单要么完成，要么没完成，我们关注订单的完成率；支票的处理要么准确，要么不准确，我们关注支票处理的准确率；房间的清理要么顾客满意，要么不满意，我们关注清理满意的房间所占的比例；货车路线的选择要么正确，要么不正确，我们关注货车选择正确的路线所占的比例等。P 图一般被用来监控和分析从某一过程中选择的重复样本中不符合某一要求的比例（比如：不合格率、次品率、出错率等）。

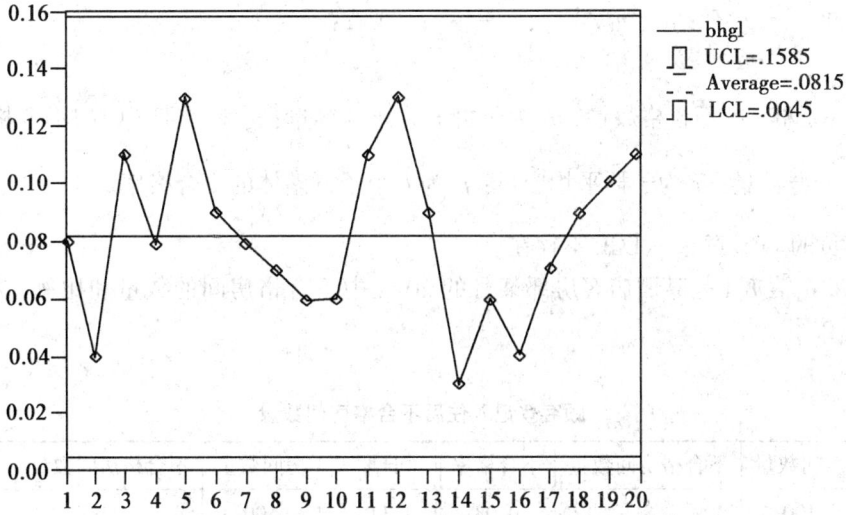

(a)常因波动

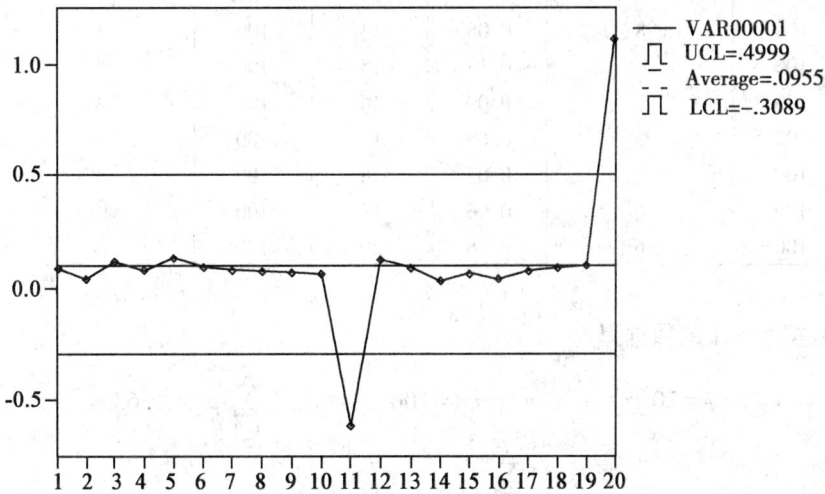

(b)特因波动

图 8-7　控制图的两种情形

P 图的控制限值的公式如下：

$$P \text{ 图的控制限值} = \bar{p} \pm 3 \sqrt{\frac{\bar{p}(1-\bar{p})}{\bar{n}}}$$

$$UCL = \bar{p} + 3\sqrt{\frac{\bar{p}(1-\bar{p})}{\bar{n}}} \qquad LUC = \bar{p} - 3\sqrt{\frac{\bar{p}(1-\bar{p})}{\bar{n}}}$$

对于每个 n_i，有：$\bar{n} = n_i$，$\bar{p} = \dfrac{\sum\limits_{i=1}^{k} p_i}{k}$；或者：$\bar{n} = \dfrac{\sum\limits_{i=1}^{k} n_i}{k}$，$\bar{p} = \dfrac{\sum\limits_{i=1}^{k} x_i}{\sum\limits_{i=1}^{k} n_i}$。

式中：x_i 为子群 i 中不合格数量；n_i 为子群 i 的样本容量；p_i 为子群 i 中的不合格率，$p_i = \dfrac{x_i}{n_i}$；K 为子群数量；$\bar{n}$ 为子群平均容量；$\bar{p}$ 为 k 个子群整体的不合格率。

任何负的 LCL 意味着 LCL 不存在。

[**例8.1**] 表 8-1 是某酒店客房部某月的 20 天中不合格房间的数量和比例，根据这些数据绘制 P 图。

表 8-1　　　　　　　　　　　顾客登记入住后不合格房间数量

日期	房间数量	不合格房间数量	不合格率	日期	房间数量	不合格房间数量	不合格率
1	100	8	0.08	11	100	11	0.11
2	100	4	0.04	12	100	13	0.13
3	100	11	0.11	13	100	9	0.09
4	100	8	0.08	14	100	3	0.03
5	100	13	0.13	15	100	6	0.06
6	100	9	0.09	16	100	4	0.04
7	100	8	0.08	17	100	7	0.07
8	100	7	0.07	18	100	9	0.09
9	100	6	0.06	19	100	10	0.10
10	100	6	0.06	20	100	11	0.11

解：根据表 8-1 的数据得：

$$k = 20 \qquad n_i = \bar{n} = 100 \qquad \sum_{i=1}^{k} p_i = 1.63$$

$$\bar{p} = \frac{\sum\limits_{i=1}^{k} p_i}{k} = \frac{1.63}{20} = 0.0815$$

根据公式得：

$$UCL = 0.0815 + 3\sqrt{\frac{0.0815 \times (1 - 0.0815)}{100}} = 0.0815 + 3 \times 0.027 = 0.1625$$

$$LCL = 0.0815 - 3\sqrt{\frac{0.0815 \times (1 - 0.0815)}{100}} = 0.0815 - 3 \times 0.027 = 0.0005$$

图 8-8 显示了利用 SPSS 得到的表 8-1 的 P 图。从图 8-8 中可以看出过程处于受控状

态，数据点分布在 $\bar{p}$ 上下，所有点都在控制限值内。所以，改善房间整理过程就只能通过减少一般原因导致的变异。而要减少一般原因导致的变异就必须改变过程本身，这是管理者的责任。

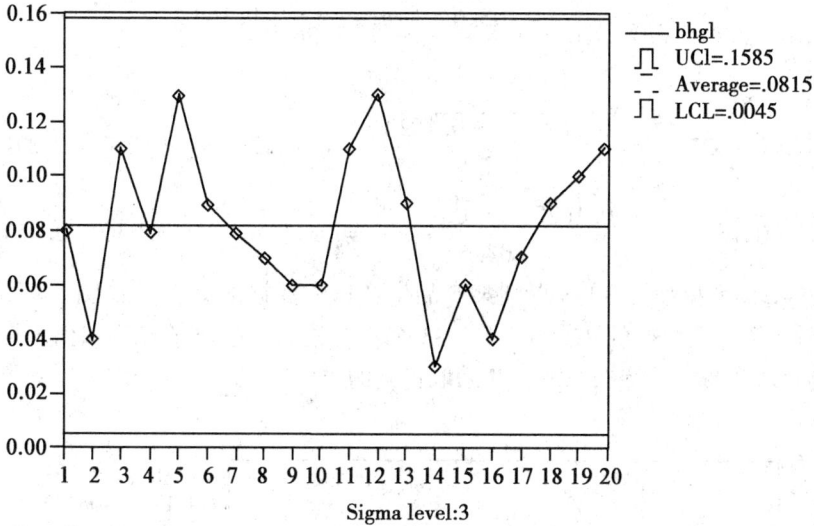

图 8-8　饭店房间不合格率 P 图

例 8.1 是子群的样本容量相等的情况。一般情况下，只要子群的样本容量 n_i 都不超过 $\bar{n}$ 的 ±25%，就可以运用公式进行计算 P 图的控制限值。反之，则需要使用其他公式计算。为了说明子群的样本容量不等的 P 图，用例 8.2 分析某产品的生产过程。

[**例 8.2**] 表 8-2 记录了某工厂在 10 天中每天生产某产品的数量和不合格数量，根据这些数据绘制 P 图。

表 8-2　　　　　　　　　　　　　**10 天中某产品的生产数量和不合格数量**

日期	生产数量	不合格数	不合格率
1	111	12	0.1081
2	93	14	0.1505
3	105	10	0.0952
4	92	18	0.1957
5	117	22	0.1880
6	88	14	0.1591
7	117	15	0.1282
8	87	33	0.3793
9	119	14	0.1176
10	107	16	0.1495

解：根据表 8-2 的数据得：

$$K = 10 \qquad \sum_{i=1}^{10} n_i = 1036 \qquad \sum_{i=1}^{10} x_i = 168$$

根据公式得：

$$\bar{n} = \frac{1036}{10} = 103.6 \qquad \bar{p} = \frac{168}{1036} = 0.1622$$

所以：

$$\mathrm{UCL} = 0.1622 + 3\sqrt{\frac{0.1622(1-0.1622)}{103.6}} = 0.1622 + 3 \times 0.036 = 0.2702$$

$$\mathrm{LCL} = 0.1622 - 3\sqrt{\frac{0.1622(1-0.1622)}{103.6}} = 0.1622 - 3 \times 0.036 = 0.0542$$

根据表 8-2 的数据使用 SPSS 得到某产品生产过程数据的 P 图，如图 8-9 所示。从图 8-9 中可以看出第 8 天生产的 87 个产品有 33 个不合格品，超出了控制限值上限。管理者需要找出引起这个变异的特殊原因，并采取正确的措施。

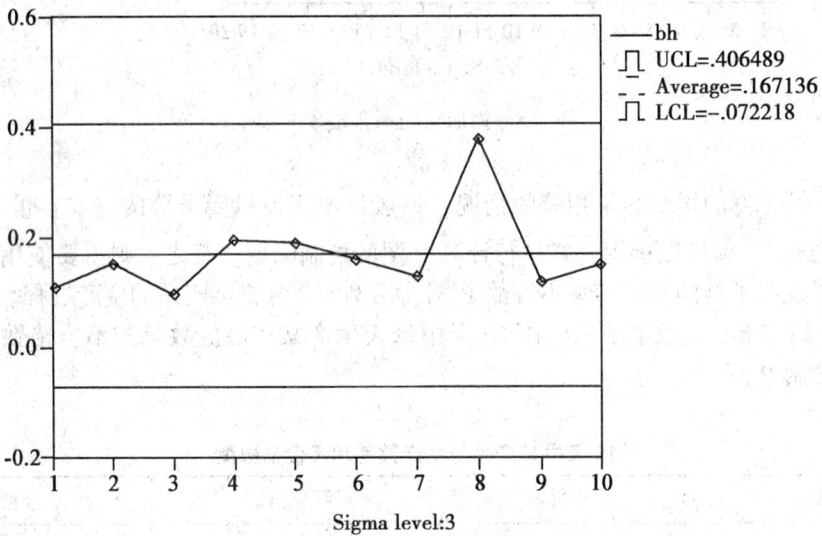

图 8-9 产品不合格率 P 图

8.3.2 R 图

针对连续变量我们一般采用 R 图或者 $\bar{x}$ 图。常见的连续变量如长度、重量、时间、距离等。如果子群的样本容量等于 10 或更小，应该使用 R 图。如果样本容量大于 10，那么应用其他方法来测度。因为在现实中子群样本容量为 5 或者更小是常见的情况，所以本节主要介绍 R 图。R 图是观察过程的极差控制图，其控制限值的计算公式如下：

$$\text{UCL} = \bar{R} + 3\bar{R}\frac{d_3}{d_2} \qquad \text{LCL} = \bar{R} - 3\bar{R}\frac{d_3}{d_2}$$

式中，R_i 为子群中的最大值与最小值之差；$\bar{R} = \dfrac{\sum\limits_{i=1}^{k} R_i}{k}$；$d_2$，$d_3$ 的值与样本量有关，可以从本章的附录 2 中查到。

上面的公式可以简化为：$\text{UCL} = D_4\bar{R} \qquad \text{LCL} = D_3\bar{R}$

式中，$D_3 = 1 - 3\dfrac{d_3}{d_2}$；$D_4 = 1 + 3\dfrac{d_3}{d_2}$；$D_3$，$D_4$ 的值与样本量有关，可以从本章的附录 2 中查到。

[**例 8.3**] 表 8-3 是某银行的午饭时间顾客排队等候出纳服务的时间。以 4 个顾客为一个子群，按分钟计算他们从排队到开始接受服务的时间，10 天的数据如表 8-3 所示。请绘制 R 图。

表 8-3　　　　　　　　　　　　顾客等候时间表

日期	等候时间（分钟）				R_i
1	7.2	8.4	7.9	4.9	3.5
2	5.6	8.7	3.3	4.2	5.4
3	5.7	4.7	4.1	4.6	1.6
4	3.7	4.0	3.0	5.2	2.2
5	7.1	6.3	8.2	5.5	2.7
6	6.7	6.9	7.0	9.4	2.7
7	4.8	5.1	3.2	7.6	4.4
8	7.2	8.0	4.1	5.9	3.9
9	8.8	5.5	8.4	6.9	3.3
10	4.7	6.6	5.3	5.8	1.9

解：根据表 8-3 的数据得：

$$K = 10 \qquad \sum_{i=1}^{k} R_i = 31.6 \qquad \bar{R} = \frac{31.6}{10} = 3.16$$

对于 $n = 4$，从本章附录 2 中查得 $D_3 = 0$，$D_4 = 2.282$，利用公式得：

$\text{UCL} = D_4\bar{R} = 2.282 \times 3.16 = 7.21$

LCL 并不存在。

对于顾客等候时间问题，用 SPSS 绘制的 R 图如图 8-10 所示。图中没有显示任何超出控制限值的点或者趋势，说明该过程处于受控状态，变异是由一般原因导致的。

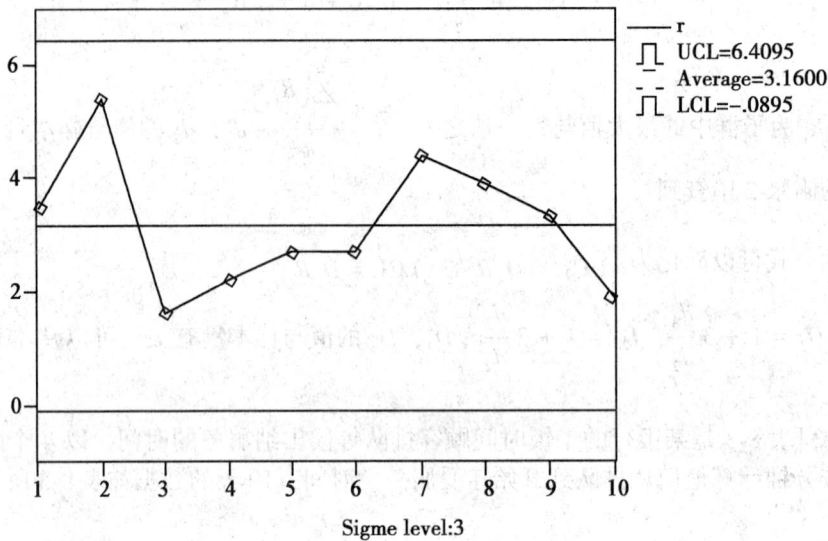

图 8-10　顾客等候时间的 R 图

8.3.3　$\bar{x}$ 图

$\bar{x}$ 图是观察过程均值的控制图，使用 k 个连续时间段中收集的 k 个子群，每个子群的容量为 n。对每一个子群计算一个均值 $\bar{x}_i$，并在控制图中将 $\bar{x}_i$ 标出。要计算均值的控制限值，首先需要计算子群均值的均值（记为 $\bar{\bar{x}}$），并估计该均值的标准差$\left(\text{记为} \dfrac{\bar{R}}{d_2\sqrt{n}}\right)$。$\bar{x}$ 图的控制限值的计算公式如下：

$$\text{UCL} = \bar{\bar{x}} + 3\,\frac{\bar{R}}{d_2\sqrt{n}} \qquad \text{LCL} = \bar{\bar{x}} - 3\,\frac{\bar{R}}{d_2\sqrt{n}}$$

式中，$\bar{\bar{x}} = \dfrac{\sum\limits_{i=1}^{k}\bar{x}_i}{k}$；$\bar{R} = \dfrac{\sum\limits_{i=1}^{k}R_i}{k}$；$\bar{x}_i$ 为第 i 个子群的样本均值；R_i 为第 i 个子群的样本极差；k 为子群数量。

根据 $A_2 = \dfrac{3}{D_2\sqrt{n}}$，可以简化上面的公式得：

$$\text{UCL} = \bar{\bar{x}} + A_2\bar{R} \qquad \text{LCL} = \bar{\bar{x}} - A_2\bar{R}$$

[**例 8.4**] 根据表 8-3 的数据计算 $\bar{x}$ 图的控制限值并绘制 $\bar{x}$ 图。

解：根据表 8-3 得到表 8-4 的相关数据如下：

日期	等候时间(分钟)				R_i	$\bar{x}_i$

表 8-4　　　　　　　　　　　　　　顾客等候时间表

日期	等候时间(分钟)				R_i	$\bar{x}_i$
1	7.2	8.4	7.9	4.9	3.5	7.1
2	5.6	8.7	3.3	4.2	5.4	5.4
3	5.7	4.7	4.1	4.6	1.6	4.8
4	3.7	4.0	3.0	5.2	2.2	4.0
5	7.1	6.3	8.2	5.5	2.7	6.8
6	6.7	6.9	7.0	9.4	2.7	7.5
7	4.8	5.1	3.2	7.6	4.4	5.2
8	7.2	8.0	4.1	5.9	3.9	6.3
9	8.8	5.5	8.4	6.9	3.3	7.4
10	4.7	6.6	5.3	5.8	1.9	5.6

根据表 8-4 得：

$$k = 10 \qquad \sum_{i=1}^{k} \bar{x}_i = 60.05 \qquad \sum_{i=1}^{k} R_i = 31.6$$

所以：
$$\bar{\bar{x}} = \frac{60.05}{10} = 6.005 \qquad \bar{R} = \frac{31.6}{10} = 3.16$$

查本章附录 2 得当 $n=4$ 时，$A_2 = 0.729$，利用公式得：

$$UCL = 6.005 + 0.729 \times 3.16 = 8.31 \qquad LCL = 6.005 - 0.729 \times 3.16 = 3.70$$

用 SPSS 绘制的顾客等候时间的 $\bar{x}$ 图如图 8-11 所示。

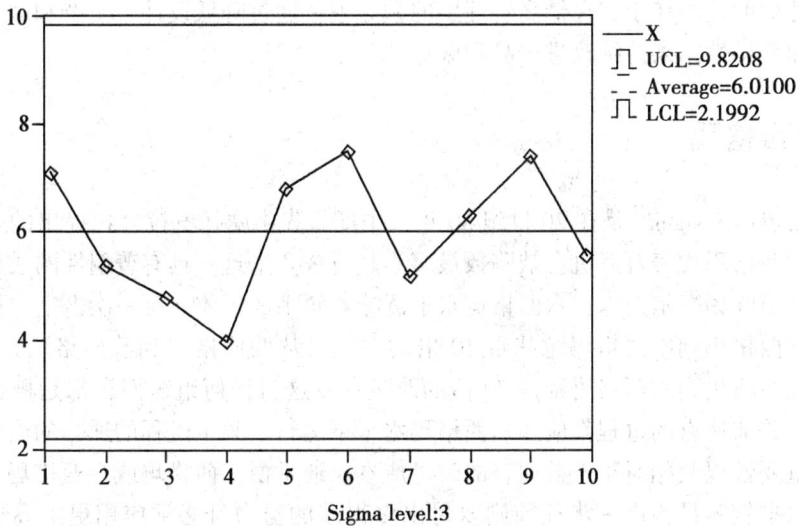

图 8-11　顾客等候时间图

127

8.4 全面质量管理

戴明、朱兰和克劳斯比被认为是质量革命运动中真正的"管理宗师"。他们在质量的测量、管理和改进方面的真知灼见对于全球无数的经理人员和机构产生了深刻的影响。戴明、朱兰和克劳斯比三者的质量理念总体上同大于异。他们都认为，质量是未来全球市场竞争中不可或缺的要素，取得高层管理者的承诺是必不可少的，主张质量管理活动是节约而非花钱，质量的责任应由管理者而非员工来承担，强调必须持续地、无休止地改进。

追求质量改进的方法用戴明 14 点要诀来概括就是：

(1)建立并向全体员工发布有关公司或组织的目标和宗旨。

(2)采用新的理念。

(3)理解检验对于过程改进和降低成本方面的作用。

(4)终结仅凭价格来做生意的做法。

(5)持续不断地改进生产和服务系统。

(6)开展培训。

(7)指导并实施领导。

(8)克服恐惧，建立信任。

(9)优化团队、群体和员工的努力以实现公司的目标和宗旨。

(10)取消针对员工的宣传口号。

(11)取消生产中的数量定额以及管理的量化目标。

(12)消除那些打击大家工作热情的障碍。

(13)激励每个人的教育和自我改进。

(14)采取行动来实现转型。

戴明理念的核心在于，在最高管理层的领导下，通过降低设计、生产和服务过程中的不确定性和变异性，来持续改进产品和服务的质量。

8.5 六西格玛

六西格玛(six sigma)是在 20 世纪 80 年代中期最先由摩托罗拉公司提出的一个质量改进系统。六西格玛代表百万机会缺陷数最多不超过 3.4 个这一具有普遍性的质量水平。如果你每年打 100 场高尔夫球，六西格玛水平意味着每 163 年才会有一次击空。更令人吃惊的是，从三西格玛到四西格玛意味着 10 倍的改进，从四西格玛到五西格玛是 30 倍的改进，而从五西格玛到六西格玛则是 70 倍的改进——这对任何组织而言都是极为困难的挑战。然而，并非所有的过程都应在六西格玛水平下运行。某个过程的适当的质量水平取决于其战略重要性以及相对于效益而言的改进成本。通常由二西格玛或三西格玛水平改进到四西格玛水平较容易，进一步往前则要付出多得多的努力且必须应用更加高级的统计工具。六西格玛的核心理念建立在以下几个关键概念之上：

(1)在整体战略目标的指导下，从关键业务过程和顾客要求出发来思考问题。

（2）重视公司的倡议人，他们负责维护项目，支持团队活动，帮助克服变革阻力并获得资源。

（3）重视诸如百万机会缺陷数这样的定量的测量指标，这样的测量指标可应用于公司的所有方面，包括制造、工厂、行政、软件等。

（4）尽早识别聚焦于业务成功的过程中的指标，据此来提供激励和明确责任。

（5）在充分培训的基础上，以项目团队的方式来提高利润，减少非增值活动，实现运转周期的缩减。

（6）培养能够应用改进工具并领导团队的具有能力的过程改进专家（绿带、黑带、黑带大师等）。

（7）设定富有挑战性的改进目标。

通用电气公司是公认的实施六西格玛的标杆。20 世纪 90 年代中期，通用电气公司在前 CEO 杰克·韦尔奇的带领下在全公司推行六西格玛。为了确保成功，通用电气公司修改了其激励计划，奖金的 60% 是基于财务指标，40% 是基于六西格玛，并向参加六西格玛的员工提供优先认股权。在第一年，他们投资 2 亿美元培训了 30000 名雇员，实现了 1.5 亿美元的节约。1996—1997 年，通用电气公司的六西格玛项目数从 3000 个增加到 6000 个，在生产率和利润方面的收益达到了 3.2 亿美元。到 1998 年，该公司在六西格玛上所取得的净节约达到了 7.5 亿美元。

许多企业或组织在推进六西格玛实施质量改进方面取得了显著成果，如波音、3M、IBM、施乐、花旗、美国空军空战指挥中心等。花旗集团通过开展六西格玛将内部复查工作减少了 80%，信用处理时间减少了 50%，账单处理时间从 28 天减少到了 15 天。

本章附录 1　用 SPSS 绘制控制图

第一步：选择【Graphs】下拉菜单，点击【Control…】选项进入主对话框。

第二步：在主对话框根据实际需要选择【X-Bar，R，S】、【Individuals，Moving Range】、【p，np】、【c，u】，在【Data in Chart Are】中选择合适的类型，点击【Define】进入主对话框。

第三步：在主对话框中将合适变量选入，点击【OK】。

本章附录 2　控制图要素表

样本容量（n）	d_2	d_3	D_3	D_4	A_2
2	1.128	0.853	0	3.267	1.880
3	1.693	0.888	0	2.575	1.023
4	2.059	0.880	0	2.282	0.729
5	2.326	0.864	0	2.114	0.577
6	2.534	0.848	0	2.004	0.483

样本容量(n)	d_2	d_3	D_3	D_4	A_2
7	2.704	0.833	0.076	1.924	0.419
8	2.847	0.820	0.136	1.864	0.373
9	2.970	0.808	0.184	1.816	0.337
10	3.078	0.797	0.233	1.777	0.308
11	3.173	0.787	0.256	1.744	0.285
12	3.258	0.778	0.283	1.717	0.266
13	3.336	0.770	0.307	1.693	0.249
14	3.407	0.763	0.328	1.672	0.235
15	3.472	0.756	0.347	1.653	0.223
16	3.532	0.750	0.363	1.637	0.212
17	3.588	0.744	0.378	1.622	0.203
18	3.640	0.739	0.391	1.609	0.194
19	3.689	0.733	0.404	1.596	0.187
20	3.735	0.729	0.415	1.585	0.180
21	3.778	0.724	0.425	1.575	0.173
22	3.819	0.720	0.435	1.565	0.167
23	3.858	0.716	0.443	1.557	0.162
24	3.895	0.712	0.452	1.548	0.157
25	3.931	0.708	0.459	1.541	0.153

第二部分 | **上机实验**

SPSS(Statistics Package for Social Science)即社会科学统计软件包，是世界著名的统计分析软件之一。20 世纪 60 年代末，美国斯坦福大学的三位研究生研制开发了最早的统计分析软件 SPSS。20 世纪 80 年代以前，SPSS 主要应用于企事业单位。1984 年，SPSS 总部推出了世界上第一个统计分析软件微机版本，至今已推出 9 个语种版本，应用于自然科学、技术科学、社会科学的各个领域，如经济学、生物学、心理学、医疗卫生、体育、农业、林业、商业、金融等。世界上许多有影响的报刊对 SPSS 的自动统计绘图、数据的深入分析、使用方便、功能齐全等方面给予了高度的评价与称赞。

SPSS for Windows 是一个组合式软件包，它集数据整理、分析功能于一身。SPSS 的基本功能包括数据管理、统计分析、图表分析、输出管理等。SPSS 统计分析过程包括描述性统计、均值比较、一般线性模型、相关分析、回归分析、对数线性模型、聚类分析、数据简化、生存分析、时间序列分析、多重响应等几大类，每大类中又分好几个统计过程，比如回归分析中又分线性回归分析、曲线估计、Logistic 回归、Probit 回归、加权估计、两阶段最小二乘法、非线性回归等多个统计过程，且每个过程允许用户选择不同的方法及参数。SPSS 有专门的绘图系统，可以根据数据绘制各种图形。

SPSS for Windows 的分析结果清晰、直观、易学易用，而且可以直接读取 Excel 及 DBF 数据文件，它和 SAS、BMDP 并称为国际上最有影响的三大统计软件。和国际上其他统计分析软件相比，它的优越性更加突出。在国际学术界有条不成文的规定，即在国际学术交流中，凡是用 SPSS 软件完成的计算和统计分析，可以不必说明算法，由此可见其影响之大和信誉之高。

SPSS for Windows 操作简单，它使用 Windows 的窗口方式展示各种管理和分析数据方法的功能，使用对话框展示各种功能选择项，只要掌握一定的 Windows 操作技能，粗通统计分析原理，就可以使用该软件为特定的科研工作服务。

第 9 章 | 认识 SPSS 的工作界面

9.1 上机目的

(1)熟悉 SPSS 的基本操作。

(2)SPSS 数据的输入与编辑。

(3)SPSS 界面的菜单、工具按钮的基本功能。

9.2 上机要求

(1)前 20 分钟,主讲老师通过例题演示描述统计方法的应用。

(2)中间 50 分钟,学生仿照演示题,独立做上机实训习题;期间老师巡视,随时解决学生提出的问题。

(3)后 20 分钟,每位同学将自己的计算结果以 Word 形式撰写成统计分析报告,老师评价是否合格。

(4)在完成练习的时候,鼓励学生之间相互交流探讨。

(5)鼓励学生尝试发现软件的新功能。

9.3 上机演示内容与步骤

步骤 1:建立 SPSS 数据文件。

点击桌面的右下角【开始】—【所有程序】—【SPSS for Window】—【Spss 13.0 for Window】(见图 9-1)。

SPSS 打开如图 9-2 所示。

步骤 2 :打开一个空白的 SPSS 数据文件,见图 9-3。

打开 SPSS 以后,直接进入变量视图窗口。SPSS 的变量视图窗口分为"Data View"和"Variable View"。点击右下方的"Variable View",如图 9-4 所示。

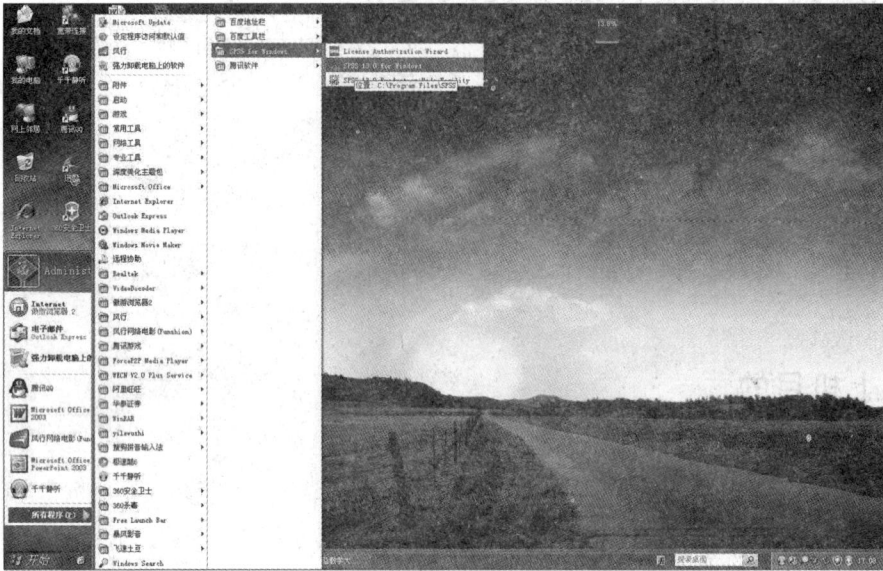

图 9-1

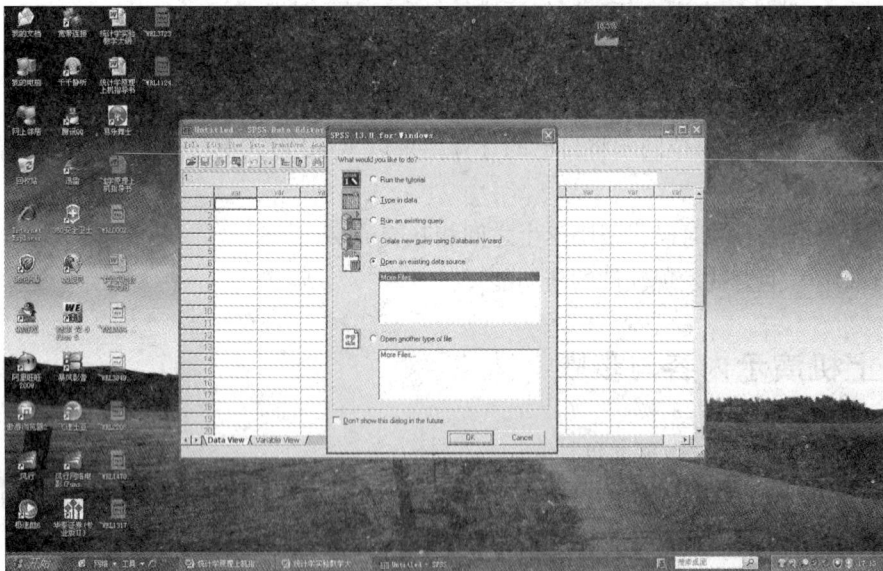

图 9-2

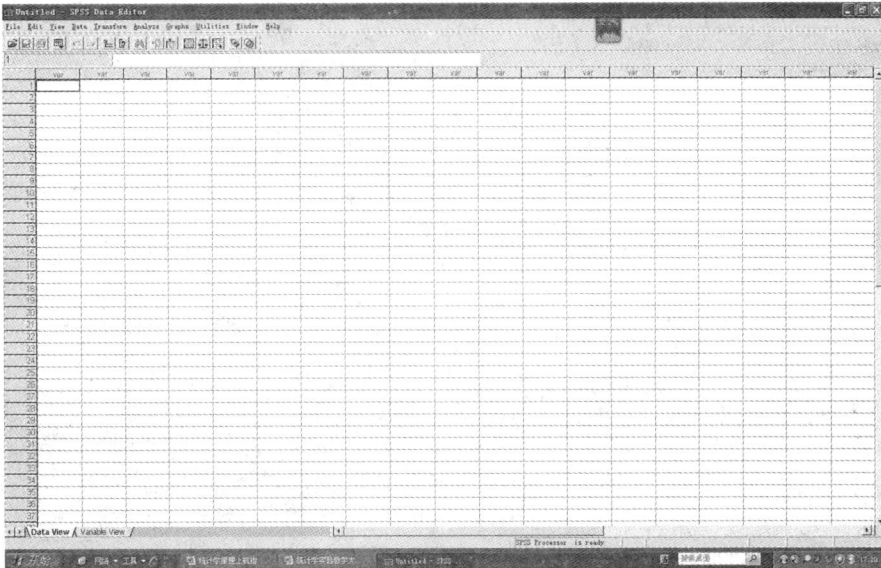

图 9-3

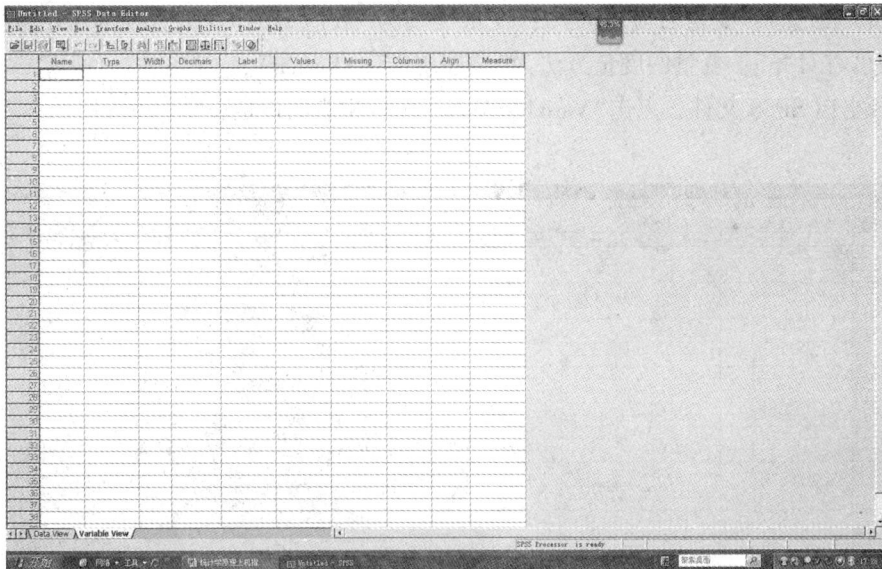

图 9-4

应了解变量定义窗口各栏的用法。

步骤 3：数据的输入、保存。

在 Data View 中输入数据，如果没有对变量进行定义，系统自动生成 VAR00001 和 VAR00002，如图 9-5 所示。大家可按照上机实训习题的要求修改变量的定义。

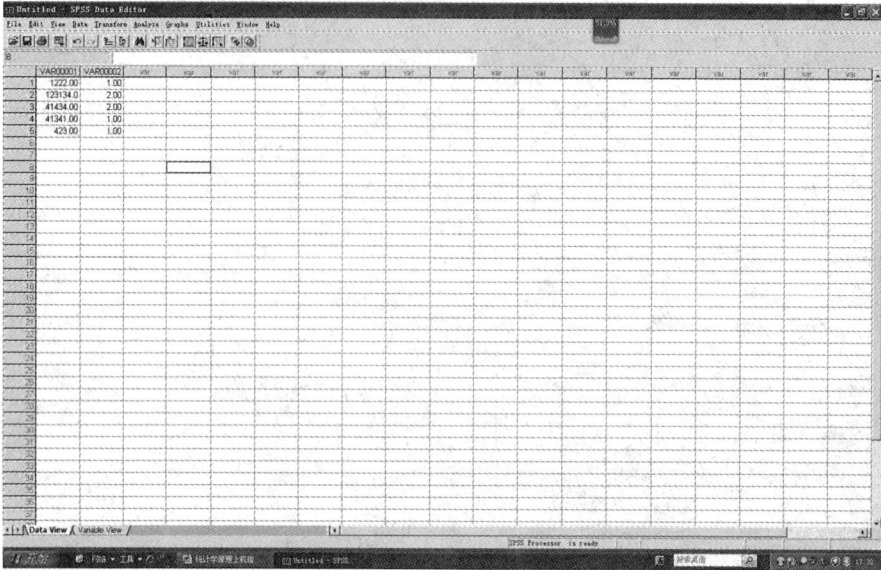

图 9-5

例如，变量 1：变量名为"学号"；变量类型为"数值型"；变量宽度为 10；数据的对齐方式为"右对齐"；变量的度量方法为"顺序水准"(Ordinal)。

打开空白 SPSS 文件，点击"Variable View"进行相应的设定，如图 9-6 所示。

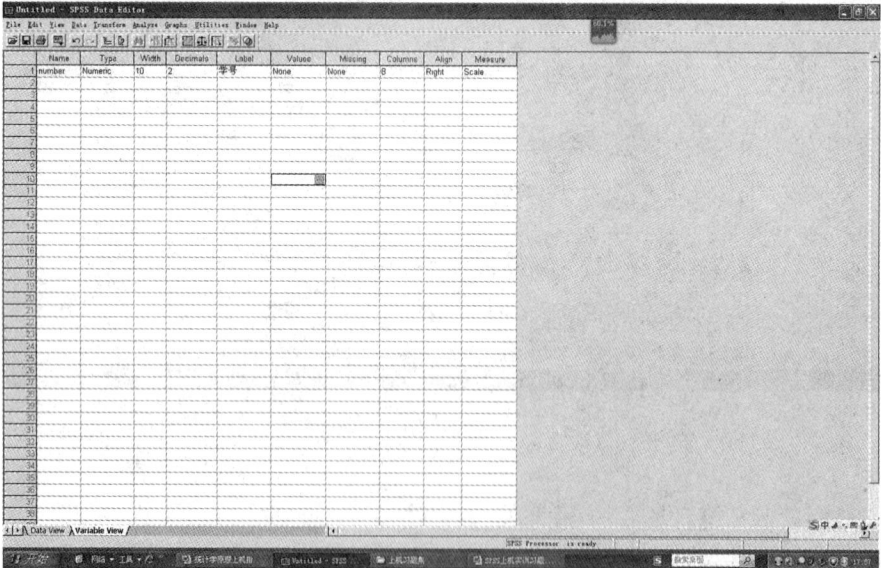

图 9-6

按照要求输入数据，如图 9-7 所示。

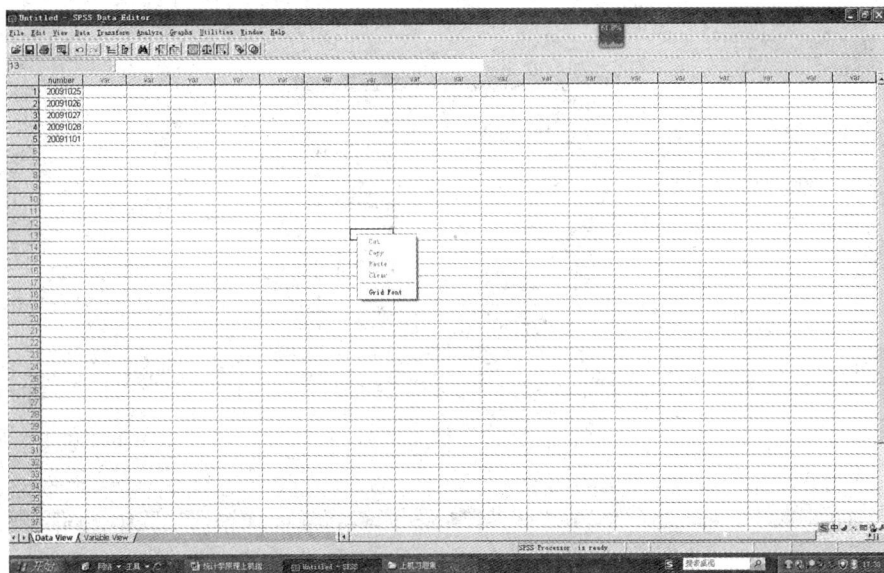

图 9-7

保存到指定名称及路径，点击【File】选择【Save】或者【Save As】，如图 9-8 所示。

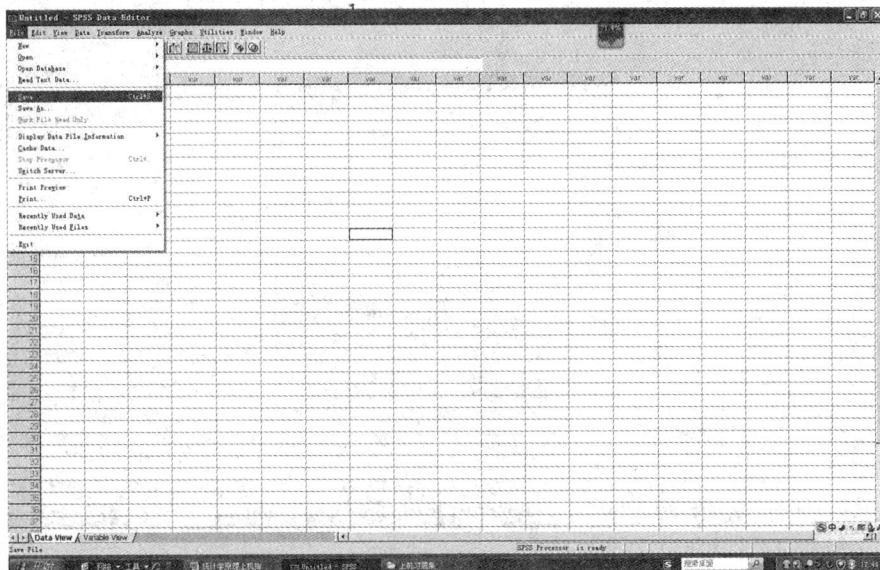

图 9-8

选择需要保存的路径，见图 9-9。

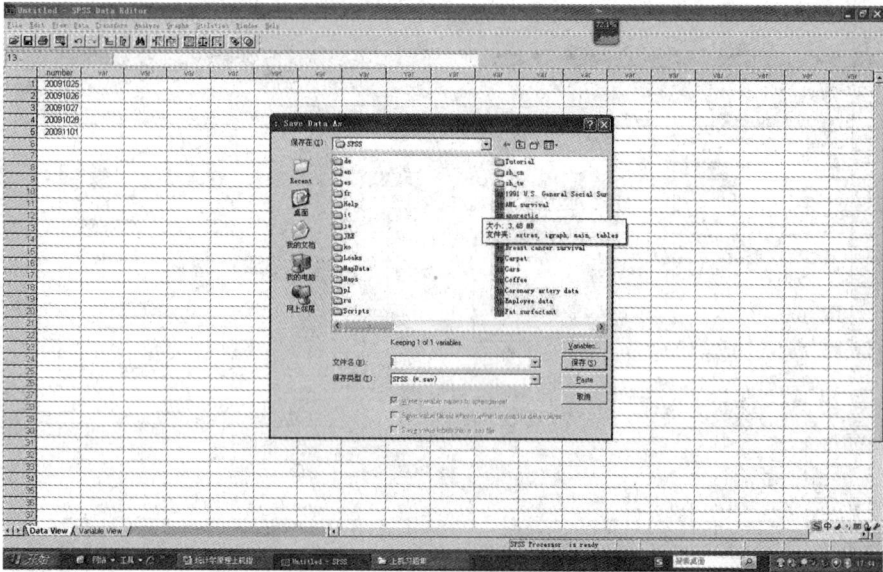

图 9-9

保存到桌面，名称为"111. sav"，见图 9-10。

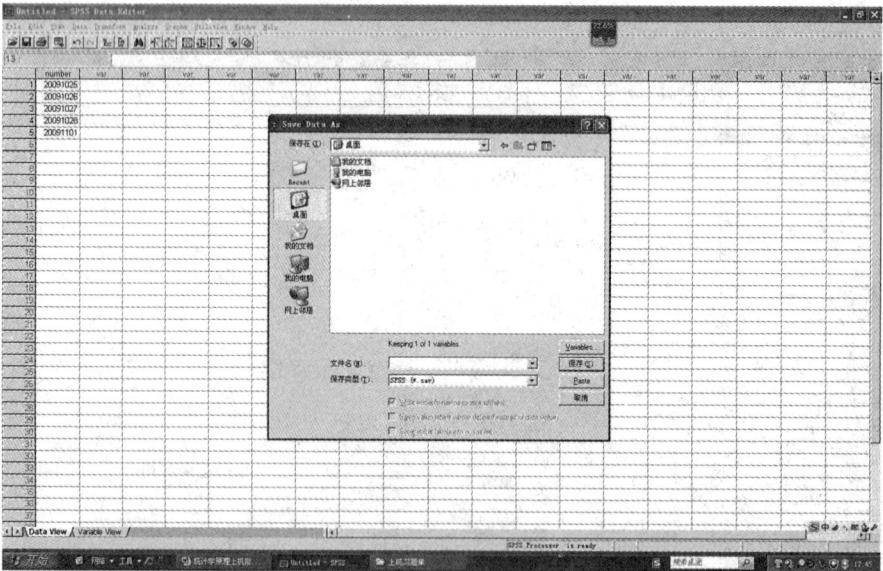

图 9-10

我们在桌面上可以看见一个以"111. sav"命名的文件，如图 9-11 所示。

图 9-11

9.4　上机实训习题

1. 定义 SPSS 数据文件的结构。定义一个有 12 个变量的数据文件, 存入 D 盘中以自己的姓名(汉字)命名的文件夹下的"练习 1"中。

变量 1: 变量名为"学号"; 变量类型为"数值型"; 变量宽度为 8; 数据的对齐方式为"左对齐"; 变量的度量方法为"顺序水准"(Ordinal)。

变量 2: 变量名为"性别"; 变量类型为"数值型"; 变量宽度为 4; 变量值标签中说明: 1 表示男; 2 表示女; 数据的对齐方式为"左对齐"; 变量的度量方法为"名义水准(或称名型 Nominal)"。

变量 3: 变量名为"SRSP"; 变量名标签为"家庭收入水平"; 变量类型为"美元数值型", 形式为"$####.##"; 变量宽度为 8, 其中小数点后为 2 位; 数据的对齐方式为左对齐; 变量的度量方法为定距离数据(Scale)。

变量 4: 变量名为"专业", 变量类型为"字符型"; 变量宽度为 8; 数据的对齐方式为"左对齐"; 变量的度量方法为"名义水准"(或称名型 Nominal)。

变量 5: 变量名为"ID"; 变量名标签为"IDENTIFICATION"; 变量类型为"数值型"; 变量宽度为 8; 小数点后为 0 位, 数据的对齐方式为"左对齐"; 变量的度量方法为"顺序型变量"。

变量 6: 变量名为"Mathgr"; 变量名标签为"MATH GRADES"; 变量类型为"数值型"; 变量宽度为 6; 变量值标签: 0 表示通过, 1 表示未通过; 数据的对齐方式为"左对齐"；变量的度量方法为"称名型变量"。

变量 7：变量名为"q01"；变量名标签为"QUESTION1"；变量类型为"数值型"；变量宽度为 3；变量值标签：1 表示非常不典型，2 表示不典型，3 表示典型，4 表示非常典型；数据的对齐方式为"左对齐"；变量的度量方法为"顺序型"。

变量 8：变量名为"q02"，变量名标签为"QUESTION2"；其他各项同变量 7。

变量 9：变量名为"q03"，变量标签为"QUESTION3"；其他各项同变量 7。

变量 10：变量名为"q04"，变量标签为"QUESTION4"；其他各项同变量 7。

变量 11：变量名为"测量时间"，变量类型为"日期型"，变量形式为"dd/mm/yy"变量名标签为"第一次施测的时间"，变量的度量方法为"顺序水准"。

变量 12：变量名为："奖励"，变量名标签为"自我奖励"，变量宽度为 8 位，变量类型为"用户自定义型"（Custom Currency）。

2. 在"练习 1"中录入变量值。

3. 练习剪切、复制、粘贴"练习 1"中的数据值（不用存结果）。

4. 在"练习 1"变量 q01 前插入一个变量名"民族"的称名型变量，并练习删除该变量。

5. 在 SPSS 读取"Data13-02"文件，存在自己的文件夹中，命名为"文本文件 . sav"。

第10章 描述统计

10.1 上机目的

(1)学会应用两种以上的方法完成描述统计的统计量的计算,如列出数据的频数分布表,计算算术平均数、中位数、众数,计算全距、标准差、方差等。

(2)能够撰写出规范的描述统计分析报告。

10.2 上机要求

(1)前20分钟,主讲老师通过例题演示描述统计方法的应用。

(2)中间50分钟,学生仿照演示题,独立做练习;期间老师巡视,随时解决学生提出的问题。

(3)后20分钟,每位同学将自己的计算结果以Word形式撰写成统计分析报告,老师评价是否合格。

(4)在完成练习的时候,鼓励学生之间相互交流探讨。

10.3 上机演示内容与步骤

下面给出的例题来自SPSS自带的数据文件"Employee data",该文件包含某公司员工的工资、工龄、职业等变量,我们利用此例题给出相关的描述统计说明,本例中,我们以员工的当前工资为例,计算该公司员工当前工资的一些描述统计量,如均值、频数、方差等。计算各项描述统计量值的步骤如下:

步骤1:用SPSS打开已知的数据文件。

选择菜单【File】—【Open】—【Data】,在对话框中找到需要分析的数据文件"SPSS/Employee data",然后选择"打开",如图10-1、图10-2所示。

打开的数据文件如图10-3所示。

步骤2:计算所要求的描述统计量值及频数分布。

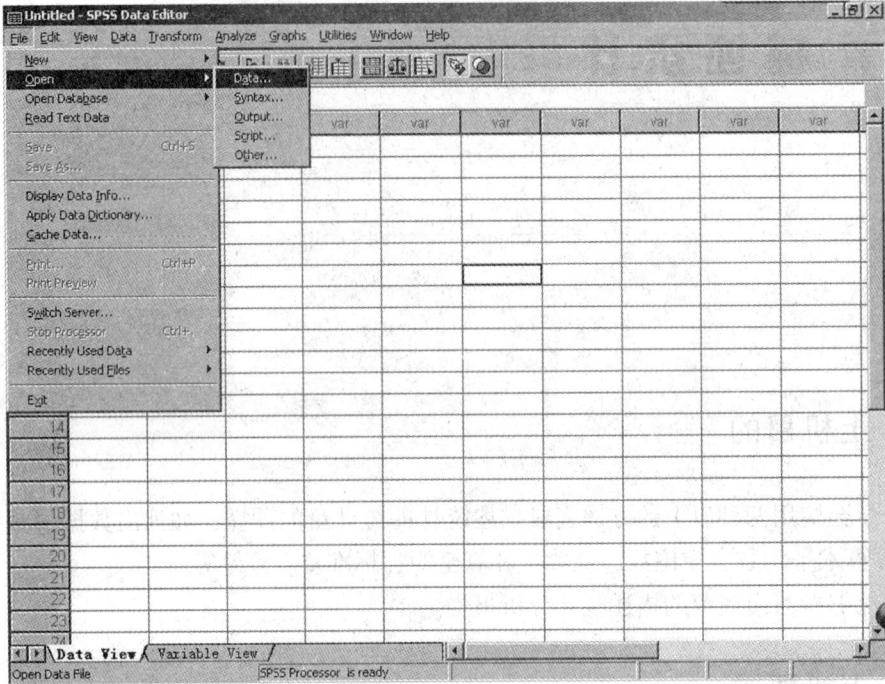

图 10-1

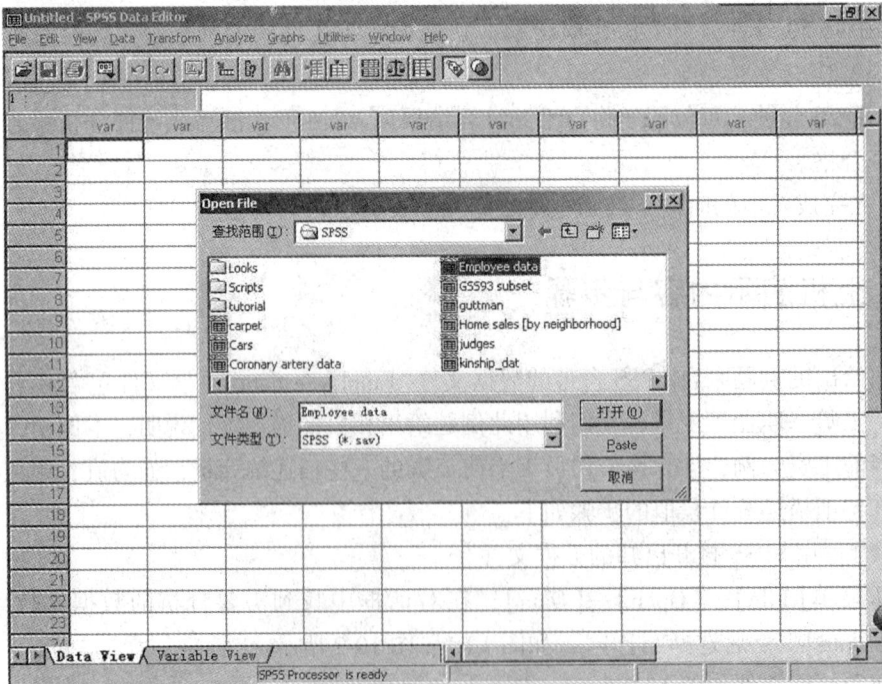

图 10-2

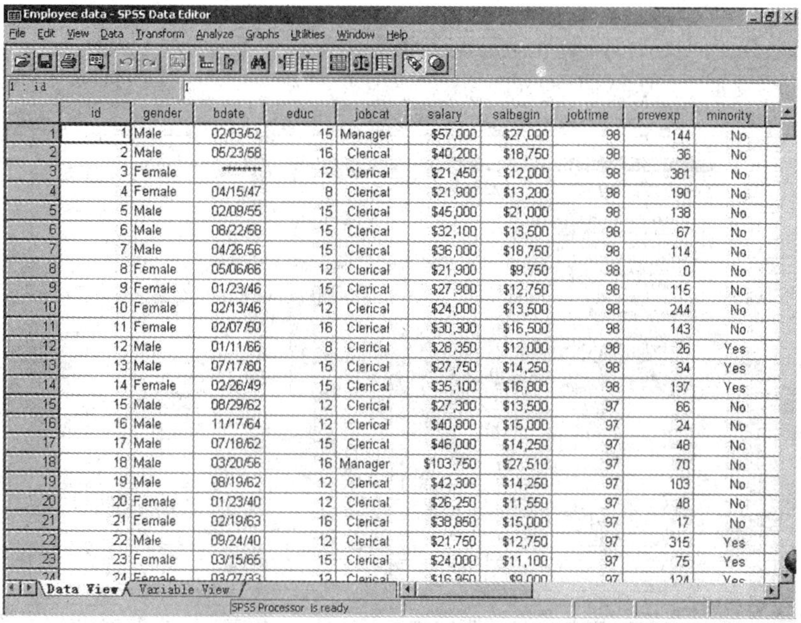

	id	gender	bdate	educ	jobcat	salary	salbegin	jobtime	prevexp	minority
1	1	Male	02/03/52	15	Manager	$57,000	$27,000	98	144	No
2	2	Male	05/23/58	16	Clerical	$40,200	$18,750	98	36	No
3	3	Female	********	12	Clerical	$21,450	$12,000	98	381	No
4	4	Female	04/15/47	8	Clerical	$21,900	$13,200	98	190	No
5	5	Male	02/09/55	15	Clerical	$45,000	$21,000	98	138	No
6	6	Male	08/22/58	15	Clerical	$32,100	$13,500	98	67	No
7	7	Male	04/26/56	15	Clerical	$36,000	$18,750	98	114	No
8	8	Female	05/06/66	12	Clerical	$21,900	$9,750	98	0	No
9	9	Female	01/23/46	15	Clerical	$27,900	$12,750	98	115	No
10	10	Female	02/13/46	12	Clerical	$24,000	$13,500	98	244	No
11	11	Female	02/07/50	16	Clerical	$30,300	$16,500	98	143	No
12	12	Male	01/11/66	8	Clerical	$28,350	$12,000	98	26	Yes
13	13	Male	07/17/60	15	Clerical	$27,750	$14,250	98	34	Yes
14	14	Female	02/26/49	15	Clerical	$35,100	$16,800	98	137	Yes
15	15	Male	08/29/62	12	Clerical	$27,300	$13,500	97	66	No
16	16	Male	11/17/64	12	Clerical	$40,800	$15,000	97	24	No
17	17	Male	07/18/62	15	Clerical	$46,000	$14,250	97	48	No
18	18	Male	03/20/56	16	Manager	$103,750	$27,510	97	70	No
19	19	Male	08/19/62	12	Clerical	$42,300	$14,250	97	103	No
20	20	Female	01/23/40	12	Clerical	$26,250	$11,550	97	48	No
21	21	Female	02/19/63	16	Clerical	$38,850	$15,000	97	17	No
22	22	Male	09/24/40	12	Clerical	$21,750	$12,750	97	315	Yes
23	23	Female	03/15/65	15	Clerical	$24,000	$11,100	97	75	Yes

图 10-3

(1)打开文件之后，选择菜单【Analyze】—【Descriptive Statistics】—【Frequencies】，见图 10-4。

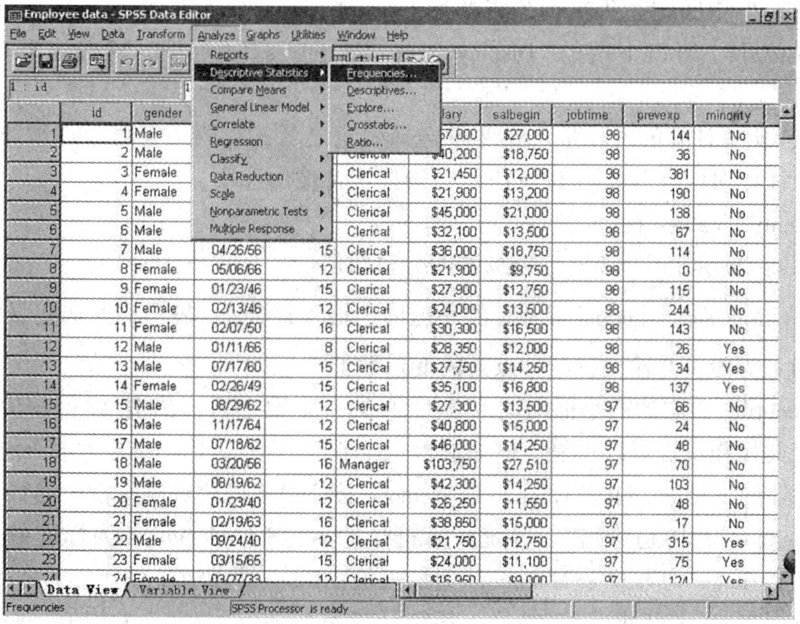

图 10-4

出现如图 10-5 所示窗口之后，按后面的说明进行选项。

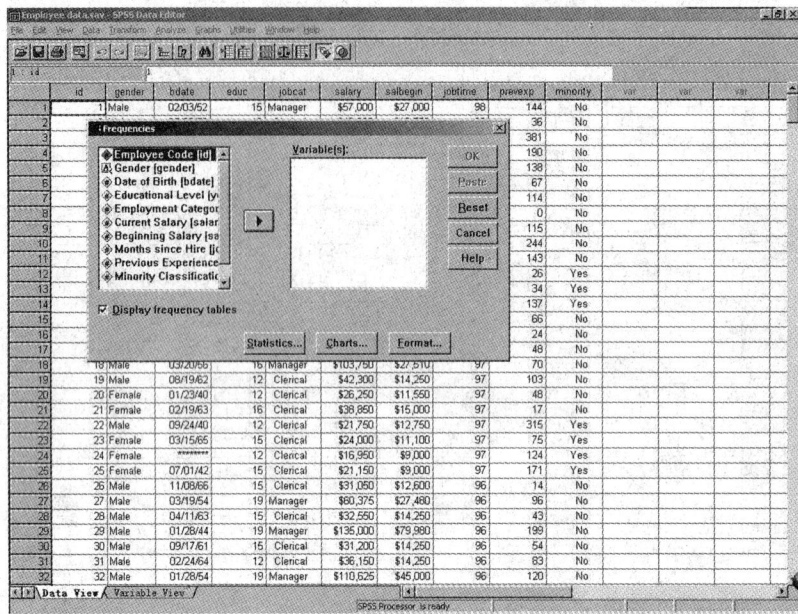

图 10-5

（2）确定所要分析的变量。本例中假设要分析的变量是雇员的当前工资（Current Salary）。此时，要在"Frequencies"对话框中选中左侧列表框中的"Current Salary［Salary］"，之后点击列表框中间的箭头按钮，将变量 Current Salary 加入右侧 Variable(s) 列表框中。然后，选择位于小窗口下端的"Display frequency tables"复选框，以确定要输出频数分布表。

（3）选择所要计算的统计量。在变量选择确定之后，在同一窗口，点击"Statistics"按钮，打开统计量对话框，如图 10-6 所示，选择统计输出选项。

①Percentile Values 栏。

Quartiles：显示 25%、50%、75%的四分位数值。

在 Cut points for ☐ equal groups 的小框内，输入整数 k，表示将所选变量的数值从小到大划分为 k 等份，并输出各等分点处的变量数值。

在 Percentile(s)右边的小框内键入 0~100 的一个数之后，单击 Add 按钮添加到下面的方框内，此操作过程可以重复。例如输入 15、55、85 时，输出结果将显示 15%、55%、85%百分位处的变量值。单击 Change 或 Remove 按钮可以修改或删除框内的数值。

②Dispersion(离中趋势)栏。各统计量符号如下：Std. deviation 为标准差；Minimum 为最小值；Variance 为方差；Maximum 为最大值；Range 为极差。

③Central Tendency(集中趋势)栏。各统计量符号如下：Mean 为均值(算术平均数)；Mode 为众数；Median 为中位数；Sum 为总和。

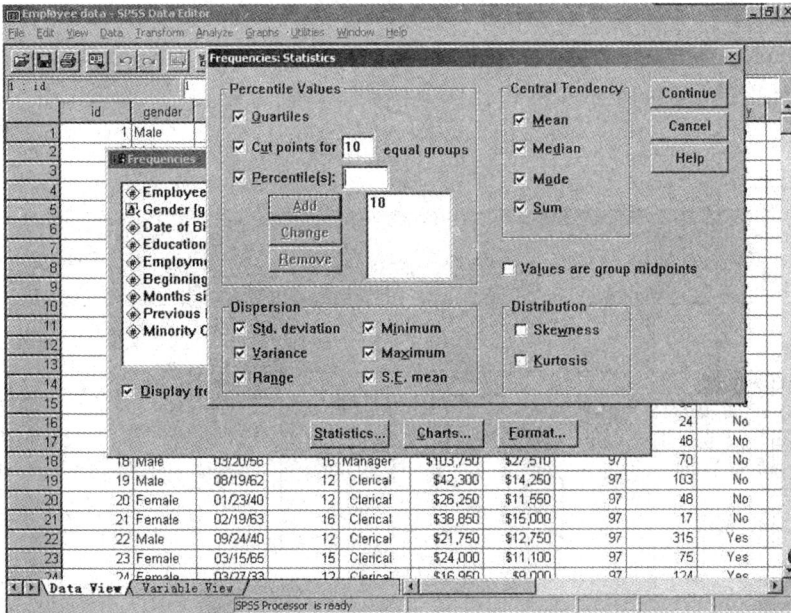

图 10-6

④Distribution(分布特征)栏。各统计量符号如下：Skewness 为偏度；Kurtosis 为峰度。
步骤 3：结果输出与分析。
点击 Frequencies 对话框中的"OK"按钮，即得到下面的结果：
(1)Statistics(统计量)汇总表，见图 10-7。从 Statistics 表中可以清楚地看到当前薪水

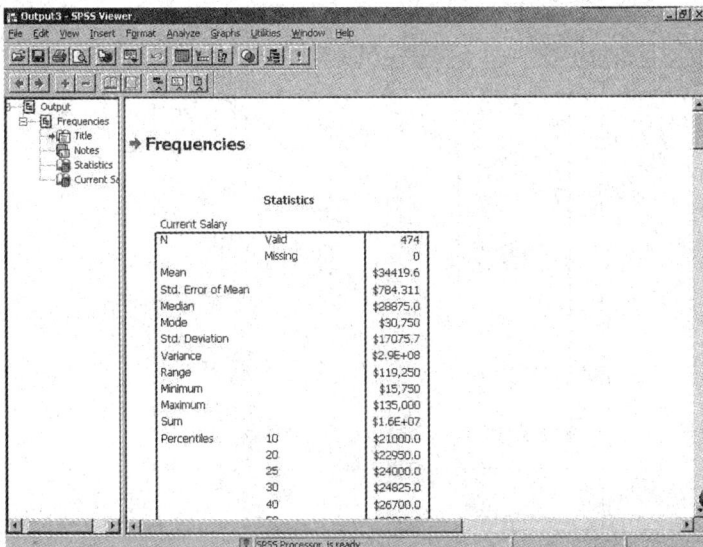

图 10-7

(Current Salary)的各项描述统计量的数值，这些数值是按我们选定的要求计算的。要求计算的均值、众数、标准差、方差，分别为＄34419.6、＄30750、＄17075.7、＄2.9E+08。

(2)Frequencies(频数)分布表，见图10-8、图10-9。从图10-8、图10-9可以清楚地看到不同薪酬档次的员工的人数、所占比例。例如，薪酬为＄15750的员工有1人，占所有员工的0.2%。

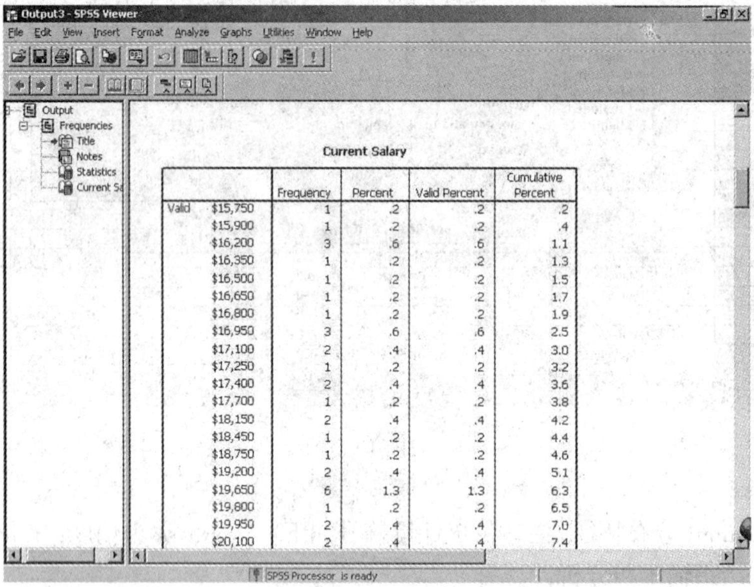

Current Salary

		Frequency	Percent	Valid Percent	Cumulative Percent
Valid	$15,750	1	.2	.2	.2
	$15,900	1	.2	.2	.4
	$16,200	3	.6	.6	1.1
	$16,350	1	.2	.2	1.3
	$16,500	1	.2	.2	1.5
	$16,650	1	.2	.2	1.7
	$16,800	1	.2	.2	1.9
	$16,950	3	.6	.6	2.5
	$17,100	2	.4	.4	3.0
	$17,250	1	.2	.2	3.2
	$17,400	2	.4	.4	3.6
	$17,700	1	.2	.2	3.8
	$18,150	2	.4	.4	4.2
	$18,450	1	.2	.2	4.4
	$18,750	1	.2	.2	4.6
	$19,200	2	.4	.4	5.1
	$19,650	6	1.3	1.3	6.3
	$19,800	1	.2	.2	6.5
	$19,950	2	.4	.4	7.0
	$20,100	2	.4	.4	7.4

图10-8

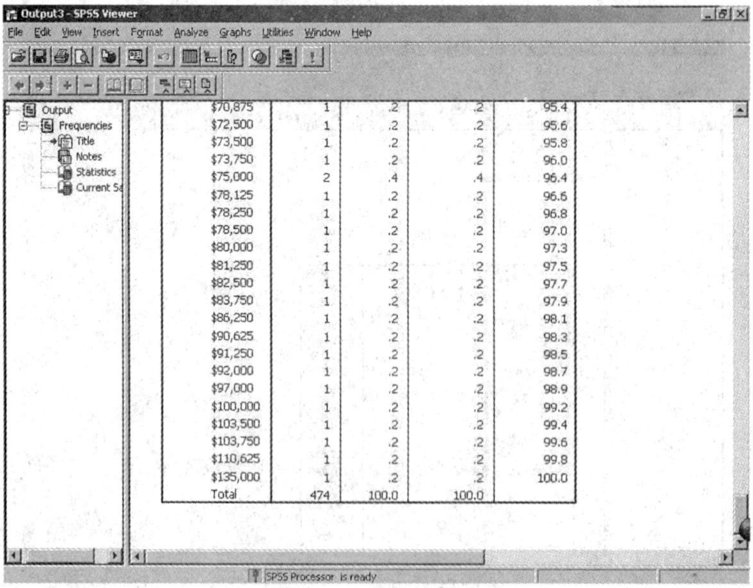

	$70,875	1	.2	.2	95.4
	$72,500	1	.2	.2	95.6
	$73,500	1	.2	.2	95.8
	$73,750	1	.2	.2	96.0
	$75,000	2	.4	.4	96.4
	$78,125	1	.2	.2	96.6
	$78,250	1	.2	.2	96.8
	$78,500	1	.2	.2	97.0
	$80,000	1	.2	.2	97.3
	$81,250	1	.2	.2	97.5
	$82,500	1	.2	.2	97.7
	$83,750	1	.2	.2	97.9
	$86,250	1	.2	.2	98.1
	$90,625	1	.2	.2	98.3
	$91,250	1	.2	.2	98.5
	$92,000	1	.2	.2	98.7
	$97,000	1	.2	.2	98.9
	$100,000	1	.2	.2	99.2
	$103,500	1	.2	.2	99.4
	$103,750	1	.2	.2	99.6
	$110,625	1	.2	.2	99.8
	$135,000	1	.2	.2	100.0
	Total	474	100.0	100.0	

图10-9

步骤 3：结果的输出与说明。

（1）Case Processing Summary 表（见图 10-10）。在 Case Processing Summary 表中可以看出 Clerical 个案 363，Custodial 个案 27，Manager 个案 84，均无缺失值。

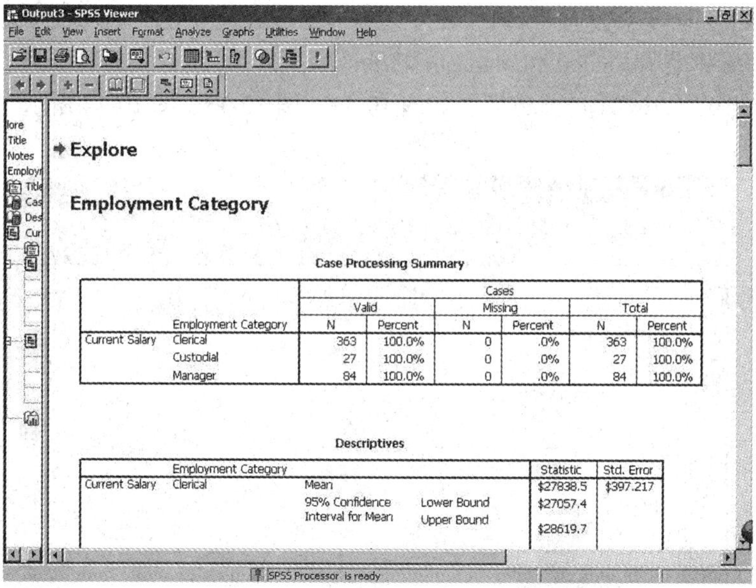

Case Processing Summary

		Cases					
		Valid		Missing		Total	
	Employment Category	N	Percent	N	Percent	N	Percent
Current Salary	Clerical	363	100.0%	0	.0%	363	100.0%
	Custodial	27	100.0%	0	.0%	27	100.0%
	Manager	84	100.0%	0	.0%	84	100.0%

Descriptives

	Employment Category			Statistic	Std. Error
Current Salary	Clerical	Mean		$27838.5	$397.217
		95% Confidence Interval for Mean	Lower Bound	$27057.4	
			Upper Bound	$28619.7	

图 10-10

（2）Descriptives 表（见图 10-11）。Descriptives 表是 Current Salary 变量的分组描述统计

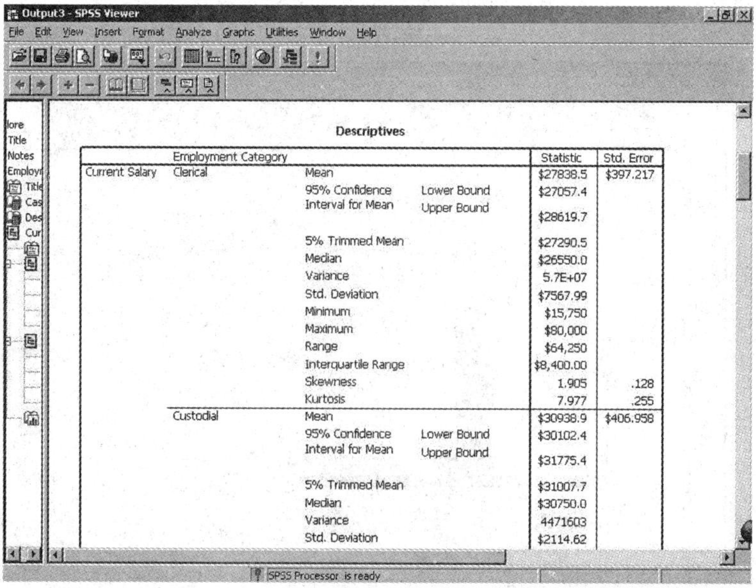

Descriptives

	Employment Category			Statistic	Std. Error
Current Salary	Clerical	Mean		$27838.5	$397.217
		95% Confidence Interval for Mean	Lower Bound	$27057.4	
			Upper Bound	$28619.7	
		5% Trimmed Mean		$27290.5	
		Median		$26550.0	
		Variance		5.7E+07	
		Std. Deviation		$7567.99	
		Minimum		$15,750	
		Maximum		$80,000	
		Range		$64,250	
		Interquartile Range		$8,400.00	
		Skewness		1.905	.128
		Kurtosis		7.977	.255
	Custodial	Mean		$30938.9	$406.958
		95% Confidence Interval for Mean	Lower Bound	$30102.4	
			Upper Bound	$31775.4	
		5% Trimmed Mean		$31007.7	
		Median		$30750.0	
		Variance		4471603	
		Std. Deviation		$2114.62	

图 10-11

结果。表的第一部分是 Clerical 薪水的统计，其中包括均数 $ 27838.5，均数的标准误为 $ 397.217，均数的 95% 置信区间为 $ 27057.4 ~ $ 28619.7，5% 修正均数为 $ 27290.5，中位数为 $ 26550.0，方差为 5.7E+07，标准差为 $ 7567.99，最小值为 $ 15750，最大值为 $ 80000，全距为 $ 64250，四分位全距为 $ 8400.00，偏度系数为 1.905，偏度系数的标准误为 0.128，峰度系数为 7.977，峰度系数的标准误为 0.255。

表的下部分别是 Custodial 和 Manager 的统计信息。

（3）不同职位员工薪水的直方图，如图 10-12、图 10-13、图 10-14 所示。

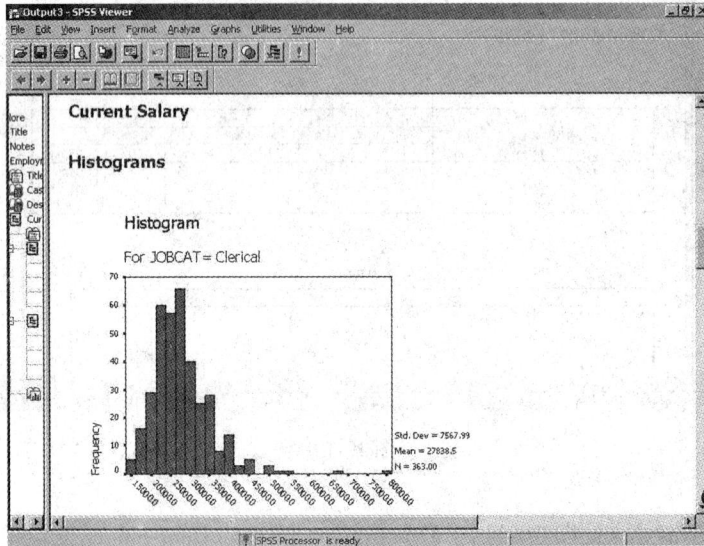

图 10-12

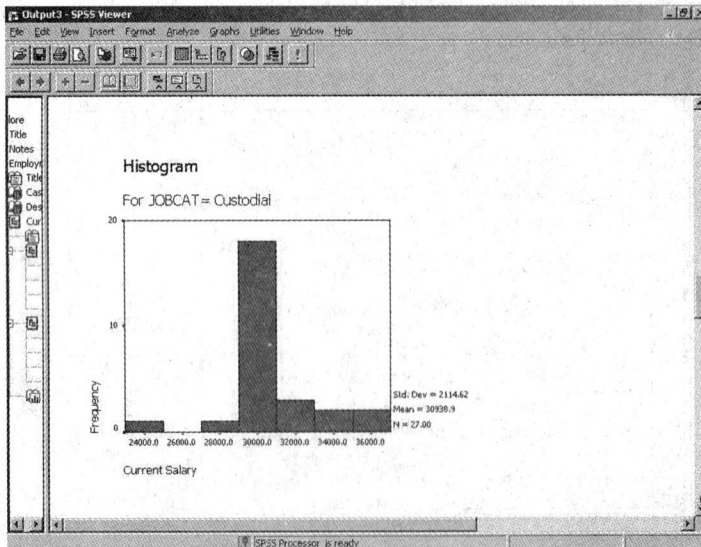

图 10-13

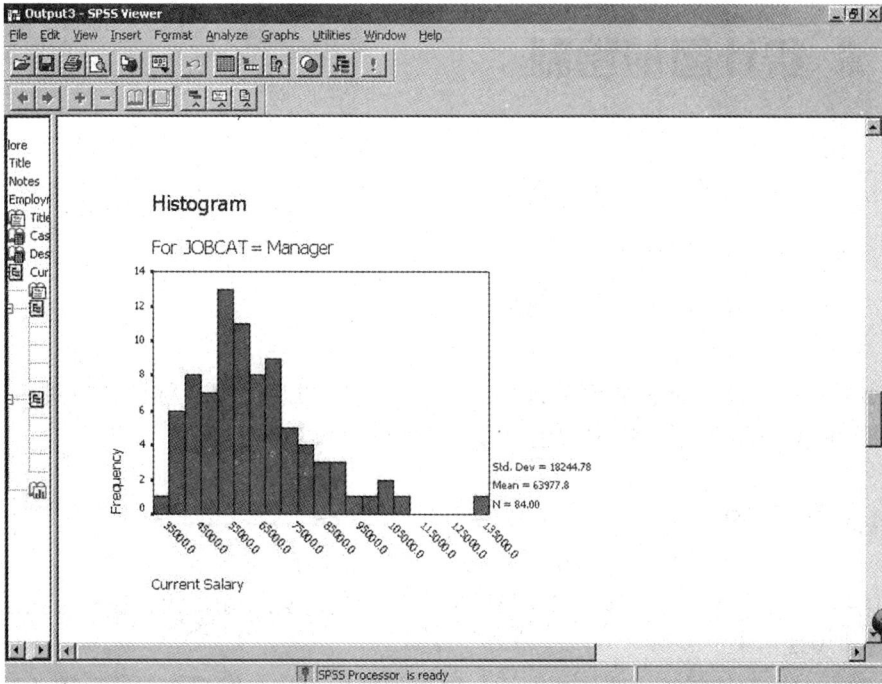

图 10-14

10.4 上机实训习题

1. 根据第 3 章习题第 6 题资料编制频数分布表，根据数据计算均值、众数、中位数、四分位数、全距、方差、标准差、S 值、K 值，并对结果进行简单的说明。

2. 根据第 4 章习题第 5 题资料编制频数分布表，根据数据求均数、标准差、中位数、总和、最小值、最大值、S 值、K 值，并对结果进行简单的说明。

第 11 章 统计图的绘制

SPSS 的绘图功能很强，能绘制许多统计图，这些图既可以在统计分析过程中产生，也可以直接由 Graphs 图形菜单中所包含的一系列选项来实现。

11.1 上机目的

(1)学会利用统计图把统计资料所反映的数量变化趋势、分布状态和相互关系等情况形象直观地表现出来。

(2)学会对所制作的统计图进行阅读、比较和分析，从中发现数据所反映的社会经济现象与规律。

(3)掌握绘制条形图、饼图、直方图、帕累托图、散点图、茎叶图、时间序列图的方法。

11.2 上机演示内容与步骤

(1)条形图绘制步骤。

第一步：打开 chaoshi. sav 文件，得到如图 11-1 所示的界面。

第二步：选择"Graphs"下拉菜单，选择"Bar..."选项，如图 11-2 所示。

第三步：点击"Bar..."选项进入主对话框，选择"Simple"，在"Data in Chart Are"中选择"Values of individual cases"，如图 11-3 所示。

备注：命令选项的选择

① 条形图形状的选择(条形图图标说明)：

• Simple：将各类别数值用平行且等宽的条形简单地并列在一起的图形。

• Clustered：有两种以上分类的数据显示方式，首先将数据分为第一类，然后各类数据再进一步细分为第二类，并用两个以上的条形图并列来分别表示。

• Stacked(分段条形图)：有两种以上分类的数据显示方式，首先将数据分为第一类，然后各类数据再进一步细分为第二类。作图时，以条形的全长代表分成的第一大类别，条形内部各段的长短代表第二类别的组成部分，各段之间用不同的线条或颜色表示。

② 计算数据统计量的方式选择(Data in Chart Are)：

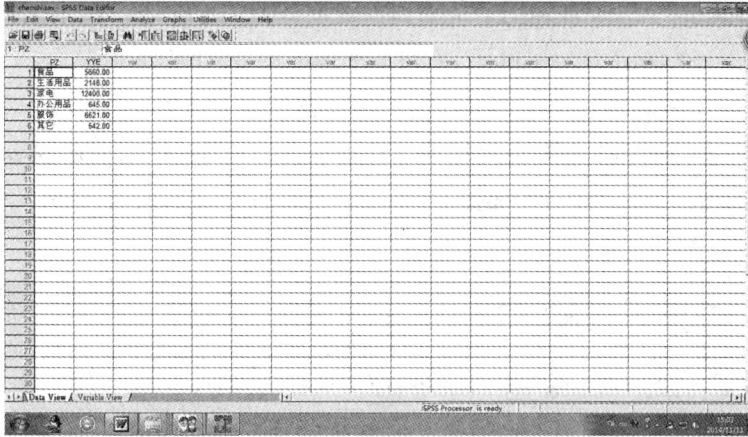

图 11-1

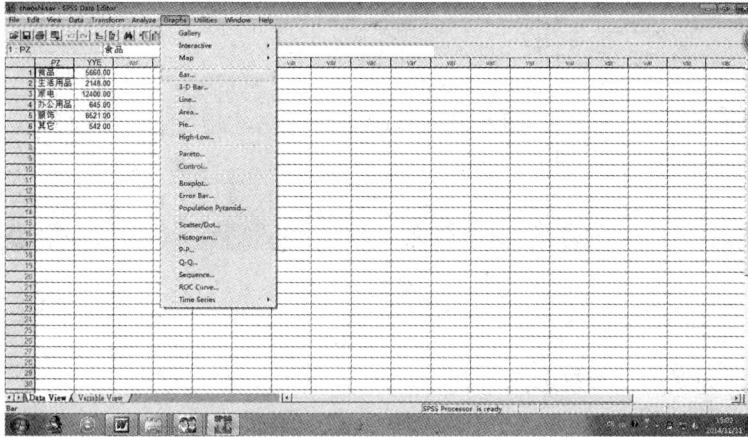

图 11-2

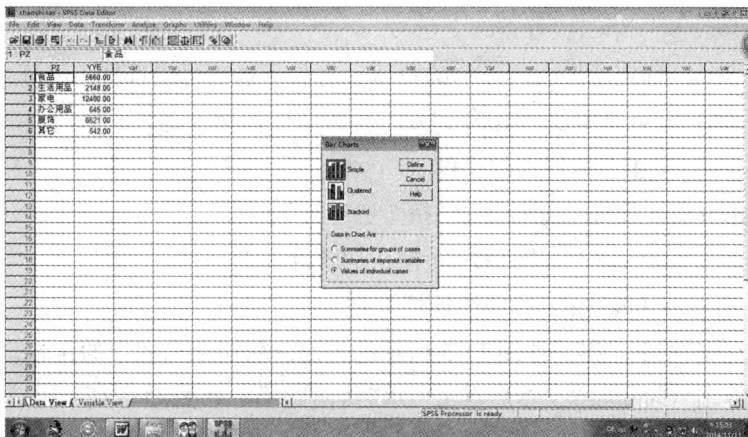

图 11-3

- Summaries for groups of cases：先对所有数据分类，然后对每类创建条形图。
- Summaries of separate variables：对每个变量创建条形图。
- Values of individual cases：对每个数据创建条形图。

第四步：点击"Define"进入主对话框，将变量"YYE"选入"Bar Represent"，将变量"PZ"选入"Category Labels"中的"Variable"中，结果如图 11-4 所示。

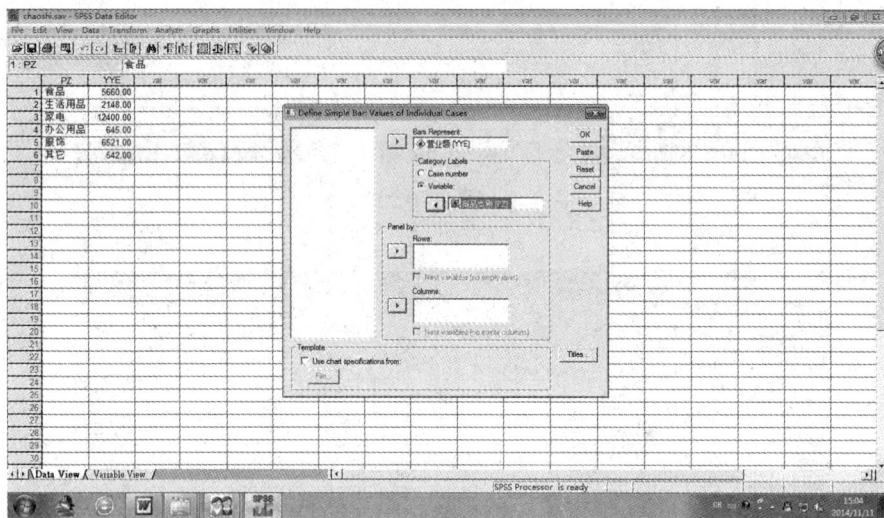

图 11-4

备注：条形图变量及参数选择

在 Bar Charts 对话框中选定条形图类型后，单击 Define 按钮，打开条形图变量及参数选择对话框：

Category Axis：表示坐标轴上的分组变量(第一次分类的变量)。

Define Clusters by：第二次分类的变量。

Bars Represent：确定条形图所显示的数值。有如下选项可供选择：

- N of cases：显示总的观测值数。
- % of cases：分组个数所占的比例。
- Cumulative n of cases：累计频数(按个数统计)。
- Cumulative % of cases：累计频率(按比例统计)。
- Other summary function：其他描述统计量。

第五步：点击"Titles"得到如图 11-5 所示的界面，然后给出图形的命名。

第六步：点击"Continue"，然后点击"OK"得出结果，如图 11-6 所示。

(2)饼形图的绘制步骤。

第一步：打开 chaoshi. sav 文件，得到如图 11-7 所示的界面。

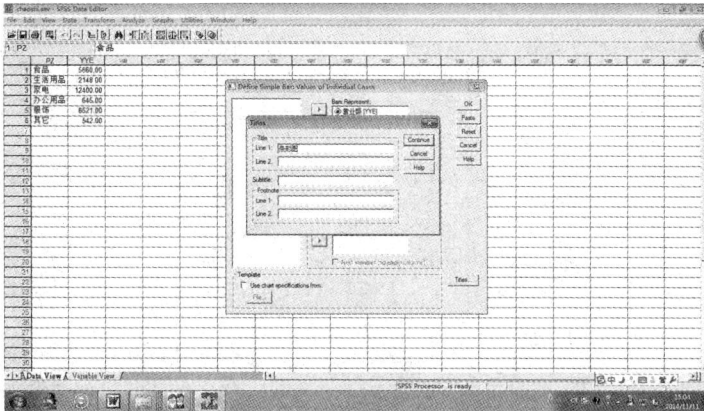

图 11-5

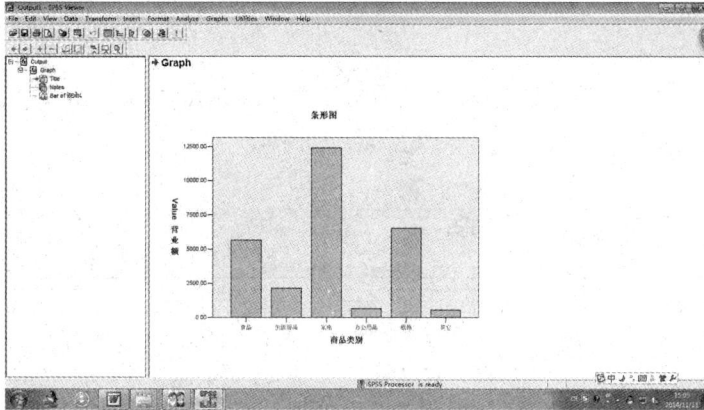

图 11-6

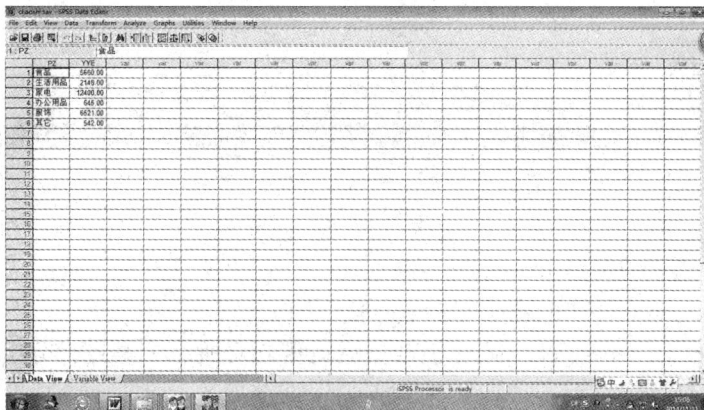

图 11-7

第二步：选择"Graphs"下拉菜单，选择"Pie..."选项，如图 11-8 所示。

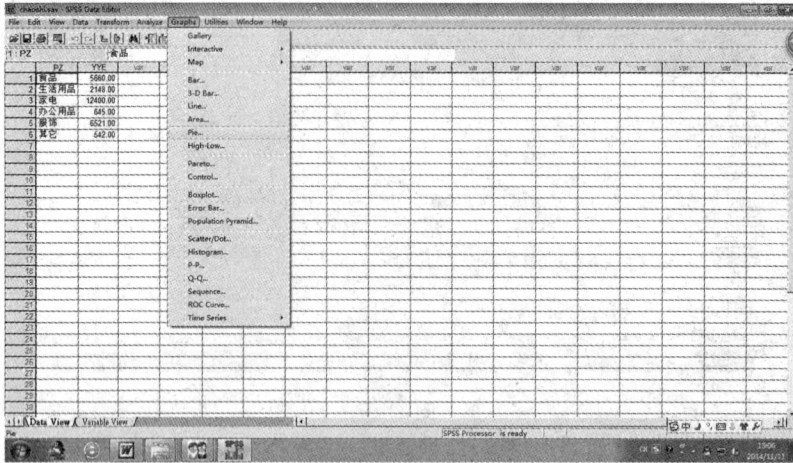

图 11-8

第三步：点击"Pie..."选项进入主对话框，在"Data in Chart Are"中选择"Values of individual cases"，如图 11-9 所示。

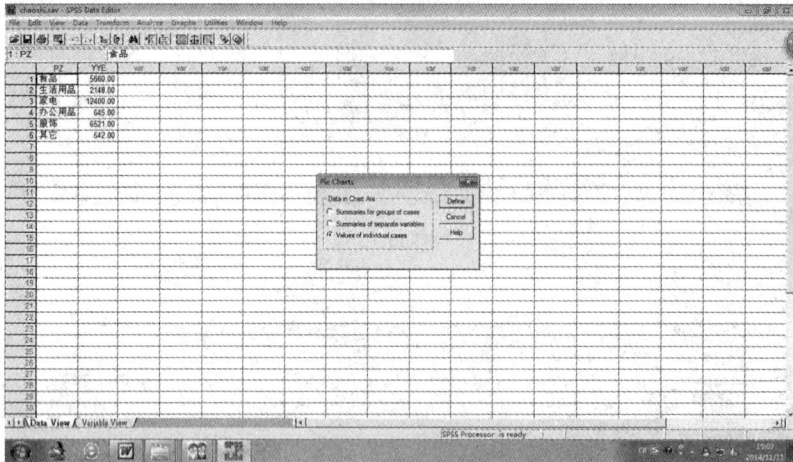

图 11-9

备注：命令选项的选择

Data in Chart Are(图中数据的描述)：

• Summaries for groups of cases：根据分组变量先对所有个案进行分组，然后对分组个案创建图。

• Summaries of separate variables：对每个变量创建图。

• Values of individual cases：对每个个案创建图。

第四步：点击"Define"进入主对话框，结果如图 11-10 所示：

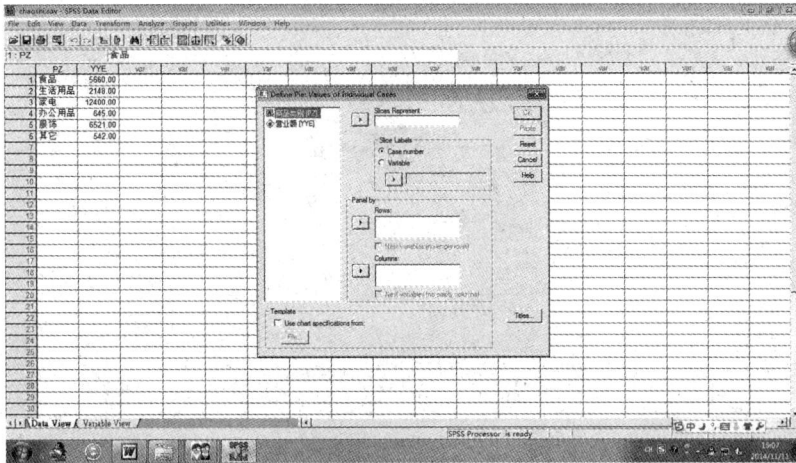

图 11-10

备注：饼形图变量及参数选择

Slices Represent：确定扇形片的代表含义，有如下选项：

- N of cases：总观测值。
- % of cases：分组个数所占的比例。
- Cumulative n of cases：累计频数。
- Cumulative % of cases：累计频率。
- Other summary function：其他统计量。

第五步：将变量"YYE"选入"Slices Represent"，将变量"PZ"选入"Slices Labels"中的"Variable"中，结果如图 11-11 所示。

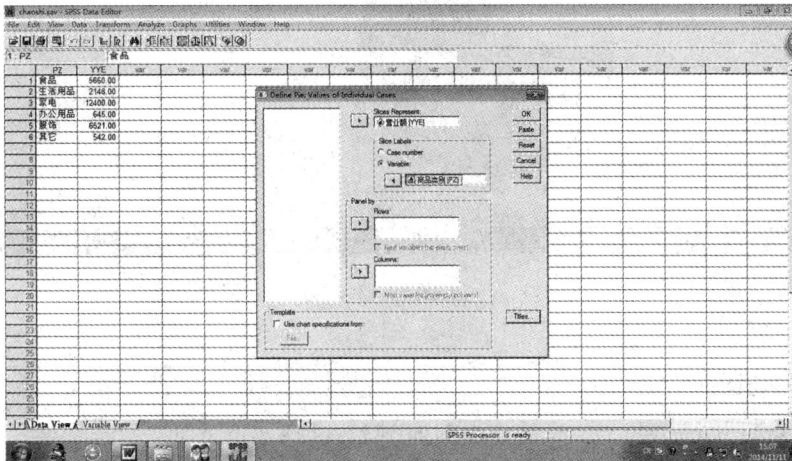

图 11-11

第六步：点击"Titles"得到如图 11-12 所示的界面，然后给出图形的命名。

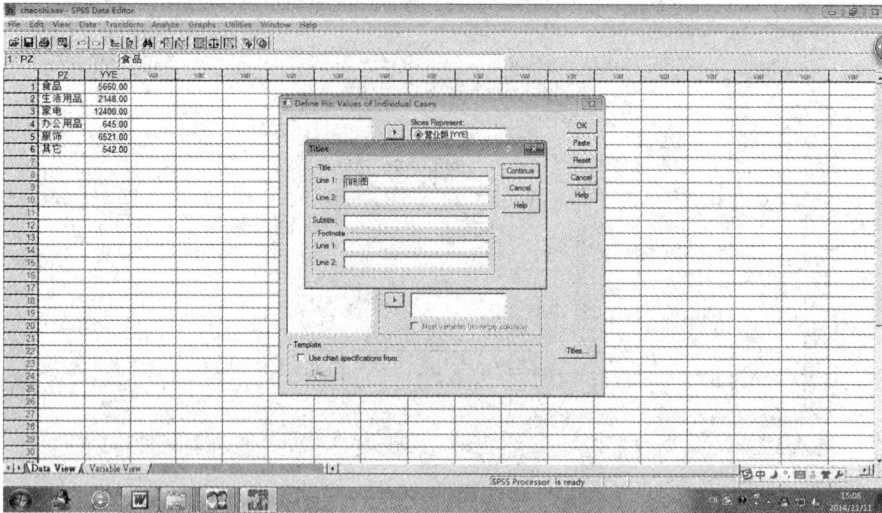

图 11-12

第七步：点击"Continue"，然后点击"OK"得出结果，如图 11-13 所示。

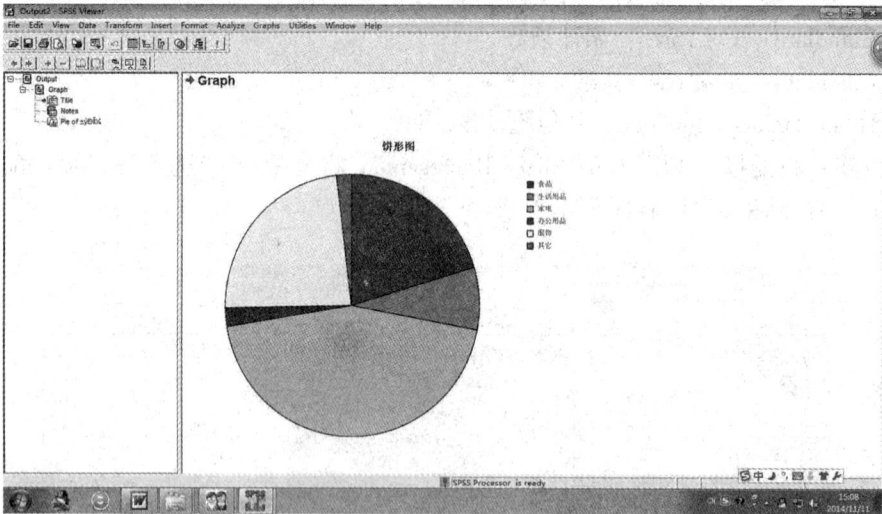

图 11-13

（3）帕累托图的绘制步骤。

第一步：打开 chaoshi. sav 文件，得到如图 11-14 所示的界面。

第二步：选择"Graphs"下拉菜单，选择"Pareto..."选项，如图 11-15 所示。

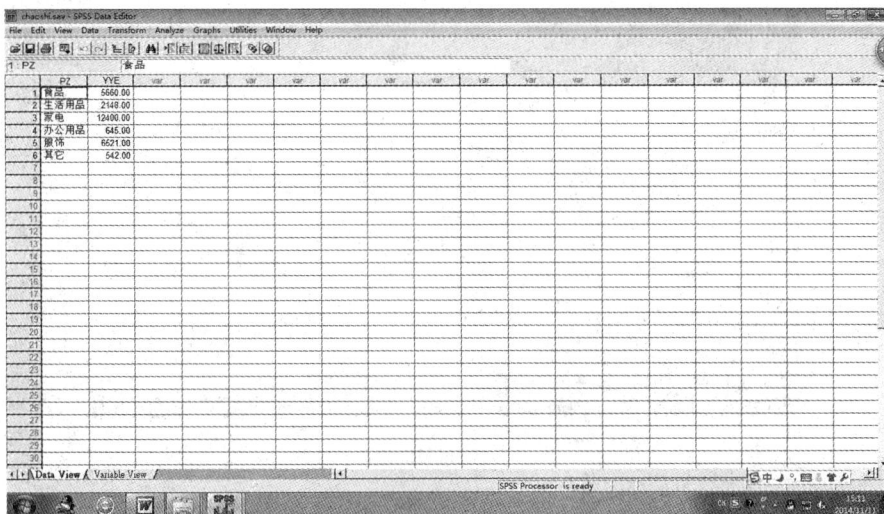

图 11-14

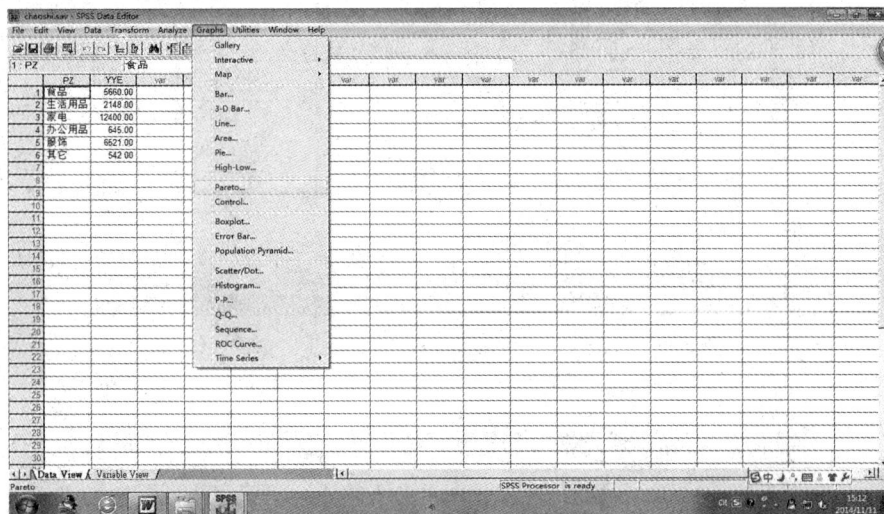

图 11-15

第三步：点击"Pareto…"选项进入主对话框，选择"Simple"，在"Data in Chart Are"中选择"Values of individual cases"，如图 11-16 所示。

第四步：点击"Define"进入主对话框，将变量"YYE"选入"Values"，将变量"PZ"选入"Category Labels"中的"Variable"中，结果如图 11-17 所示。

第五步：点击"Titles"得到如图 11-18 所示的界面，然后给出图形的命名。

第六步：点击"Continue"，然后点击"OK"得出结果，如图 11-19 所示。

157

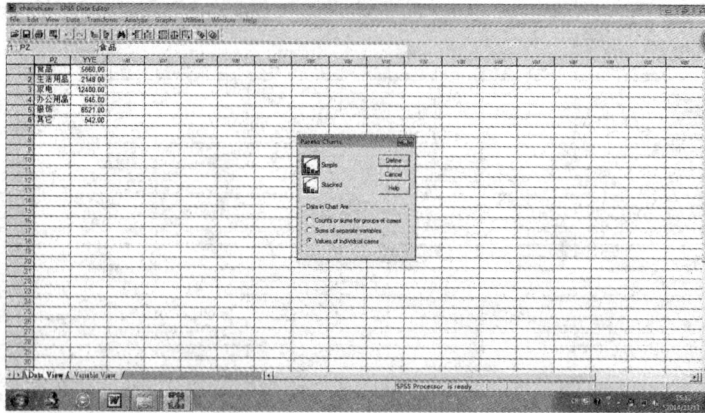

图 11-16

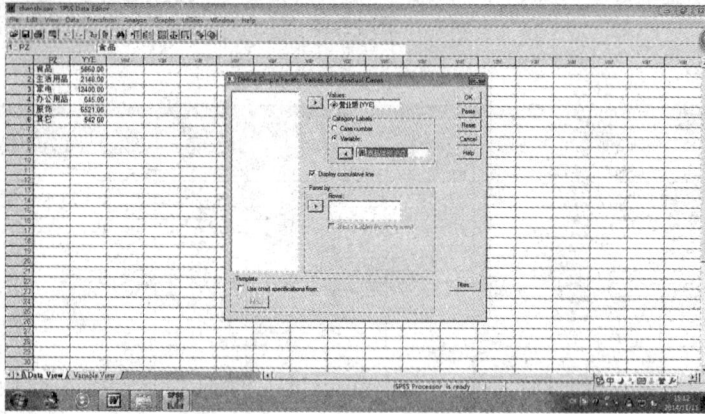

图 11-17

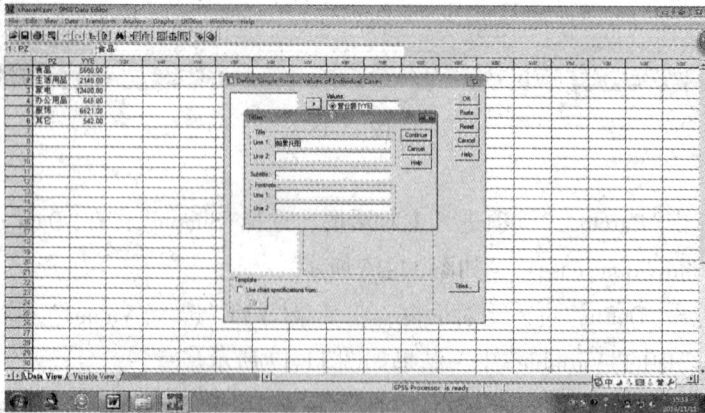

图 11-18

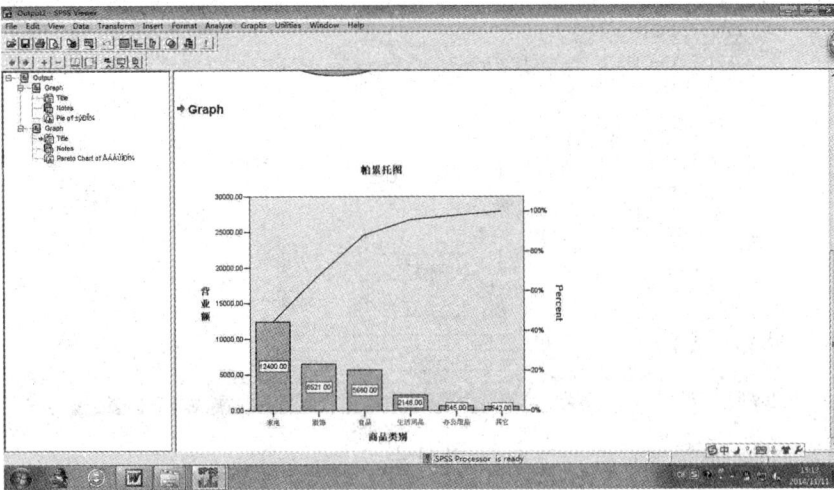

图 11-19

(4)茎叶图的绘制步骤。

第一步：打开一个空白的 SPSS 文件，输入本书第 40 页的富翁年龄的数据，见图 11-20。

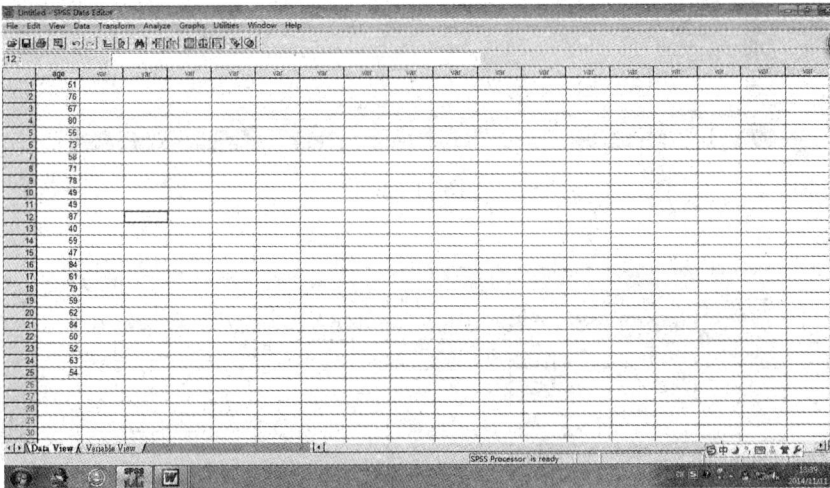

图 11-20

第二步：保存到桌面(或某盘)，并命名，见图 11-21。

第三步：选择"Analyze"下拉菜单，并选择"Descriptive Statistics"选项，点击"Explore"进入主对话框，见图 11-22、图 11-23。

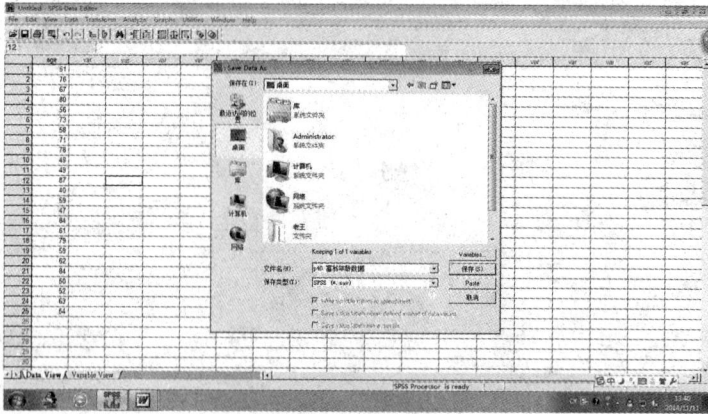

图 11-21

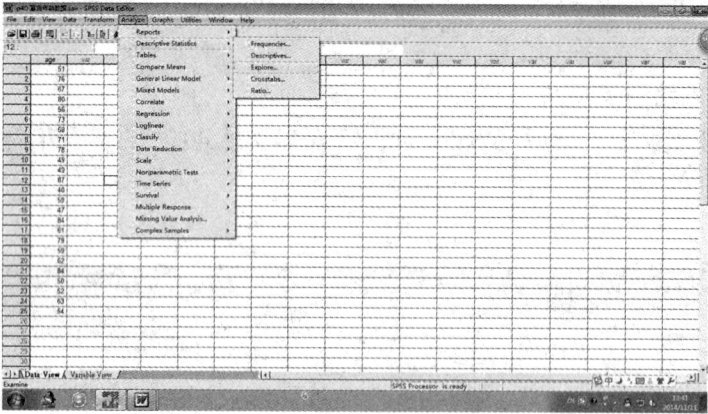

图 11-22

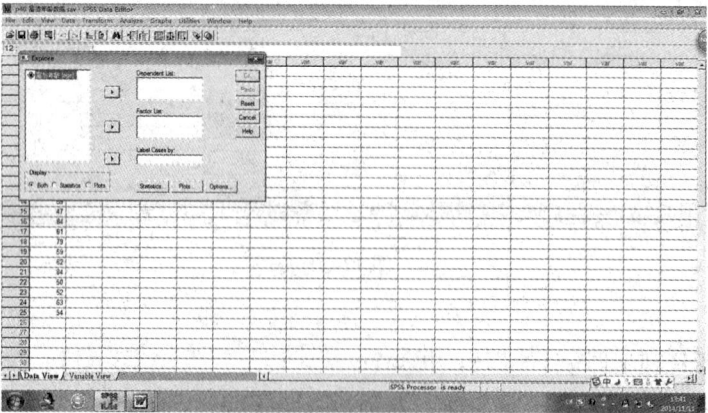

图 11-23

第四步：将变量"富翁年龄"点击拖入"Dependent List"，见图 11-24。

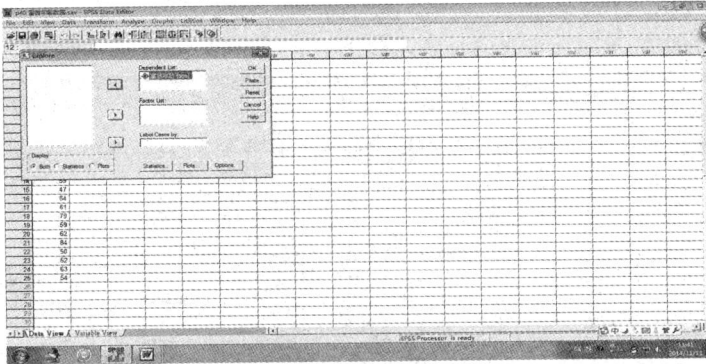

图 11-24

第五步：点击"Plots"，在对话框中选择"Stem-and-leaf"，见图 11-25。

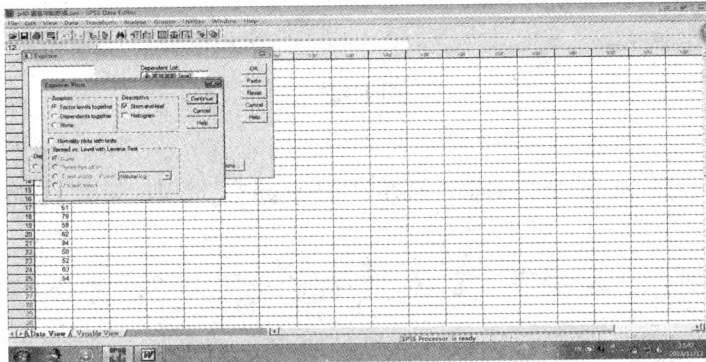

图 11-25

第六步：点击"Continue"回到主对话框，点击"OK"，结果见图 11-26。

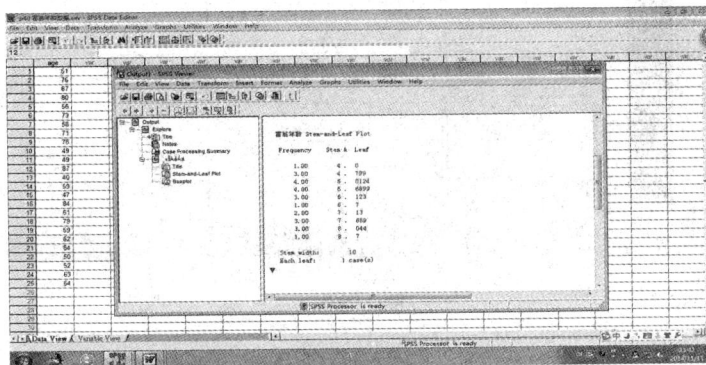

图 11-26

（5）直方图的绘制步骤。

第一步：打开 cars. sav 文件，得到如图 11-27 所示的界面。

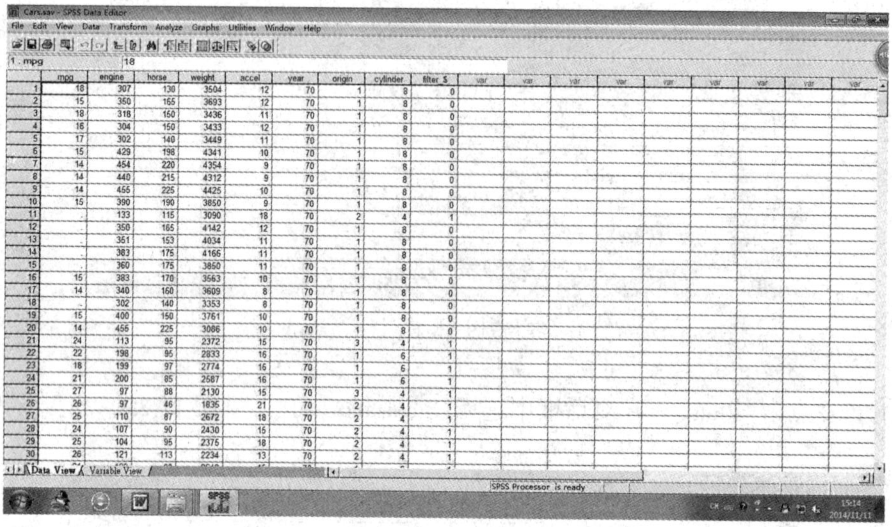

图 11-27

第二步：选择"Graphs"下拉菜单，选择"Histogram…"选项，如图 11-28 所示。

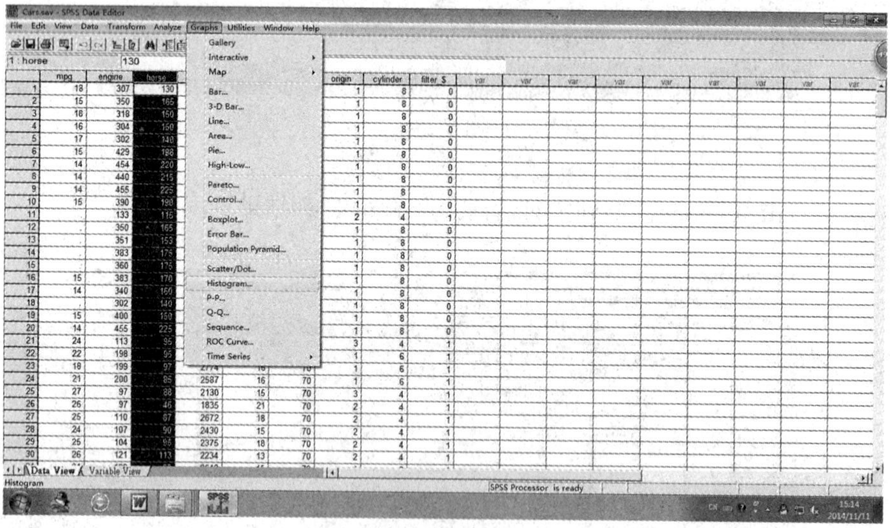

图 11-28

第三步：将变量"horse"选中，如图 11-29 所示。

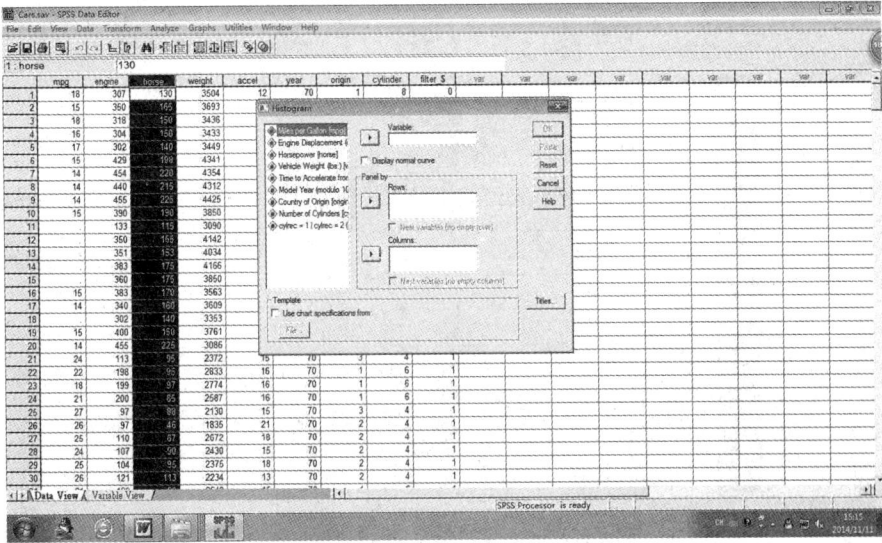

图 11-29

第四步：将变量"horse"选入"Variable"，如图 11-30 所示。

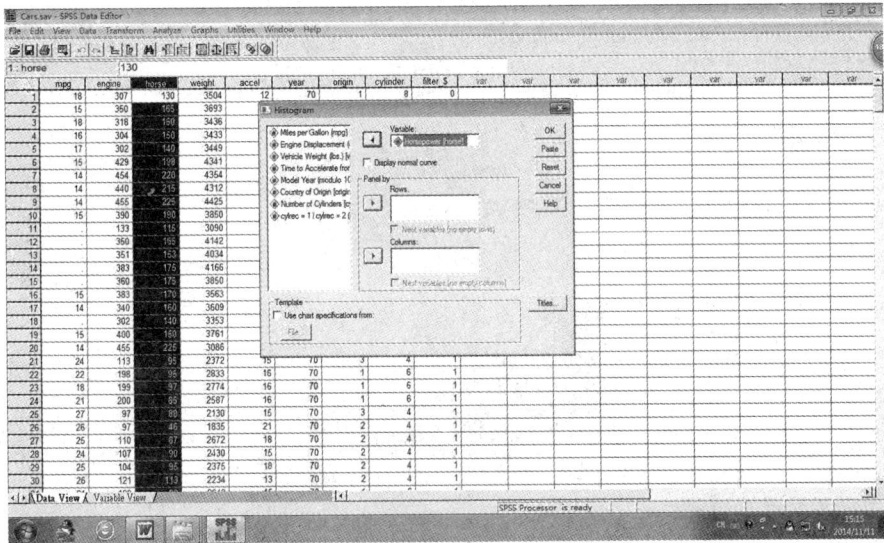

图 11-30

第五步：点击"Titles"，得到如图 11-31 所示的界面，然后给出图形的命名。

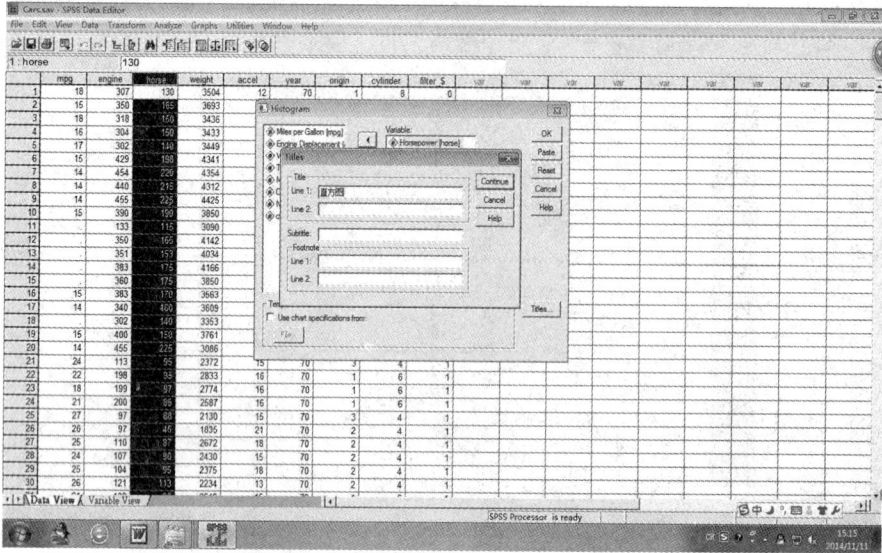

图 11-31

第六步：点击"Continue"，然后点击"OK"，得出结果如图 11-32 所示。

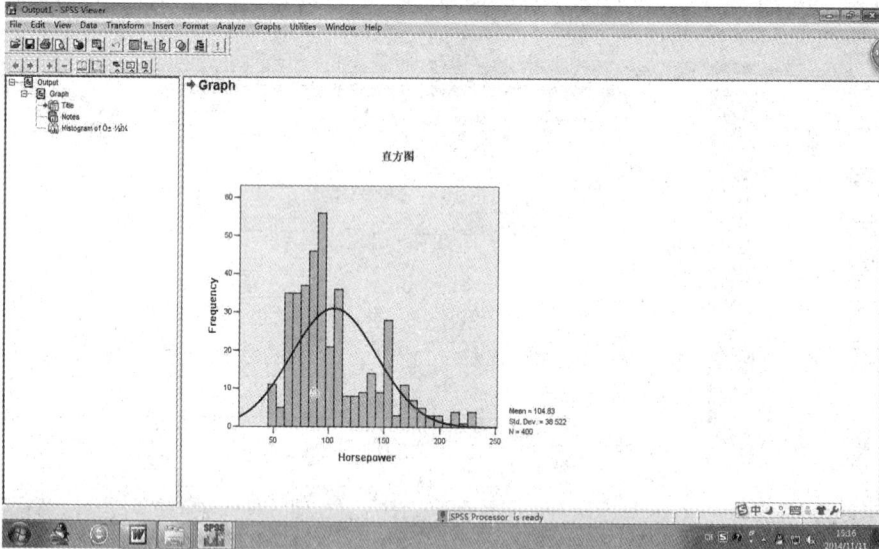

图 11-32

(6)散点图的绘制步骤。

第一步：打开 cars. sav 文件，得到如图 11-33 所示的界面。

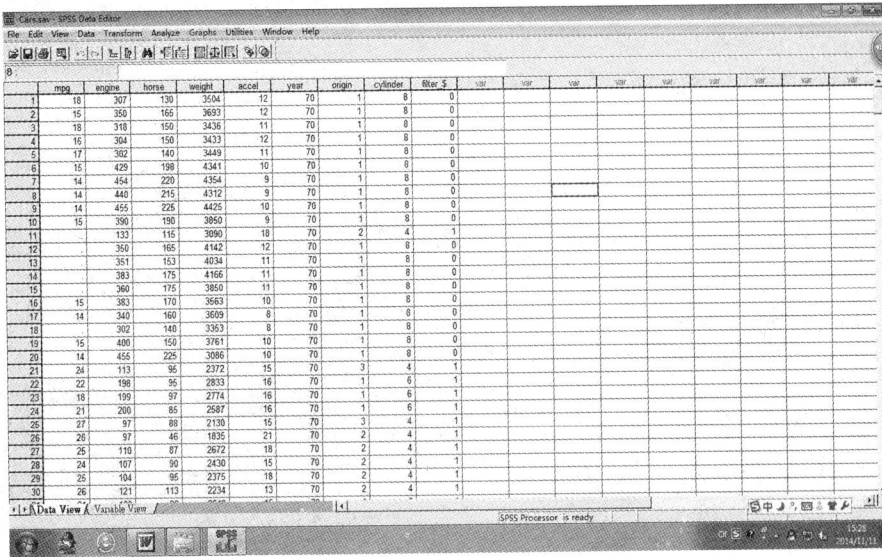

图 11-33

第二步：选择"Graphs"下拉菜单，选择"Scatter/Dot…"选项，如图 11-34 所示。

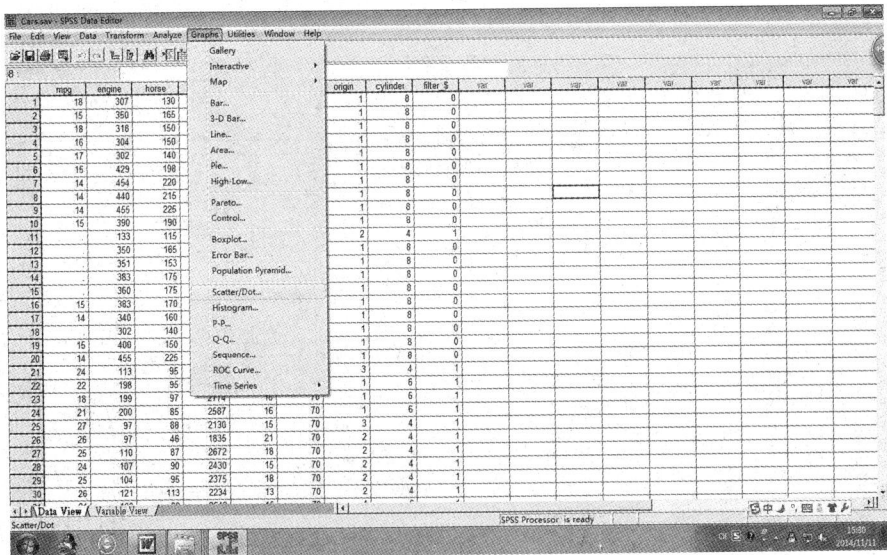

图 11-34

第三步：点击"Scatter/Dot…"选项进入主对话框，选择"Simple Scatter"，如图 11-35 所示。

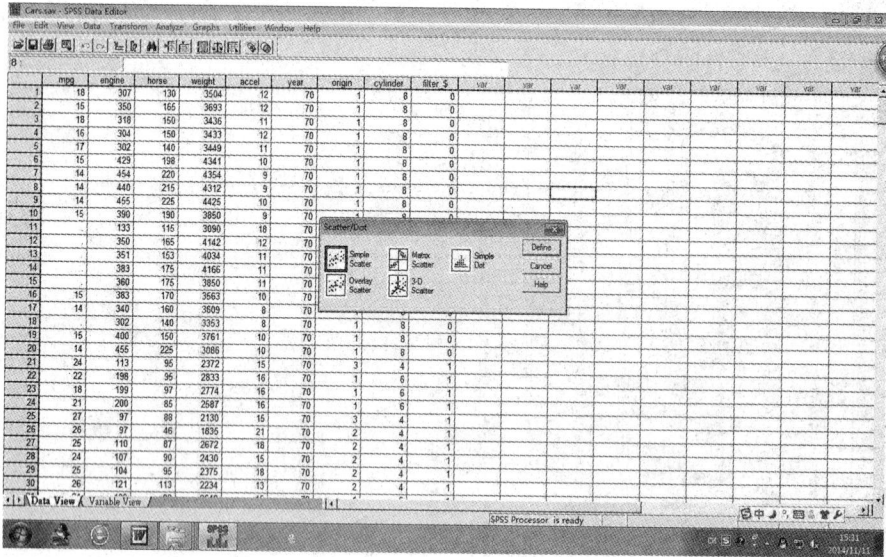

图 11-35

第四步：点击"Define"进入主对话框，将变量"mpg"选入"Y Axis"，将变量"horse"选入【X Axis】，如图 11-36 所示。

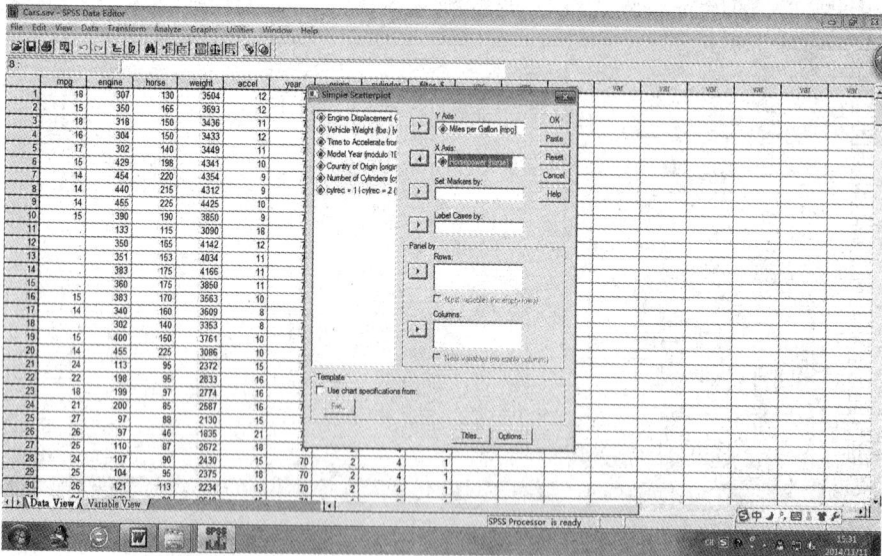

图 11-36

第五步：点击"Titles"得到如图 11-37 所示的界面，然后给出图形的命名。

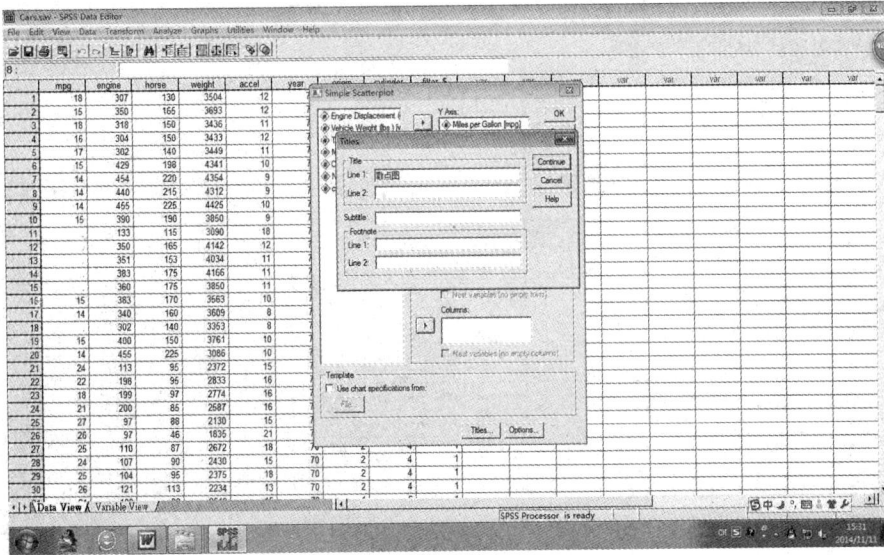

图 11-37

第六步：点击"Continue"，然后点击"OK"，得出结果，如图 11-38 所示。

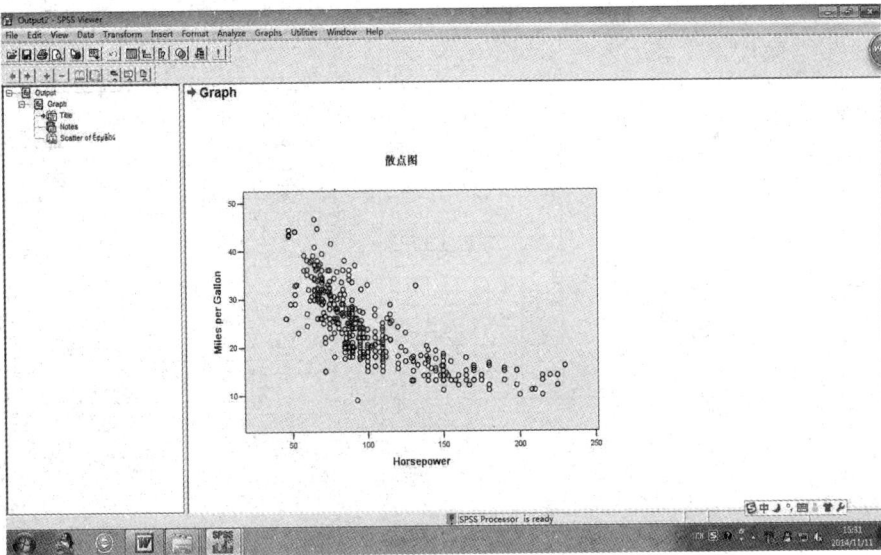

图 11-38

（7）时间序列图的绘制步骤。

第一步：打开表 3-13. sav 文件，得到如图 11-39 所示的界面。

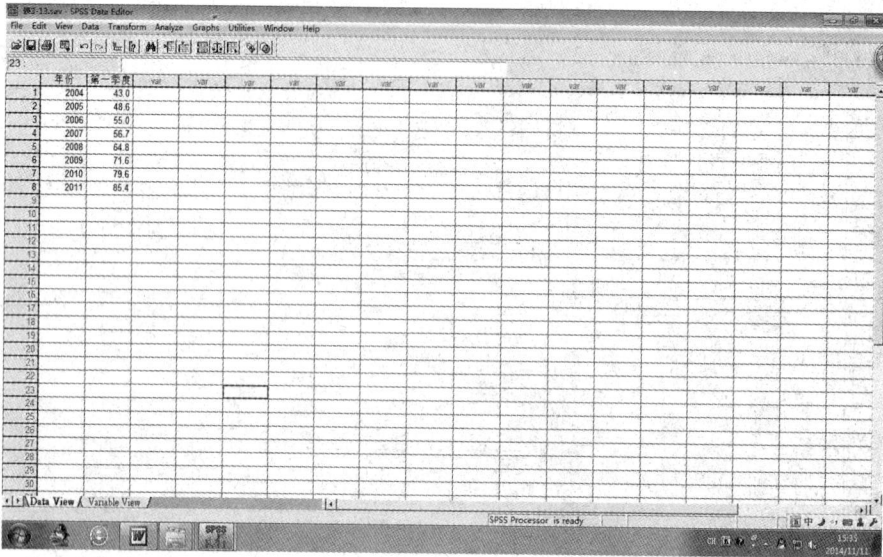

图 11-39

第二步：选择"Graphs"下拉菜单，选择"Line…"选项，如图 11-40 所示。

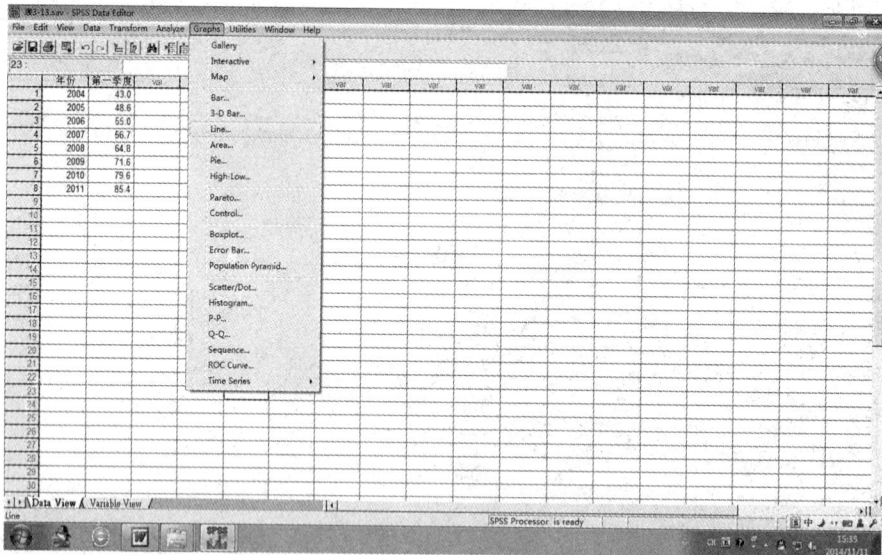

图 11-40

第三步：点击"Line…"选项进入主对话框，选择"Simple"，在"Data in Chart Are"中选择"Values of individual cases"，如图 11-41 所示。

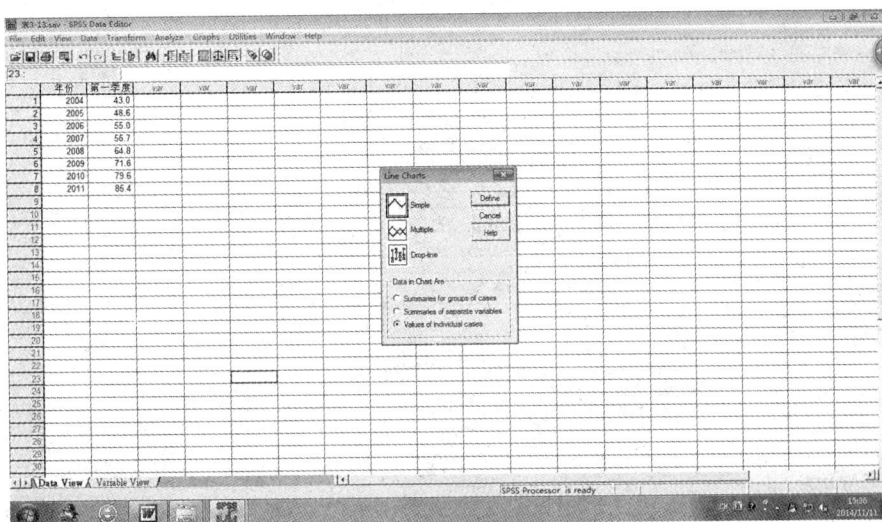

图 11-41

第四步：点击"Define"进入主对话框，将变量"第一季度销售收入"选入"Line Represents"，将变量"年份"选入"Category Labels"中的"Variable"中，结果如图 11-42 所示。

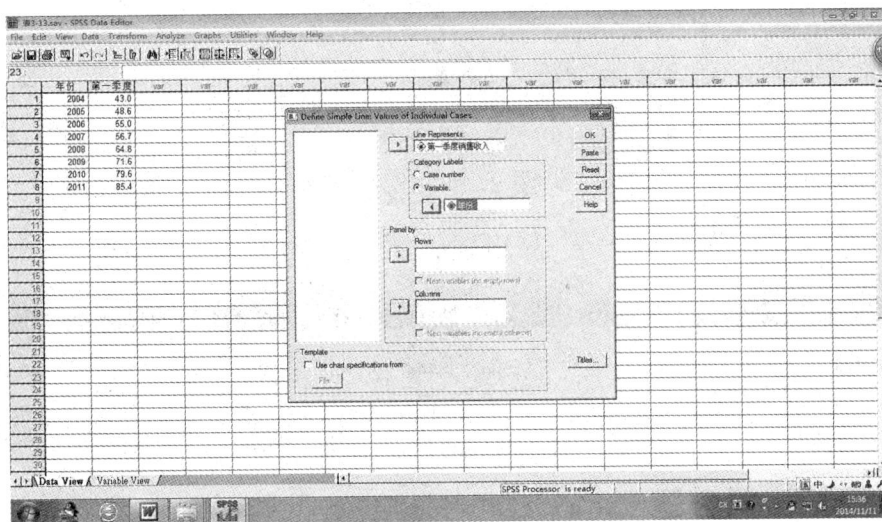

图 11-42

第五步：点击"Titles"得到如图 11-43 所示的界面，然后给出图形的命名。

第六步：点击"Continue"，然后点击"OK"得出结果，如图 11-44 所示。

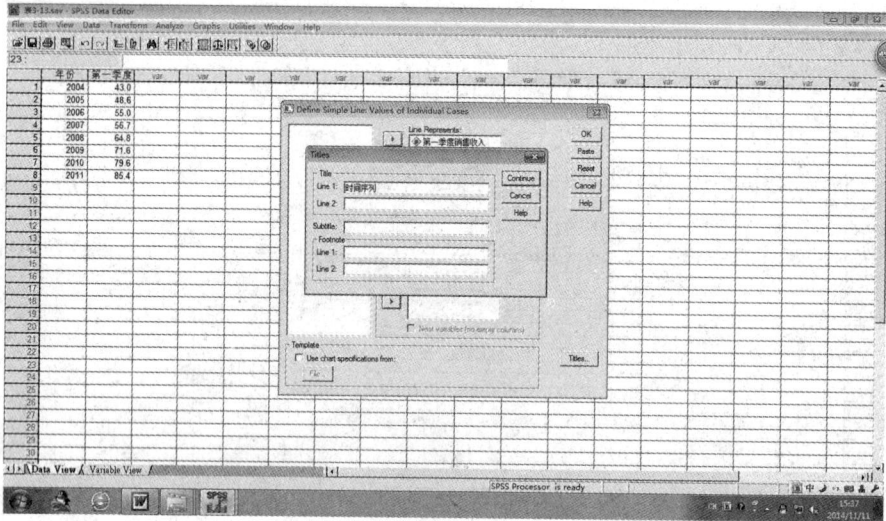

图 11-43

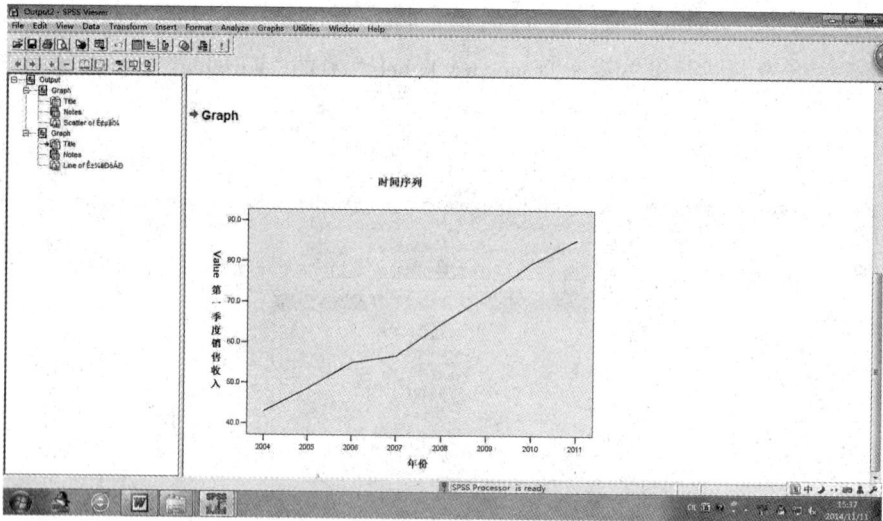

图 11-44

11.3 上机实训习题

1. 根据第 3 章习题第 3 题资料，绘制条形图、饼形图、帕累托图。

2. 根据第 3 章习题第 5 题资料，绘制茎叶图、直方图。

第 12 章 | 相关与回归分析

12.1 上机目标

(1)学会回归模型的散点图。

(2)学会在 SPSS 上实现相关系数的计算。

(3)学会在 SPSS 上实现一元回归模型的计算。

(4)学会对所计算结果进行统计分析说明。

12.2 上机要求

在上机前,了解回归分析的如下内容:

参数 α、β 的估计:采用最小二乘法,使随机误差(残差)平方和为最小,即 $\min \sum e_i^2$,可求得:

$$\hat{\beta} = \frac{n \sum xy - \sum x \sum y}{n \sum x^2 - (\sum x)^2} \qquad \hat{\alpha} = \bar{y} - \hat{\beta}\bar{x}$$

回归方程为:$\hat{y} = \hat{\alpha} + \hat{\beta}x$。

12.3 上机演示内容与步骤

(1)绘制散点图(略,详细步骤参见第 11 章散点图绘制步骤)。

(2)计算相关系数的步骤:

第一步:打开 Cars. sav 文件,选择菜单【Analyze】—【Correlate】—【Bivariate】,结果如图12-1所示。

第二步:将要分析的两个变量(本例为 mpg 和 horse)拖入 Variables,在对应的 "Correlation Coefficients" 框中选择 Pearson 相关系数;在 "Test of Significance" 框中选 "Two-

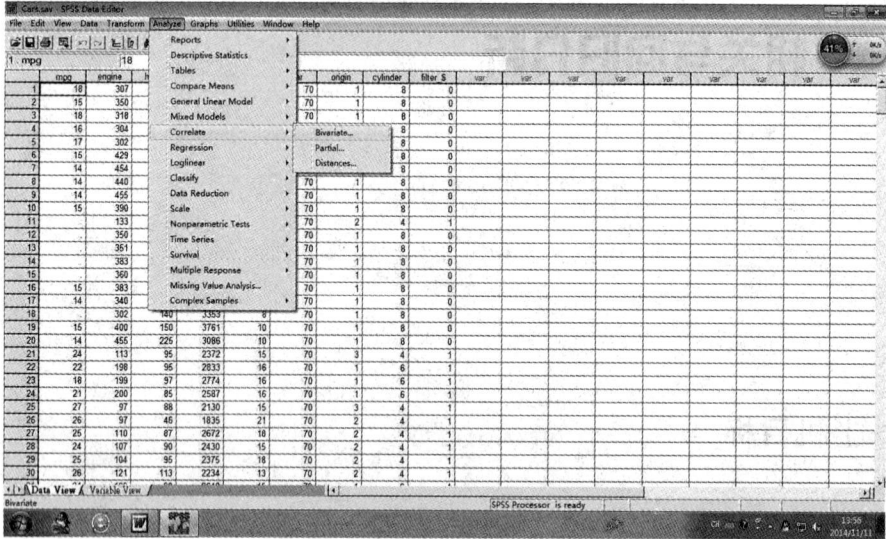

图 12-1

tailed"，即(双侧)检验。选中复选框"Flag significant correlations"设置是否突出显示显著相关。结果如图 12-2 所示。

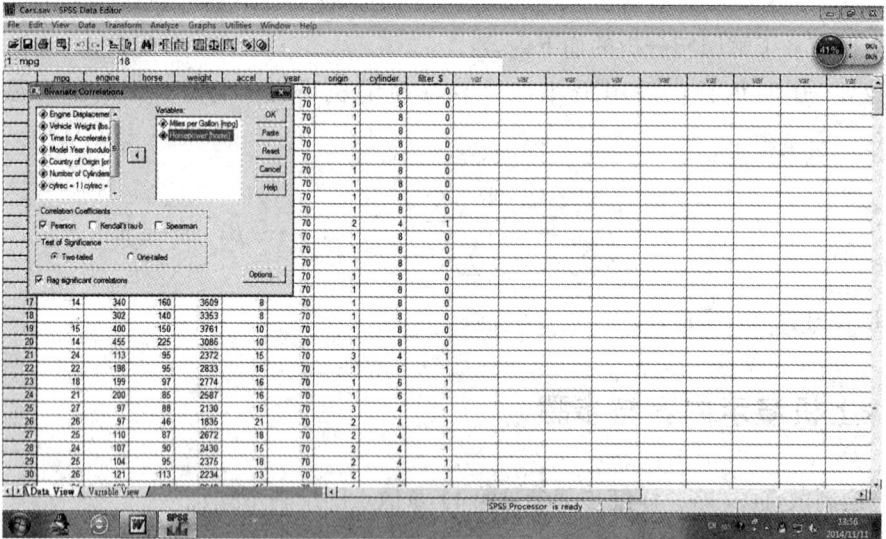

图 12-2

第三步：单击"OK"按钮，得到输出结果，如图 12-3 所示。

(3)建立一元线性回归方程的步骤。

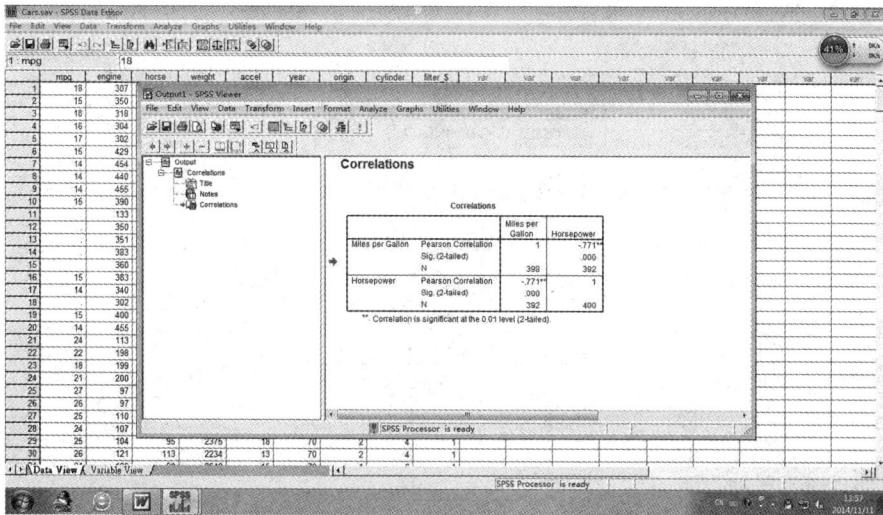

图 12-3

第一步：打开 Cars. sav 文件，选择菜单【Analyze】—【Regression】—【Linear】，结果如图12-4所示。

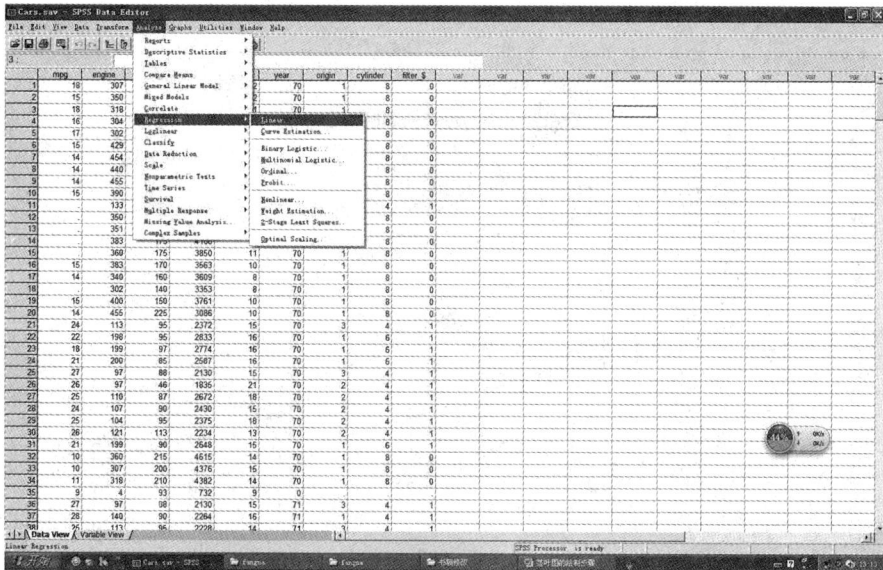

图 12-4

第二步：进入"Linear Regression"对话框，如图 12-5 所示。

第三步：从对话框左侧的变量列表中选择变量 mpg，使之进入"Dependent"框；选择

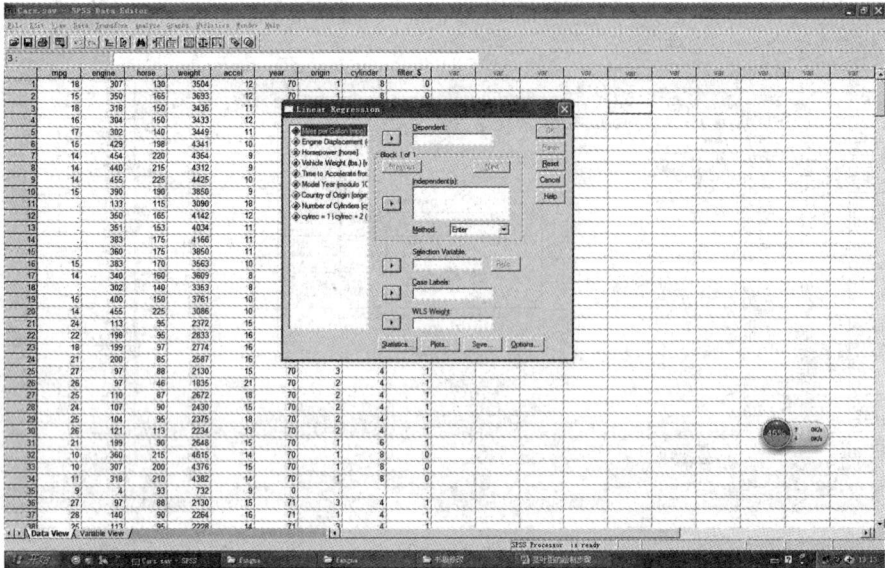

图 12-5

变量 horse，进入"Indepentdent(s)"框，如图 12-6 所示。

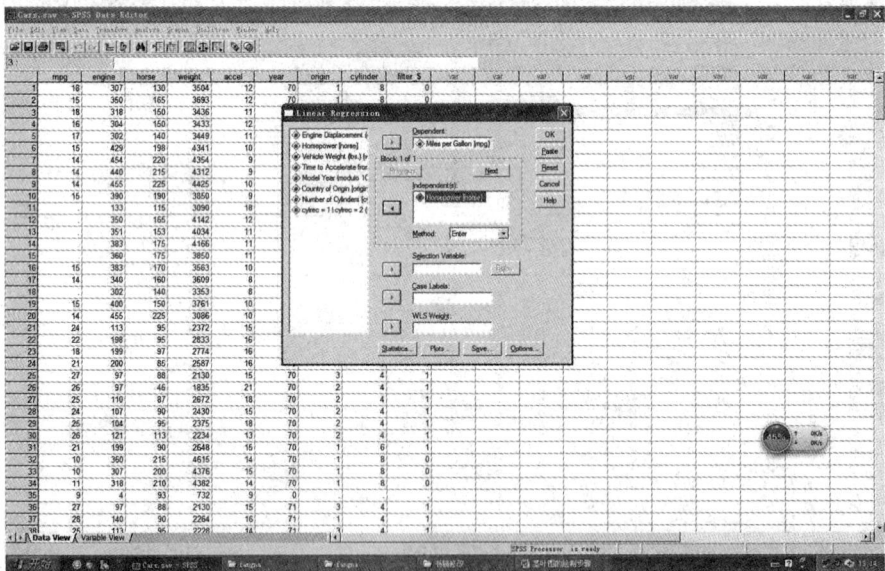

图 12-6

第四步：单击"OK"按钮，得到输出结果，如图 12-7 所示。

模型概述(Model Summary)表显示，判定系数 $R^2 = 0.595$，调整后的判定系数 $R^2 =$

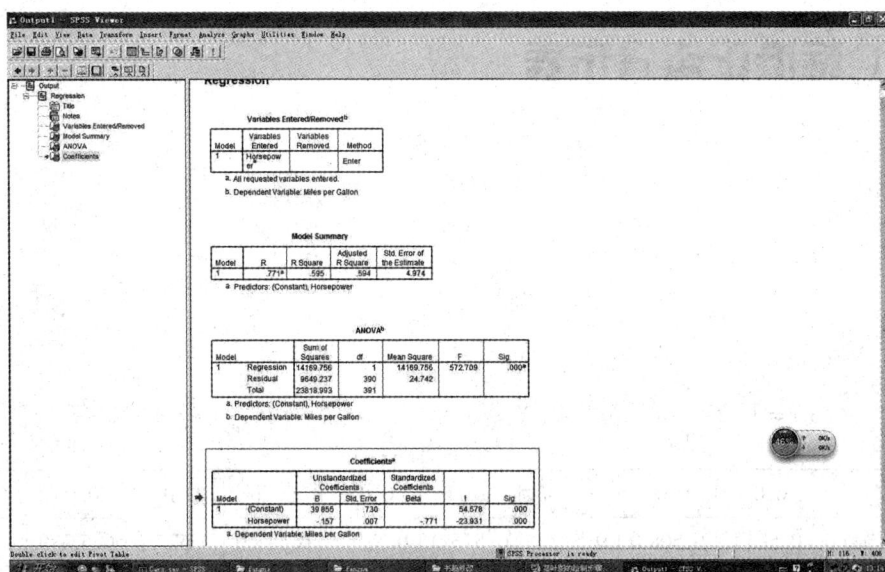

图 12-7

0.594，估计标准误为 1.42。由此说明"Miles per Gallon"与"Horsepower"有比较显著的线性相关关系。

模型系数(Coefficients)表显示回归模型中的回归系数：Constant(常数项)为 39.855，自变量系数为-0.157，可知回归方程为：

Miles per Gallon = 39.855-0.157×Horsepower

回归系数的显著性水平为 0.000 和 0.000，表明两变量分别是统计显著的，回归变量引入是有效的。

12.4 上机实训习题

1. 根据第 4 章习题第 12 题资料，绘制散点图，计算相关系数，进行一元线性回归。
2. 根据第 7 章习题第 7 题资料，绘制散点图，计算相关系数，进行一元线性回归。

附录 1 | 标准正态分布表

$$\Phi(x) = \int_{-\infty}^{x} \frac{1}{\sqrt{2\pi}} e^{-\frac{t^2}{2}} dt = P(X \leqslant x) \qquad \phi(-x) = 1 - \phi(x)$$

x	0	0.01	0.02	0.03	0.04	0.05	0.06	0.07	0.08	0.09
0	0.500 0	0.504 0	0.508 0	0.512 0	0.516 0	0.519 9	0.523 9	0.527 9	0.531 9	0.535 9
0.1	0.539 8	0.543 8	0.547 8	0.551 7	0.555 7	0.559 6	0.563 6	0.567 5	0.571 4	0.575 3
0.2	0.579 3	0.583 2	0.587 1	0.591 0	0.594 8	0.598 7	0.602 6	0.606 4	0.610 3	0.614 1
0.3	0.617 9	0.621 7	0.625 5	0.629 3	0.633 1	0.636 8	0.640 4	0.644 3	0.648 0	0.651 7
0.4	0.655 4	0.659 1	0.662 8	0.666 4	0.670 0	0.673 6	0.677 2	0.680 8	0.684 4	0.687 9
0.5	0.691 5	0.695 0	0.698 5	0.701 9	0.705 4	0.708 8	0.712 3	0.715 7	0.719 0	0.722 4
0.6	0.725 7	0.729 1	0.732 4	0.735 7	0.738 9	0.742 2	0.745 4	0.748 6	0.751 7	0.754 9
0.7	0.758 0	0.761 1	0.764 2	0.767 3	0.770 3	0.773 4	0.776 4	0.779 4	0.782 3	0.785 2
0.8	0.788 1	0.791 0	0.793 9	0.796 7	0.799 5	0.802 3	0.805 1	0.807 8	0.810 6	0.813 3
0.9	0.815 9	0.818 6	0.821 2	0.823 8	0.826 4	0.828 9	0.835 5	0.834 0	0.836 5	0.838 9
1	0.841 3	0.843 8	0.846 1	0.848 5	0.850 8	0.853 1	0.855 4	0.857 7	0.859 9	0.862 1
1.1	0.864 3	0.866 5	0.868 6	0.870 8	0.872 9	0.874 9	0.877 0	0.879 0	0.881 0	0.883 0
1.2	0.884 9	0.886 9	0.888 8	0.890 7	0.892 5	0.894 4	0.896 2	0.898 0	0.899 7	0.901 5
1.3	0.903 2	0.904 9	0.906 6	0.908 2	0.909 9	0.911 5	0.913 1	0.914 7	0.916 2	0.917 7
1.4	0.919 2	0.920 7	0.922 2	0.923 6	0.925 1	0.926 5	0.927 9	0.929 2	0.930 6	0.931 9
1.5	0.933 2	0.934 5	0.935 7	0.937 0	0.938 2	0.939 4	0.940 6	0.941 8	0.943 0	0.944 1
1.6	0.945 2	0.946 3	0.947 4	0.948 4	0.949 5	0.950 5	0.951 5	0.952 5	0.953 5	0.953 5
1.7	0.955 4	0.956 4	0.957 3	0.958 2	0.959 1	0.959 9	0.960 8	0.961 6	0.962 5	0.963 3
1.8	0.964 1	0.964 8	0.965 6	0.966 4	0.967 2	0.967 8	0.968 6	0.969 3	0.970 0	0.970 6
1.9	0.971 3	0.971 9	0.972 6	0.973 2	0.973 8	0.974 4	0.975 0	0.975 6	0.976 2	0.976 7
2	0.977 2	0.977 8	0.978 3	0.978 8	0.979 3	0.979 8	0.980 3	0.980 8	0.981 2	0.981 7

续表

x	0	0.01	0.02	0.03	0.04	0.05	0.06	0.07	0.08	0.09
2.1	0.982 1	0.982 6	0.983 0	0.983 4	0.983 8	0.984 2	0.984 6	0.985 0	0.985 4	0.985 7
2.2	0.986 1	0.986 4	0.986 8	0.987 1	0.987 4	0.987 8	0.988 1	0.988 4	0.988 7	0.989 0
2.3	0.989 3	0.989 6	0.989 8	0.990 1	0.990 4	0.990 6	0.990 9	0.991 1	0.991 3	0.991 6
2.4	0.991 8	0.992 0	0.992 2	0.992 5	0.992 7	0.992 9	0.993 1	0.993 2	0.993 4	0.993 6
2.5	0.993 8	0.994 0	0.994 1	0.994 3	0.994 5	0.994 6	0.994 8	0.994 9	0.995 1	0.995 2
2.6	0.995 3	0.995 5	0.995 6	0.995 7	0.995 9	0.996 0	0.996 1	0.996 2	0.996 3	0.996 4
2.7	0.996 5	0.996 6	0.996 7	0.996 8	0.996 9	0.997 0	0.997 1	0.997 2	0.997 3	0.997 4
2.8	0.997 4	0.997 5	0.997 6	0.997 7	0.997 7	0.997 8	0.997 9	0.997 9	0.998 0	0.998 1
2.9	0.998 1	0.998 2	0.998 2	0.998 3	0.998 4	0.998 4	0.998 5	0.998 5	0.998 6	0.998 6
x	0	0.1	0.2	0.3	0.4	0.5	0.6	0.7	0.8	0.9
3	0.998 7	0.999 0	0.999 3	0.999 5	0.999 7	0.999 8	0.999 8	0.999 9	0.999 9	1.000 0

$$\Phi(u) = \frac{1}{\sqrt{2\pi}} e^{-\frac{1}{2}u^2}$$

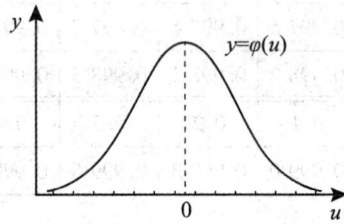

t	$F(t)$	t	$F(t)$	t	$F(t)$	t	$F(t)$
0.00	0.0000	0.15	0.1192	0.30	0.2358	0.45	0.3473
0.01	0.0080	0.16	0.1271	0.31	0.2434	0.46	0.3545
0.02	0.0160	0.17	0.1350	0.32	0.2510	0.47	0.3616
0.03	0.0239	0.18	0.1428	0.33	0.2586	0.48	0.3688
0.04	0.0319	0.19	0.1507	0.34	0.2661	0.49	0.3759
0.05	0.0399	0.20	0.1585	0.35	0.2737	0.50	0.3829
0.06	0.0478	0.21	0.1663	0.36	0.2812	0.51	0.3899
0.07	0.0558	0.22	0.1741	0.37	0.2886	0.52	0.3969
0.08	0.0638	0.23	0.1819	0.38	0.2961	0.53	0.4039
0.09	0.0717	0.24	0.1897	0.39	0.3035	0.54	0.4108
0.10	0.0797	0.25	0.1974	0.40	0.3108	0.55	0.4177
0.11	0.0876	0.26	0.2051	0.41	0.3182	0.56	0.4245
0.12	0.0955	0.27	0.2128	0.42	0.3255	0.57	0.4313
0.13	0.1034	0.28	0.2205	0.43	0.3328	0.58	0.4381
0.14	0.1113	0.29	0.2282	0.44	0.3401	0.59	0.4448

t	$F(t)$	t	$F(t)$	t	$F(t)$	t	$F(t)$
0.60	0.4515	0.86	0.6102	1.12	0.7373	1.38	0.8324
0.61	0.4581	0.87	0.6157	1.13	0.7415	1.39	0.8355
0.62	0.4647	0.88	0.6211	1.14	0.7457	1.40	0.8385
0.63	0.4713	0.89	0.6265	1.15	0.7499	1.41	0.8415
0.64	0.4778	0.90	0.6319	1.16	0.7540	1.42	0.8444
0.65	0.4843	0.91	0.6372	1.17	0.7580	1.43	0.8473
0.66	0.4907	0.92	0.6424	1.18	0.7620	1.44	0.8501
0.67	0.4971	0.93	0.6476	1.19	0.7660	1.45	0.8529
0.68	0.5035	0.94	0.6528	1.20	0.7699	1.46	0.8557
0.69	0.5098	0.95	0.6579	1.21	0.7737	1.47	0.8584
0.70	0.5161	0.96	0.6629	1.22	0.7775	1.48	0.8611
0.71	0.5223	0.97	0.6680	1.23	0.7813	1.49	0.8638
0.72	0.5285	0.98	0.6729	1.24	0.7850	1.50	0.8664
0.73	0.5346	0.99	0.6778	1.25	0.7887	1.51	0.8690
0.74	0.5407	1.00	0.6827	1.26	0.7923	1.52	0.8715
0.75	0.5467	1.01	0.6875	1.27	0.7959	1.53	0.8740
0.76	0.5527	1.02	0.6923	1.28	0.7995	1.54	0.8764
0.77	0.5587	1.03	0.6970	1.29	0.8030	1.55	0.8789
0.78	0.5646	1.04	0.7017	1.30	0.8064	1.56	0.8812
0.79	0.5705	1.05	0.7063	1.31	0.8098	1.57	0.8836
0.80	0.5763	1.06	0.7109	1.32	0.8132	1.58	0.8859
0.81	0.5821	1.07	0.7154	1.33	0.8165	1.59	0.8882
0.82	0.5878	1.08	0.7199	1.34	0.8198	1.60	0.8904
0.83	0.5935	1.09	0.7243	1.35	0.8230	1.61	0.8926
0.84	0.5991	1.10	0.7287	1.36	0.8262	1.62	0.8948
0.85	0.6047	1.11	0.7330	1.37	0.8293	1.63	0.8969

t	$F(t)$	t	$F(t)$	t	$F(t)$	t	$F(t)$
1.64	0.8990	1.90	0.9426	2.32	0.9797	2.84	0.9955
1.65	0.9011	1.91	0.9439	2.34	0.9807	2.86	0.9958
1.66	0.9031	1.92	0.9451	2.36	0.9817	2.88	0.9960
1.67	0.9051	1.93	0.9464	2.38	0.9827	2.90	0.9962
1.68	0.9070	1.94	0.9476	2.40	0.9836	2.92	0.9965
1.69	0.9099	1.95	0.9488	2.42	0.9845	2.94	0.9967
1.70	0.9109	1.96	0.9500	2.44	0.9853	2.96	0.9969
1.71	0.9127	1.97	0.9512	2.46	0.9861	2.98	0.9971
1.72	0.9146	1.98	0.9523	2.48	0.9869	3.00	0.9973
1.73	0.9164	1.99	0.9534	2.50	0.9876	3.20	0.9986
1.74	0.9181	2.00	0.9545	2.52	0.9883	3.40	0.9993
1.75	0.9199	2.02	0.9566	2.54	0.9889	3.60	0.99968
1.76	0.9216	2.04	0.9587	2.56	0.9895	3.80	0.99986
1.77	0.9233	2.06	0.9606	2.58	0.9901	4.00	0.99994
1.78	0.9249	2.08	0.9625	2.60	0.9907	4.50	0.99993
1.79	0.9265	2.10	0.9643	2.62	0.9912	5.00	0.99999
1.80	0.9281	2.12	0.9660	2.64	0.9917		
1.81	0.9297	2.14	0.9676	2.66	0.9922		
1.82	0.9312	2.16	0.9692	2.68	0.9926		
1.83	0.9328	2.18	0.9707	2.70	0.9931		
1.84	0.9342	2.20	0.9722	2.72	0.9935		
1.85	0.9357	2.22	0.9736	2.74	0.9939		
1.86	0.9371	2.24	0.9749	2.76	0.9942		
1.87	0.9385	2.26	0.9762	2.78	0.9946		
1.88	0.9399	2.28	0.9774	2.80	0.9949		
1.89	0.9412	2.30	0.9786	2.82	0.9952		

附录3 | **随机数码表**

	1	2	3	4	5	6	7	8	9	10	11	12	13	14	15	16	17	18	19	20	21	22	23	24	25
1	10	09	73	25	33	76	52	01	35	86	34	67	35	48	76	80	95	90	91	17	39	29	27	49	48
2	37	54	20	48	05	64	89	47	42	96	24	80	52	40	37	20	63	61	04	02	00	82	29	16	65
3	08	42	26	89	53	19	64	50	93	03	23	20	90	25	60	15	95	33	47	64	35	08	03	36	06
4	99	01	90	25	29	09	37	67	07	15	38	31	13	11	65	88	67	67	43	97	04	43	62	76	59
5	12	80	79	99	70	80	15	73	61	47	64	03	23	66	53	98	95	11	68	77	12	17	17	68	33
6	66	06	57	47	17	34	07	27	68	50	36	69	73	61	70	65	81	33	98	85	11	19	92	91	70
7	31	06	01	08	05	45	57	18	24	06	35	30	34	26	14	86	79	90	74	39	23	40	30	97	32
8	83	26	97	76	02	02	05	16	56	92	68	66	57	48	18	73	05	38	52	47	18	62	38	85	79
9	63	57	33	21	35	05	32	54	70	48	90	55	35	75	48	28	46	82	87	09	83	49	12	56	24
10	73	79	64	57	53	03	52	96	47	78	35	80	83	42	82	60	93	52	03	44	35	27	38	84	35
11	98	52	01	77	67	14	90	56	86	07	22	10	94	05	58	60	97	09	34	33	50	50	07	39	98
12	11	80	50	54	31	39	80	82	77	32	50	72	56	82	48	29	40	52	42	01	52	77	56	78	51
13	83	45	29	96	34	06	28	89	80	83	13	74	67	00	78	18	47	54	06	10	68	71	17	78	17
14	88	68	54	02	00	86	50	75	84	01	36	76	66	79	51	90	36	47	64	93	29	60	91	10	62
15	99	59	46	73	48	87	51	76	49	69	91	82	60	89	28	93	78	56	13	68	23	47	83	41	13
16	65	48	11	76	74	17	46	85	09	50	58	04	77	69	74	73	03	95	71	86	40	21	81	65	44
17	80	12	43	56	35	17	72	70	80	15	45	31	82	23	74	21	11	47	82	53	14	38	55	37	63
18	74	35	09	98	17	77	40	27	72	14	43	23	60	02	10	45	52	16	42	37	96	28	60	26	55
19	69	91	62	68	03	66	25	22	91	48	36	93	68	72	03	76	62	11	39	90	94	40	05	64	18
20	09	89	32	05	05	14	22	56	85	14	46	42	75	67	88	96	29	77	88	22	54	38	21	45	98

	1	2	3	4	5	6	7	8	9	10	11	12	13	14	15	16	17	18	19	20	21	22	23	24	25
21	91	49	91	45	23	68	47	92	76	86	46	16	28	35	54	94	75	08	99	23	37	08	92	00	48
22	80	33	69	45	98	26	94	03	68	58	70	29	73	41	35	53	14	03	33	40	42	05	08	23	41
23	44	10	48	19	49	85	15	74	79	54	32	97	92	65	75	57	60	04	08	81	22	22	20	64	13
24	12	55	07	37	42	11	10	00	20	40	12	86	07	46	97	96	64	48	94	39	28	70	72	58	15
25	63	60	64	93	29	16	50	53	44	84	40	21	95	25	63	43	65	17	70	82	07	20	73	17	90
26	61	19	69	04	46	26	45	74	77	74	51	92	43	37	29	65	39	45	95	93	42	58	26	05	27
27	15	47	44	52	66	95	27	07	99	53	59	36	78	38	48	82	39	61	01	18	33	21	15	94	66
28	94	55	72	85	73	67	89	75	43	87	54	62	24	44	31	91	19	04	25	92	92	92	74	59	73
29	42	48	11	62	13	97	34	40	87	21	16	86	84	87	67	03	07	11	20	59	25	70	14	66	70
30	23	52	37	83	17	73	20	88	98	37	68	93	59	14	16	26	25	22	96	63	05	52	28	25	62
31	04	49	35	24	94	75	24	63	38	24	45	86	25	10	25	61	96	27	93	35	65	33	71	24	72
32	00	54	99	76	54	65	05	18	81	59	96	11	96	38	96	54	69	28	23	91	23	28	72	95	29
33	35	96	31	53	07	26	89	80	93	54	33	35	13	54	62	77	97	45	00	24	90	10	33	93	33
34	59	80	80	83	91	45	42	72	68	42	83	60	94	97	00	13	02	12	48	92	78	56	52	01	06
35	46	05	88	52	35	01	39	09	22	86	77	28	14	40	77	93	91	08	36	47	70	61	74	29	41
36	32	17	90	05	97	87	37	92	52	41	05	56	70	70	07	86	74	31	71	57	85	39	41	18	38
37	69	23	46	14	06	20	11	74	52	04	15	95	66	00	00	18	74	39	24	23	97	11	89	63	38
38	19	56	54	14	30	01	75	87	53	79	40	41	92	15	85	66	67	43	68	06	84	96	28	52	07
39	45	15	51	49	38	19	47	60	72	46	43	66	79	45	43	59	04	79	00	33	20	82	66	95	41
40	94	86	43	19	94	36	16	81	08	51	34	88	88	15	53	01	54	03	54	56	05	01	45	11	76

	26	27	28	29	30	31	32	33	34	35	36	37	38	39	40	41	42	43	44	45	46	47	48	49	50
1	98	08	62	48	26	45	24	02	84	04	44	99	90	88	96	39	09	47	34	07	35	44	13	18	80
2	33	18	51	62	32	41	94	16	00	49	89	43	54	85	81	88	59	54	19	94	37	54	87	30	43
3	80	95	10	04	06	96	38	27	07	74	20	15	12	33	87	25	01	62	52	98	94	62	46	11	71
4	79	75	24	91	40	71	96	12	82	96	69	86	10	25	91	74	85	22	05	39	00	38	76	95	79
5	18	63	33	25	37	98	14	50	65	71	31	01	02	46	74	05	45	56	14	27	77	93	89	19	36
6	74	02	94	39	02	77	55	73	22	70	97	79	01	71	19	52	52	75	80	21	80	81	45	17	48
7	54	17	84	56	11	80	89	33	71	43	05	33	51	29	69	56	12	71	92	55	35	04	09	03	24

	26 27 28 29 30	31 32 33 34 35	36 37 38 39 40	41 42 43 44 45	46 47 48 49 50
8	11 66 44 98 83	52 07 98 48 27	59 38 17 15 39	09 97 33 34 40	88 46 12 33 56
9	48 32 47 79 28	31 24 95 47 10	02 29 53 68 70	32 30 75 75 46	15 02 00 99 94
10	69 07 49 41 38	67 63 79 19 76	35 38 40 44 01	10 51 82 15 15	01 84 87 69 38
11	09 18 82 00 97	32 82 53 95 27	04 22 08 63 04	83 38 98 73 74	64 27 85 80 44
12	90 04 58 54 97	51 98 15 06 54	91 93 88 19 97	91 87 07 61 50	68 47 66 46 59
13	73 18 95 02 07	47 67 72 52 69	62 29 05 44 64	27 12 45 70 18	41 36 18 27 60
14	75 76 87 64 90	20 97 18 17 49	90 42 91 22 72	95 37 50 38 71	93 82 34 31 78
15	54 01 64 40 56	66 28 13 10 03	00 68 22 73 98	20 71 45 32 95	07 70 61 78 13
16	08 35 85 99 10	78 54 24 37 88	13 66 15 88 73	04 61 89 75 53	31 22 30 84 20
17	28 30 60 32 64	81 33 31 05 91	40 51 00 78 93	32 60 46 04 75	94 11 90 18 40
18	53 84 08 52 33	61 59 41 35 28	51 21 59 08 90	28 45 66 87 95	77 76 22 07 91
19	91 75 75 37 41	61 61 36 22 69	50 26 39 02 12	55 78 17 65 14	83 48 34 70 55
20	89 41 59 26 14	00 39 75 83 91	12 60 71 75 46	48 94 97 23 06	94 54 13 74 08
21	77 51 30 38 20	86 83 42 99 01	68 41 48 27 74	51 90 81 99 80	72 89 35 55 07
22	19 50 23 71 74	69 97 92 02 88	55 21 02 97 73	74 28 77 52 51	65 34 46 74 15
23	21 81 85 93 13	93 27 88 17 57	05 68 67 31 56	07 08 28 50 46	31 85 33 84 52
24	51 47 46 64 99	68 10 72 36 21	94 09 99 13 45	42 83 60 91 91	08 00 74 54 49
25	99 55 54 83 31	62 53 52 41 70	69 77 71 28 30	74 81 97 81 42	43 86 07 28 34
26	33 71 34 80 07	93 58 47 28 69	51 92 66 47 21	58 30 32 98 22	93 17 49 39 72
27	85 27 48 68 93	11 30 32 92 70	28 83 43 41 37	73 51 59 04 00	71 14 84 36 43
28	84 13 38 96 40	44 03 55 21 66	73 85 27 00 91	61 22 26 05 61	62 32 71 84 23
29	56 73 21 62 34	17 39 59 61 31	10 12 39 16 22	85 49 65 75 60	81 60 41 88 80
30	65 13 85 68 06	88 65 88 52 61	34 31 36 58 61	45 87 52 10 69	85 64 44 72 77
31	38 00 10 21 76	81 71 91 17 11	71 60 29 29 37	74 21 96 40 49	65 48 44 96 98
32	37 40 29 63 97	01 30 47 75 86	56 27 11 00 84	47 32 46 26 05	40 03 03 74 38
33	97 12 54 03 48	87 08 33 14 17	21 81 53 92 50	75 23 76 20 47	15 50 12 95 78
34	21 82 64 11 34	47 14 33 40 78	64 63 88 59 02	49 13 90 64 41	03 85 65 45 52
35	73 13 54 27 42	95 71 90 90 35	85 79 47 42 96	08 78 98 81 56	64 59 11 92 02

	26	27	28	29	30	31	32	33	34	35	36	37	38	39	40	41	42	43	44	45	46	47	48	49	50
36	07	63	87	79	29	03	06	11	80	72	96	20	74	41	56	23	82	19	95	38	04	71	36	69	94
37	60	52	38	34	41	07	95	41	98	14	59	17	52	06	95	05	53	35	21	39	61	21	20	64	35
38	83	59	63	36	55	06	95	89	29	83	06	12	80	97	19	77	43	35	87	83	92	30	15	04	93
39	10	85	06	27	46	99	59	91	05	07	13	49	90	64	19	53	07	57	18	39	06	41	01	93	62
40	89	82	09	89	52	51	62	26	31	47	64	42	18	08	14	48	80	00	93	51	31	68	17	31	67

	51	52	53	54	55	56	57	58	59	60	61	62	63	64	65	66	67	68	69	70	71	72	73	74	75
1	59	58	00	64	78	75	56	97	88	00	88	82	55	44	86	23	76	80	61	56	04	11	10	84	08
2	38	50	80	73	41	23	79	34	87	63	90	82	29	70	22	17	71	90	42	07	95	95	44	39	53
3	30	60	27	06	68	94	68	81	61	37	56	19	68	00	91	82	06	76	34	00	05	46	26	92	00
4	65	44	39	56	59	18	28	82	74	37	49	63	22	40	41	08	33	76	56	76	96	29	99	08	36
5	27	26	73	02	64	13	19	27	22	94	07	47	74	46	06	17	98	54	89	11	97	34	13	03	58
6	91	30	70	69	91	10	07	22	42	10	36	69	95	37	28	28	82	53	57	92	28	97	66	62	52
7	68	43	49	46	58	84	47	31	36	22	62	12	69	84	08	12	84	38	25	90	09	81	59	31	46
8	48	90	81	68	77	54	74	52	45	91	35	70	00	47	54	83	82	45	26	92	54	13	05	51	60
9	06	91	34	51	97	42	57	27	86	01	11	88	30	95	28	63	01	19	89	01	14	97	44	03	44
10	10	45	51	60	19	14	21	03	37	12	91	34	23	78	21	88	32	58	08	51	43	65	77	08	83
11	12	88	39	73	43	65	02	76	11	84	04	28	50	13	92	17	97	41	50	77	90	71	22	67	69
12	21	77	83	09	76	38	80	73	69	61	31	64	94	20	96	63	28	10	20	23	08	81	54	74	49
13	19	52	35	95	15	65	12	25	96	59	86	28	35	82	58	69	57	21	37	98	16	43	59	15	29
14	67	24	55	26	70	35	58	31	65	63	79	24	68	66	85	76	46	33	42	22	26	65	59	08	02
15	60	58	44	73	77	07	50	03	79	92	45	13	42	65	29	26	76	08	36	37	41	32	64	43	44
16	53	85	34	13	77	36	06	69	48	50	58	83	87	38	59	49	36	47	33	31	96	24	04	36	42
17	24	63	73	87	36	74	38	48	03	42	52	62	30	79	92	12	36	91	86	01	03	74	28	38	73
18	83	08	01	24	51	38	99	22	28	15	07	75	95	17	77	97	37	72	73	85	51	97	23	78	67
19	16	44	42	43	34	36	15	19	90	73	27	49	37	09	39	85	13	03	25	52	54	84	65	47	59
20	60	79	01	81	57	57	17	85	57	62	11	16	17	85	76	45	81	95	29	79	85	13	00	48	60
21	03	99	11	04	61	93	71	61	58	91	66	08	32	46	53	84	60	95	82	32	68	61	81	91	61
22	38	55	59	55	54	32	88	65	97	80	08	35	56	08	60	29	73	54	77	62	71	29	92	38	53

	51 52 53 54 55	56 57 58 59 60	61 62 63 64 65	66 67 68 69 70	71 72 73 74 75
23	17 54 67 37 04	92 05 24 62 15	55 12 12 92 81	59 07 60 79 36	27 95 45 89 09
24	32 64 35 28 61	95 81 90 68 31	00 91 19 89 86	76 35 59 37 79	80 86 30 05 14
25	59 57 26 87 77	39 51 03 59 05	14 06 04 06 19	29 54 95 96 16	33 56 45 07 80
26	24 12 25 64 91	27 69 90 64 94	14 84 54 56 72	61 95 87 71 00	90 89 97 57 54
27	61 19 63 02 31	92 96 26 17 73	41 83 95 53 82	17 26 77 09 48	78 03 87 02 67
28	30 53 22 17 04	10 27 41 22 02	39 68 52 33 09	10 06 16 88 29	55 98 66 64 85
29	03 78 89 75 99	75 85 72 07 17	74 41 65 31 66	55 20 83 33 74	87 53 90 88 23
30	48 22 86 33 79	85 78 34 76 19	53 15 25 74 33	35 55 35 29 72	16 81 86 03 11
31	60 36 59 46 53	35 07 53 39 49	42 61 42 92 97	01 91 82 83 16	98 95 37 52 31
32	83 79 94 24 02	56 62 33 44 42	34 99 44 13 74	70 07 11 47 36	09 95 81 80 65
33	32 96 00 74 05	36 40 98 32 32	99 38 54 16 00	11 13 30 75 86	15 91 70 62 53
34	19 32 25 38 45	57 62 05 26 08	66 49 76 86 46	78 13 86 65 59	19 64 09 94 13
35	11 22 09 47 47	07 39 93 74 08	48 50 92 39 29	27 48 24 54 75	85 24 43 51 59
36	31 75 15 72 60	68 98 00 53 39	15 47 04 83 55	88 65 12 25 96	03 15 21 52 21
37	88 49 29 98 82	14 45 40 45 04	20 09 49 89 77	74 84 39 34 13	22 10 97 85 08
38	30 93 44 77 44	07 48 18 38 28	73 78 80 65 33	28 39 72 04 05	94 20 52 03 80
39	22 88 84 38 93	27 49 99 87 48	60 53 04 51 28	74 02 28 45 17	82 03 71 02 68
40	78 21 21 60 93	35 90 29 13 86	44 37 21 54 86	61 74 11 40 15	87 48 13 72 20

附录4 | t **分布临界值表**

查表时注意: V 是指自由度,并分单侧和双侧两种类型。右侧的示意图是单侧检验的情形。

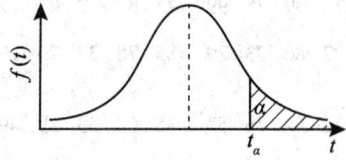

单侧	$a=0.10$	0.05	0.025	0.01	0.005
双侧	$a=0.20$	0.10	0.05	0.02	0.01
$V=1$	3.078	6.314	12.706	31.821	63.657
2	1.886	2.920	4.303	6.965	9.925
3	1.638	2.353	3.182	4.541	5.841
4	1.533	2.132	2.776	3.747	4.604
5	1.476	2.015	2.571	3.365	4.032
6	1.440	1.943	2.447	3.143	3.707
7	1.415	1.895	2.365	2.998	3.499
8	1.397	1.860	2.306	2.896	2.355
9	1.383	1.833	2.262	2.821	3.250
10	1.372	1.812	2.228	2.764	3.169
11	1.363	1.796	2.201	2.718	3.106
12	1.356	1.782	2.179	2.681	3.055
13	1.350	1.771	2.160	2.650	3.012
14	1.345	1.761	2.145	2.624	2.977
15	1.341	1.753	2.131	2.602	2.947
16	1.337	1.746	2.120	2.583	2.921
17	1.333	1.740	2.110	2.567	2.898
18	1.330	1.734	2.101	2.552	2.878

单侧	$a = 0.10$	0.05	0.025	0.01	0.005
双侧	$a = 0.20$	0.10	0.05	0.02	0.01
19	1.328	1.729	2.093	2.539	2.861
20	1.325	1.725	2.086	2.528	2.845
21	1.323	1.721	2.080	2.518	2.831
22	1.321	1.717	2.074	2.508	2.819
23	1.319	1.714	2.069	2.500	2.807
24	1.318	1.711	2.064	2.492	2.797
25	1.316	1.708	2.060	2.485	2.787
26	1.315	1.706	2.056	2.479	2.779
27	1.314	1.703	2.052	2.473	2.771
28	1.313	1.701	2.048	2.467	2.763
29	1.311	1.699	2.045	2.462	2.756
30	1.310	1.697	2.042	2.457	2.750
40	1.303	1.684	2.021	2.423	2.704
50	1.299	1.676	2.009	2.403	2.678
60	1.296	1.671	2.000	2.390	2.660
70	1.294	1.667	1.994	2.381	2.648
80	1.292	1.664	1.990	2.374	2.639
90	1.291	1.662	1.987	2.368	2.632
100	1.290	1.660	1.984	2.364	2.626
125	1.288	1.657	1.979	2.357	2.616
150	1.287	1.655	1.976	2.351	2.609
200	1.286	1.653	1.972	2.345	2.601
∞	1.282	1.645	1.960	2.326	2.576

参考文献

[1]贾俊平、谭英平：《应用统计学》，中国人民大学出版社 2008 年版。

[2]袁卫、刘超：《统计学——思想、方法与应用》，中国人民大学出版社 2011 年版。

[3]韩兆洲：《统计学原理》(第七版)，暨南大学出版社 2011 年版。

[4]董海军：《社会调查与统计》(第二版)，武汉大学出版社 2012 年版。

[5]贾俊平：《统计学》，中国人民大学出版社 2009 年版。

[6]曹刚、李文新：《统计学原理》，上海财经大学出版社 2006 年版。

[7]戴维·M. 莱文、蒂莫西·C. 克雷比尔：《商务统计学》，中国人民大学出版社 2010 年版。

[8]罗应婷、杨珏娟：《SPSS 统计分析——从基础到实践》，电子工业出版社 2007 年版。

[9]凯勒·沃拉克：《统计学：在经济和管理中的应用》(第六版)，中国人民大学出版社 2006 年版。

[10]钟新联、张建军：《统计学原理》，立信会计出版社 2008 年版。

[11]David R. Anderson 著，路成来、胡成秀等译：《商务与经济统计学精要》，东北财经大学出版社 2000 年版。

[12]庞皓、杨作廪：《统计学》，西南财经大学出版社 2000 年版。

[13]贾俊平、何晓群等：《统计学》，中国人民大学出版社 2000 年版。

[14]靳光华、孙文生：《统计学原理》，地质出版社 1998 年版。

[15]李心愉：《应用经济统计学》，北京大学出版社 1999 年版。

[16]李小勤：《市场调查的理论与实务》，暨南大学出版社 1999 年版。

[17]宋文力：《应用经济统计学》，中国标准出版社 1998 年版。

[18]周惠彬、谢小燕：《应用统计学》，西南财经大学出版社 2000 年版。

[19]张举刚等：《统计学基础》，重庆大学出版社 2002 年版。

[20]栗方忠：《统计学原理》，东北财经大学出版社 2001 年版。

[21]卫海英：《应用统计学》，暨南大学出版社 2000 年版。

[22]曲昭仲：《统计学习题集》，经济科学出版社 2001 年版。